韦政通文集

传统与现代之间

韦政通 著

何卓恩 王立新 编

中华书局

图书在版编目(CIP)数据

传统与现代之间/韦政通著;何卓恩,王立新编. –北京:
中华书局,2011.1
(韦政通文集)
ISBN 978 – 7 – 101 – 07467 – 3

Ⅰ.传… Ⅱ.①韦…②何…③王… Ⅲ.思想史 –
研究 – 中国 – 文集 Ⅳ.B2 – 53

中国版本图书馆 CIP 数据核字(2010)第 117719 号

书　　　名	传统与现代之间	
著　　　者	韦政通	
编　　　者	何卓恩　王立新	
丛 书 名	韦政通文集	
责任编辑	罗丹妮	
出版发行	中华书局	
	(北京市丰台区太平桥西里 38 号　100073)	
	http://www.zhbc.com.cn	
	E – mail:zhbc@ zhbc.com.cn	
印　　　刷	北京天来印务有限公司	
版　　　次	2011 年 1 月北京第 1 版	
	2011 年 1 月北京第 1 次印刷	
规　　　格	开本/640 ×960 毫米　1/16	
	印张 19¾　插页 4　字数 250 千字	
印　　　数	1 – 4000 册	
国际书号	ISBN 978 – 7 – 101 – 07467 – 3	
定　　　价	35.00 元	

作者讲学于台北阳明山中国文化学院(1973)

作者在夏威夷东西文化中心"国际朱熹学术会议"上宣读论文,由李弘祺
教授翻译(1982)

作者在美国参加"二十世纪中国的历史反思"研讨会（1991）

作者学术活动期间参观孔庙及孔府(1996)

作者应日本东京亚细亚问题研讨会的邀请发表演讲（1996）

不熄的理想火焰

——写在"韦政通文集"出版之际

　　歌德曾说,"读一本好书,就如同和一个高尚的智者在交谈"。陈列在你面前的这部文集,就是当代中国(台湾地区)著名学者、知识分子、思想家韦政通先生以毕生心力和热情,曲折探索和思考的结晶之一,是一部娓娓道来的传统与现代相交响、作者与读者相共鸣的好书。

　　自从西风东渐以来,社会转型的历史课题即在中国出现。围绕是否需要转型,采取何种路径转型,向哪个方向转型等亟需解决的大问题,相继出现几个思想高峰。一是维新时代的"新旧"之思(围绕变与不变、小变与大变而展开的思考与争论),一是革命时代的"主义"之思(民族主义、自由主义、共产主义之间的思想取舍),一是战后和平年代的"现代化"之思(致力于传统与现代的连接,个人、社会、国家价值的均衡)。韦政通先生的思想,是以现代化为中心来展开的。

　　先生致思的时代,变革已成为共识,"天不变道亦不变"的论调,不再能激起社会的涟漪;"主义"之争由于半个世纪理与势的竞争也已渐成定局,有略显过时之虞;而在战后和平发展的时机下,如何为海峡两岸的中国缔造一个光明的前途,遂成为最需要思考的问题。"文化大革命"结束后,尤其20世纪80、90年代以来的大陆思想界,开始全面讨论现代化的道路,而在此之前约二十年,随着台湾地区的经济起飞,现代化已经成为讨论热点。韦政通先生便是这一时期有代表性的思想者之一。韦先生所讨论的问题非常广泛,最主要的兴趣点是在传统思想的现代转化方面。

　　韦政通先生作为思想家,是中国现代思想史上的一个异数,他的学术思想道路充满坎坷和艰险。

　　先生出身苏南一个小商人家庭,童年时如果按照父亲的愿望,继承家业,依其天资,假以适当环境,或许会成为一个地方上较有实力和影响的企业家。但他不喜欢从商,竟违逆父亲的意愿,只身外出求学镇江、南京、上海,屡经周折,也没有读成一个完整的学历,而后又鬼使神差地跑到台湾去了。完全出乎意料,早期在台湾无依无傍的生活,竟然成了他学术生涯的起点。在那个特殊的时代,不少在各自领域内颇有建树的学者和思想人物,千载难逢地齐聚台岛一隅,为他的学术生命提供了珍贵的营养和不竭的动力。劳思光、方东美、陈康、牟宗三、徐复观、殷海光等学人先后成为他学术生命的浇灌者,一个依靠自学的青年,有此幸运,真可谓生命中的奇遇。

　　先生在台湾大学旁听方东美先生的"人生哲学"、"印度哲学"课,陈康先生的"希腊哲学史"课,每两周参加一次牟宗三先生在台湾师范学院的"人文友会",有时因缺车资,必须从火车站步行到台大和师院。"友会"是夜间举行,回到山麓的茅屋已是深夜。其间生活多次陷入绝境,有时仅赖院中木瓜充饥。依靠王船山精神的激励和陆王学说的提撕,先生度过了早期的艰困岁月。

　　先生是一个个性很强的人,在历经数年跟随牟宗三先生的"信仰之旅"之后,越来越感觉到不满足,遂将自己置于超越师门情感,独自探险的挑战途程中。就在此时,自由主义思想家殷海光先生出现在先生的生活世界里。与殷海光先生的交往颇不同于和牟宗三先生的交往,"在牟先生那里,我只认识他(应该说是崇敬他),不认识自己;在殷先生那里,我认识了我自己"(王赞源《韦政通教授访问录》)。

　　总结自己的学术生涯,先生自认扮演过三种角色:学者、思想家、知识分子。"做一个学者,是我年轻时的愿望,其他两种角色,绝非当年所敢想象,而是由于不寻常的学思历程,和一些意外的人生机遇塑造而成。"先生的著述,按照这三种角色,可分为学术、思想和社会关怀三部分。具体说,学术部分,专题研究包括"荀子研究"、"朱熹研究"、"董仲舒研究"、"孔子研究"、"毛泽东研究"等,通史撰述包括《中国思想史》、《中国十九世纪思想史》,体现学术通俗化的著作包括《中国文化概论》、《先秦七大哲学家》、《中国的智慧》等;思想部分,儒家思想批判著作包括《传统的透视》、《儒家与现代化》、《中国哲学思想批判》、《儒家与现代中国》、"儒家在台湾经验中的角色"的系列文章等,从传统到现代的思想探索著作包括"以传统批判现代化"系列论文、《中国文化与现代生活》、《中国思想传统的现代反思》等,现代伦理道德问题探索著作包括《伦理思想的突破》、"当代伦理诊断与重建"系列论文;社会关怀部分,包括有关知识分子、台湾政治与文化、中国未来的系列论文。"著述等身",也许可以用来描述先生勤奋笔耕的量,却实在不足以概括先生蔚为大观的学术思想成就和宠博气象,不足以体现他贡献给时人和后世的活生生的智慧。

先生以学术为生命,他的治学,最重客观的精神。先生所献身的学问,是面对活生生的时代问题的学问,他总是以开放的心态,面对中西文化和中西历史,既不妄自菲薄,又不固步自封。

先生以开放的心态,意识到"中国缺乏独立的学统,缺乏为知识而知识、为真理而真理,和这个根本缺陷(逻辑、知识论不发达)是密不可分的。这个缺陷不但长期延误了我国对西方文化的吸收,对中国文化的重建工作,也产生了很大的阻力"。先生此种说法,一方面点出了我国知识分子仍然难于摆脱的自封心态,同时也可看作是对牟宗三先生将儒家当成学问的努力和所做出的杰出贡献的再度提示。

客观的精神导引开放的心态,开放的心态推助客观的精神。先生借助对近代中国不幸遭遇的客观了解,进而再度达成了对近代史上的一些重要历史人物的深切"同情"。"鸦片战后,由于帝国主义列强的侵略本质和中国国力的日益衰微,在这种内外交逼的情况下,使用任何外交策略,基本上都没有获胜的机会。在这期间,我们抵御外侮的条件各方面都非常薄弱,唯一突出的现象,是出了一批杰出人才,这些人才稍早有林则徐,然后是曾国藩、李鸿章、张之洞、郭嵩焘、曾纪泽,他们凭着极有限而又模糊的国际知识,在对交往对手的强度、意向缺乏资讯作为判断依据的情况下,依然要折冲樽俎于列强之间,可谓备极艰辛。""所谓'弱国无外交'","鸦片战争后,在外交上接受残酷考验的不只是少数人才,而是几千年的中国文化"。以当时文化衰落、社会解体、民心涣散的中国,面对强劲无比的西方列强,"不管使用任何外交政策",都同样避免不了一败涂地的结局(《19世纪中国与西方》)。

古往今来,真正的大学问,总是离不开历史的责任和对现实的关怀,这一点在先生的所有文字中都有充分的体现。先生提倡为知识而知识,不是为了让大家脱离生活实际,只是为了培养知识分子独立不屈之品格,意在争取知识本身独立不倚之地位,意在追求热爱真理的新知识传统,而并不是要知识分子放弃对社会、对民族和对人类的责任。先生研习古代思想文化,并不是为了获得一个安宁的栖息场所,从而高枕无忧地安睡其中,往而不返。先生不喜空谈玄理,一言一说必求中的,中历史文化之的,中社会生活之的,中人心风俗之的,中国家民族之的,中人类命运之的。其为现代社会和人生立言的目的性随处流溢。

先生将自己的这种责任情怀称作"现实的关怀",先生对现实的关怀是多角度、多方面的,诸如政治、伦理、教育甚至环境等问题,无不在先生的视野之内,关怀之中。这种关怀充分展现了先生对社会和人生的深挚之爱。

除了在学术、思想上所获得的重大成就之外,先生还以永不停息的追求、坚持不懈的努力,鼓荡理想,燃烧激情,创造了一个生命的奇迹,在自然生命的基础上,不断重新铸造自己,使自己的精神生命不断升级,不断放射出令人艳羡的耀目光辉。也许这才是先生最有感染力和诱惑力的成功。人的一生无论从事什么职业,其所获得的成就,归根到底都是在自然生命的基础上,创造价值生命的成功。这种成功无不在价值原则的导引下进行,无时无刻不受理想光辉的指引。点燃起理想的火焰,让它永不熄灭,并按照它的指引前行,生命的潜能就会得到最大程度的发挥,生命的意义就能在最大的限度内展现。先生的成功,就是理想实现的典范,先生就是一团永不熄灭的理想的火焰。

先生的著作,二十多年前开始在大陆出版。这些著作在大陆读者中引起广泛反响,不少读者意犹未尽,在不清楚联系地址的情况下仍然辗转去信求购先生的其他著作,甚至产生浓厚的研究热情。日益增加的阅读需要,使迄今为止大陆出版的上述著作已经显得难以满足。正是基于这样的背景,在先生的全集目前尚不具备出版条件的情形下,我们认为在先生的全部文字中精选一部分有代表性的文章,编成一套较能反映先生思想各个面向的多卷本文集,也许是一个可解一时之急的办法。我们向先生请示,征得同意,终于有了这套文集的出版。

这部"韦政通文集",基本的选编思路,是希望在尽量体现先生著作结构的同时,能够照顾到大陆读者希望了解先生的实际需要,所以在选材上,采取"论学"、"论世"、"评人"、"自述"的思路分卷。

《传统与现代之间》"论学"部分,列两个专题:一是"儒学新探与方法革新",收录先生研究孔子、荀子、董仲舒、朱熹的几篇文章以及若干讨论研究方法的文章,力图反映先生中国思想史研究的基本主题和风格,使读者了解先生学术研究的基本面貌;二是"传统思想的现代转化",收录先生在学术研究基础上的思想创造作品,包括创造性转化传统的思想和对新伦理问题的思考。

《人文主义的力量》为"论世"部分,列三个专题:"巨变与传统"专题主要体现先生对时代变迁的体认;"知识分子的责任"专题意图体现先生对知识分子使命感的呼唤;"迈出五四的幽灵"专题希望呈现先生对知识分子努力方向的理解。

《时代人物各风流》为"论人"部分,重点突出对人格问题的关注。列传统人物"古典人格的光辉"、近代人物"危机时代的探路者"、当代人物"坚毅的魅力"三专题。本着薄古厚今的原则,传统人物只选取了四篇,近代人物收六篇,当代人物收九篇。

　　《知识人生三大调》为"自述"部分,除了收录学术自传《思想的探险》,同时收录几篇补充性的文章。为显示伦理思想在先生思想中的突出地位,并考虑到各卷篇幅大致平衡,本拟收入"论学"之卷的几篇关于伦理思想的文章和演讲,也作为"我的伦理思想"收录到了这里。本卷最后,附录了一篇概述先生学术思想的文章。

　　由于我们的水平所限和其他种种原因,先生还有许多精彩文字一时尚无法纳入这套文集,这是编者的遗憾,也是编者需要向广大读者致以歉意的。

编者

2008 年 5 月

目 录

儒学新探与方法革新

传统与孔子[①]

一　引言

在人类文明史上，中国的孔子、印度的释迦牟尼、以色列的耶稣、希腊的苏格拉底，可以说是各自文明的象征，并具代表性的人物。在这些人物之中，没有人像孔子那样，由衷地欣赏、甚至颂扬过去的传统、与过去的历代文化有着深密关系的。基于这个原因，尝试进入孔子心目中的传统，去了解孔子思想的形成与开展，就有其必要。局部的工作，已有学者在不同的论题下做过[②]，在这里，我想就宗教、文化、政治、经典的几个线索与孔子的关系，分别做一些考察，借以了解在中国文化史、思想史上，孔子为何能成为一位承先启后或继往开来的人物，以及赋予承先启后或继往开来的具体内容是什么。

孔子心目中的传统，与现代知识人，特别是在长期反传统潮流影响下的现代中国知识人心目中的传统，不仅大不相同，甚至完全相反：在现代中国知识人心目中的传统，是反科学、反民主、反自由的，是近代中国文化、社会百病丛生的病源体，必欲去之而后快；在孔子心目中的传

---

① 编注：本文选自韦政通先生《孔子》，台北，东大图书公司，1996 年，第二章。原题为"孔子：创造性转化的典范"。
② 例如徐复观的《中国人性论史》，台中，东海大学出版社，1963 年；杨慧杰的《天人关系论》，台北，大林出版社，1981 年等。

统,是崇高的、庄严的、令人感奋的,传统不但充满生机,且有极丰富的资源。孔子深信,当人类面临人生的彷徨、社会的解体、文化的危机时,如能经由自觉和反省,对丰富而有生机的传统资源善加运用①,人便可以脱离困境,并引导社会、文化走上一个新的方向。

　　了解孔子心目中的传统,我们读《论语》,看到孔子不但自称好学而且好古,就不足为奇了。如云"信而好古"(7·1),"好古敏求"(7·20)。"古"主要是指传统的典籍,"好"是沉迷在其中。除此之外,也有通过其他的方式而知"古"的,例如《左传》昭公十七年(公元前525),记郯子来朝时,孔子曾向他请教官制的问题。孔门已有孔子学无常师之说(19·22),可见"好古敏求"的对象是多方面的,"入太庙,每事问"(10·21),也正说明这一点。

　　孔子说:"古者民有三疾,今也或是之亡也。古之狂也肆,今之狂也荡;古之矜也廉,今之矜也忿戾;古之愚也直,今之愚也诈而已矣。"(17·16)。在这里,表明他不但好古,且对"古"、"今"做了"今不如古"的价值判断。有的学者大概是受到我们这时代反传统潮流的影响,担心孔子这类言论,会使人对孔子增加恶感,因此提出辩解,认为孔子涉及古今的言论,其中"有尊古的,亦有崇今的,且有古今并重的,更有无视古今的分别而一以善恶好坏为从违标准的"②。其实,这种辩解是没有必要的,孔子对传统、对古有特殊的好感,有崇古的价值取向,是不必讳言的,这种价值感,丝毫没有阻碍到他求新求变的努力,真实的情况恰好相反,正因为孔子具有如此特殊的价值感,反而激励并促进了他创新的意图和成就。孔子一生,对后世最珍贵的启示之一是:传统与创新,既非对立,更非相反,而是一辩证的过程。

　　依照孔恩的说法,连科学研究都不能缺少代表过去示范性成就的典范。西方17世纪科学革命的特点在于:从传统观念的资源中重新组

---

① "丰富而有生机的传统"这句话,采自林毓生《思想与人物》,联经出版事业公司,1983年,自序第6页。

② 陈大齐《孔子言论贯通集》,台北,商务印书馆,1982年,第88页。

合与转化出一套新的观念系统来①。科学都如此,何况人文?参照孔子与传统的复杂关系,现代中国知识人对传统的意义、价值及其影响的认识,未免过分流于浮表和简单。不过,即使在现代中国反传统的潮流中,仍然有一种反潮流的声音,唐君毅先生即其中一位重要的代表,他说:"愈是现代的人生哲学之著作,我喜欢的愈少。……这种著作,只能与人以知识,不能与人以启示,透露不出著者心灵深处的消息。……这一种著作方式,在现在之时代,自有不得已而须采取之理由,然而我不喜欢。我对愈早之人生哲学之著作,愈喜欢,我喜欢中国之六经、希伯来之新旧约、印度之吠陀、希腊哲学家如 Pythagoras、Heraclitus 等之零碎的箴言。我喜欢那些著作,不是他们已全道尽人生的真理,我喜欢留下那些语言文字的人的心境与精神,气象与胸襟。"②

　　早年我读到这些文字,总觉得这不过是个人的偏好。经过几十年的阅读与思考,不得不承认这些话确有相当的道理。想想看,在两千多年的儒学传统中,大思想家不少,在人文思想的贡献上,谁能与孔子相比?怀德海不也讲过西方哲学不过是柏拉图哲学的注脚的话吗?伟大的思想,都经得起时间的考验,而流传千古,这就形成传统,任何时代,要重建人文,不可能不取资于传统,孔子如此,我们也不能例外。今天我们研究孔子思想,不必再像新文化运动时的知识人,对孔子那样好古崇古而感到遗憾,我们应该重视的问题是:他如何转化传统?如何温故而知新?又如何从返本的思考中,开出一片人文的新天地?

二　宗教传统与孔子

　　首先来探讨宗教思想演进的传统,与孔子人文思想的关系。

---

① 孔恩(Thomas Kuhn)原著、王道还编译《科学革命的结构》,台北,允晨图书公司,1985年,第9、260页。
② 唐君毅《人生之体验》,香港,人生出版社,1956年,第3—4页。

虽然说,人文精神在殷代的早中期可能已经萌芽[1],但与孔子人文思想相关的宗教思想,首度发生关键性的转变,当在殷、周之际。关于殷代的宗教,根据董作宾先生对甲骨文研究所得,可以使我们知道:

(1)祖先崇拜,是殷人宗教生活的核心。

(2)殷人对祖先的看法,是死犹生、亡犹存。这是说,殷人相信人体可以不存在,精灵还是存在的。

(3)在殷代就有厚葬的风气。殷人厚葬,主要是因为祖先可以降祸授福。从这一点可以看出,殷人祖先崇拜所表现的,是原始宗教意识。感恩报德的道德意识,是经过天神的道德化、宗教的人文化转变之后,由孔门附加上去的一种伦理解释,所谓"慎终追远,民德归厚矣"。

(4)殷人崇拜祖先的另一个原因,是因祖先可以直接晋谒上帝,祖先是上帝与人间世的主要媒介[2]。

因祖先成为上帝的代表,因此在卜辞中反而不见祭祀上帝的记录。"不见"的原因,可能诚如六十年前郭沫若先生的了解,"殷人的神同时又是殷民族的宗祖神","至上神是殷民族自己的祖先"[3]。

到了殷、周之际,上帝和祖宗神开始分离而独立存在,与祖宗神分离后的上帝在周人心目中是公正无私的,是"监观四方,求民之莫(瘼)"的万民之神[4]。周革殷命后,不仅没有表现出以新统治者自居的趾高气扬,反而显得十分谨敬,为如何永保王位而忧心忡忡。尤其是夏、殷二朝相继覆亡,更使他们难以释怀,所谓"我不可不监于有夏,亦不可不监于有殷"。夏、殷二朝也和周人一样曾嗣受天命,也曾有过"严恭寅畏,天命自度,治民祗惧,不敢荒宁"的王在位,最后还是灭亡了。由已往历史的反省,使周人深切地了解到,天命不会永远眷顾哪一个王或哪一个

① 林载爵《人生的自觉——人文思想的兴起》,见"中国文化新论"根源篇《永恒的巨流》,台北,联经图书出版公司,1981年,第379页。
② 以上四点及董作宾文均见韦政通《中国文化概论》,台北,水牛出版社,1968年,第81—82页。
③ 转引自杜正胜《古代社会与国家》,台北,允晨文化实业公司,1992年,第84页。
④ 参考杜正胜《古代社会与国家》,第84—85页。

朝代,于是产生了"天命靡常"或"惟命不于常"的观念①。

杜正胜先生认为,殷、周之际的宗教观念发生如此大的转变,"其因尚不易确定",并对徐复观先生以为是周初贤豪忧患意识的推动,道德性人文精神的自觉,而其主要凭藉是周人重视"德"这一点提出批评:"其实'德'是一种遗传特质,不能全当作善行讲。上帝从祖宗蜕化成为普天下之神,作为裁决是非的准绳,并不等于人文精神战胜宗教信仰。《大雅》述周人建国史中上帝的威力,是和《旧约》相去无几的。"②历史是很复杂的,周人为了永保王位而产生的自我警惕和深切的反省,是十分动人的,如因此而过分凸显其道德性,或像后世儒者将周克殷是因仁义而蒙受天命,将伐纣的武王视为圣王,并不符合历史真相,事实上,周克殷这场战争,打得十分惨烈,武王其人在获胜后表现的残酷,令人发指!③

周人是新受命的王者,在提出"天命靡常"观念的同时,特别强调的是"皇自敬德",是"王其疾敬德"。这一时期周人的道德观念,要升进到孔子道德主体性的自觉的地步,还有很长的距离。这里所说的"敬德",是外向性的,也就是说王者是否敬德,是要监之于民的,《尚书·无逸》篇言文王"怀保小民,惠鲜鳏寡",即言文王之敬德。《召诰》篇亦明言天所以命有德者("其眷命用懋"),是因"天亦哀于四方民",所以嗣命的王者,要想"祈天永命",就必须仁爱天下百姓,这样他的"德"才能与"天命"相符应。有人说,周人这种观念可称为人道主义的黎明。有人说,这一套新哲学,安定了当时的政治秩序,引导了有周一代的政治行为,也开启了中国人道精神及道德主义的政治传统④。在此还可以做一点补充,"德"、"命"相符应的观念,就思想史看,无疑的,它是"天人合一"这一思想模式的雏型。

①　杨慧杰《天人关系论》,台北大林出版社,1981年,第31—32页。
②　杜正胜《古代社会与国家》,第85页。
③　杜正胜《古代社会与国家》,第323—324页。
④　许倬云《西周史》,台北,联经出版事业公司,1984年,第104、106页。

由于《论语》的言论，多半为道德意识所笼罩，使孔子的思想与宗教传统的关系，容易被忽略。如仔细体会其中一些言论，就不难发现，他不但熟悉这个传统，且常常运用它来抒发自己的思想。不仅如此，宗教传统还是他精神上一大支柱，特别是在遭遇危难的时候，表现得格外显著。下面举几个例子来看：

> 子曰：大哉！尧之为君也。巍巍乎！唯天为大，唯尧则之。(8·19)

自朱熹以来，一般的注解，都将重点放在"则之"上，"之"指上文的"天"，"则之"言尧之德能与天准，对"天"本身无所解，须经由尧之德使我们推想"天"应该也是道德意义的天。尧是孔子心目中最伟大的圣王，相传中尧最伟大的事迹是禅让，即此而言，尧所则之天，应该不是泛说的德天，而是周人将天命观念转变以后的公正无私的天。这样的解释如能成立，那么"则之"的"则"，就不是准则义，而是法则义，也就是说，尧取法于天的公正无私而行禅让。这样的解释，对《尧曰篇》第一节的话，也可以有另一种了解："尧曰：咨！尔舜！天之历数在尔躬，允执其中，四海困穷，天禄永终。舜亦以命禹。"这节文字，好像由古史摘录而来，但"中"这个观念，到孔子才有重要意义。《中庸》里记孔子颂扬舜之言中有"用其中于民"，假如真是孔子所言，则"尧曰"云云，亦似有可能出于孔子。我这里要指出的是，"尧曰"这一节，恰好是周初"天命靡常，唯德是亲"之义，可以与上文"唯天为大，唯尧则之"相呼应，因尧所言乃其命舜而禅以帝位之告诫语：

> 子畏于匡，曰：文王既没，文不在兹乎！天之将丧斯文也，后死者不得与于斯文也。天之未丧斯文也，匡人其如予何？(9·5)

另一处所说"天生德于予，桓魋其如予何？"(7·23)与此章虽同一语境,同一旨意,如不连起来看,就无法了解孔子何以无端发此狂语。人在危难中的反应,可以有多种,孔子在此刻念兹在兹的仍然是尚未完成的继往开来的文化使命。"文不在兹"与"斯文"之"文",抽象地说,即周邦维新以后所行的周道,具体一点说,即治国大道所寄的礼乐诗书的传统,而以文王为其象征。有人说,孔子"以继文王而绍承天命自居"①,诚然,但绍承的意义不同,因文王之德而承受天命,关注的是"祈天永命",是希望周人的天下,永远不要走上夏、殷覆亡的命运。孔子关怀的是周文的兴与衰,而以复兴周道为己任,天成为他精神上的一大支柱。在周人天命靡常的观念中,天虽已公正无私,它仍然高高在上,权威依旧。在孔子"文不在兹乎"和"天生德于予"的自信中,已"认为己之道,即天所欲行于世之道"②。前者的主宰仍是天,后者已是天从人愿,人自身已成为主宰。

　　宗教思想于殷周之际首次发生关键性的转变之后,再次发生重大转变,是在春秋前期。在此之前,因厉、幽失德,周室大坏,灾祸连年,使人民受难,于是怨天之诗流行③,使原先高高在上的天神,其地位也逐渐下降为与鬼相伴。到春秋前期,人与神(天)之间,不但轻重易位,人甚至成为神的主宰。如果说,宗教思想在周初的转变,是为早期的人文思想定向,那么春秋前期的转变,是为早期的人文思想定位。没有周人开其先河,没有春秋早中期使人文思想大放异彩的贤士大夫们为其先驱,就不可能有孔子成熟的人文思想的发展。

　　《左传》桓公六年(公元前706),楚武王为了扩张领土,有志于汉东,第一个目标便是汉东最大的随国。随侯因受宠臣少师的蛊惑,又自以为对神的供奉一向丰厚,神必定会保佑他,准备迎战。这时候贤臣季梁力持异议,向随侯说:"夫民,神之主也,是以圣王先成民而后致力于

---

① 徐复观《中国人性论史》,台中,东海大学出版社,1963年,第87页。
② 钱穆《论语新解》,香港,新亚研究所,1963年,第97页。
③ 有关怨天之诗在天人关系演变过程中的意义,可看杨慧杰《天人关系论》,台北大林出版社,1981年,第34—36页。

神",又陈述了"民和而神降之福"的大道理,并希望"君姑修政而亲兄弟之国",当可免除这场灾难。随侯听从了他的建议,楚国果然没有发动战争。所谓"圣王先成民而后致力于神",岂不是孟子"民为贵,社稷次之"的先声,比孟子早说了将近四百年①。

在仍弥漫着鬼神信仰的世界里,"夫民,神之主也"的观念,在中国人文思想史上,真像一道"撞破乾坤"的灵光,使人的地位显得如此尊贵而又庄严。这个观念在春秋时代可能已流行,因曾一再出现。僖公十九年(公元前641),与前次相距约半世纪,宋襄公为了管制东方的夷人,就想配合当地的风俗,用活人去祭神,司马子鱼告诫宋襄公:"古者六畜不相为用,小事不用大牲,而况敢用人乎?祭祀以为人也。民,神之主也,用人其谁飨之!""祭祀以为人也",是孔子及后世儒家对祭礼的一贯态度,如"祭如在,祭神如神在。子曰:吾不与祭,如不祭"(3·12)。《中庸》也说:"事死如事生,事亡如事存。"

在孔子出生前九年(《左传》襄公十四年,即公元前560年),晋悼公问掌乐的太师师旷:"卫人出其君,不亦甚乎?"师旷对曰:"夫君,神之主也,民之望也。若困民之主,匮神乏祀,百姓绝望,社稷无主,将安用之,弗去何为?""君"与"民"身份虽不同,"君"也是"人"。师旷认为,一个好的国君,必须体天之德,"赏善而罚淫,养民如子"。若反其道而行,成为"困民之主",使"百姓绝望",则放逐其君,是合于天意的,所以说,"天之爱民甚矣,岂其使一人肆于民上,以从其淫而弃天地之性,必不然矣"。师旷"弗去何为"的言论,成为后世孟、荀"诛桀、纣若诛独夫"的革命思想的先导。

以上的言论是比较突出的方面。春秋时代更多的例子,是先进思想家们虽未放弃鬼神信仰,但在宗教礼仪内注入了人文精神②。

庄公三十二年(公元前662),有神驾临虢国莘(今河南陕县)这个地

---

① 杜正胜《古代社会与国家》,第88页。
② 杜正胜《古代社会与国家》,第88页。

方,周惠王问内史过神降的意义,内史过答道:"国之将兴,明神降之,监其德也;将亡,神又降之,观其恶也。故有得神以兴,亦有以亡。虞、夏、商、周皆有之。"周惠王便派他去虢国祭祀。内史过知道虢公曾向神祈赐土地,复命时就禀告周惠王:"虢必亡矣,虐而听于神。"这位神好像与内史过的预言颇有感应,继续停留在莘地六个月,监看着对百姓暴虐的虢公派太史嚚等人,去祈"神赐之土田"。太史嚚无奈而又感慨地说:"虢其亡乎! 吾闻之,国将兴,听于民;将亡,听于神。神,聪明正直而壹者也,依人而行。虢多凉德,其何土之能得!"

《左传》中这段记载里的神,活灵活现,不但使周初"德、命相符应"的思考模式生动化,而且形象化。从其中可以使我们知道:(1)神像一位不动声色的监察人,依在位者的善恶决定国之兴亡。(2)在内史过的言论中,神的权威仍在;在太史嚚的想法里,不只是民心比神意重要,民意且可决定神意,神"依人而行",与"民,神之主也"已没有什么差别。周初公正无私的天(神),到此时恐不过是人德的投射而已。

内史过与太史嚚"虢必亡"的预言,到僖公五年(公元前 655)果然应验。这一年,晋献公再度派使臣到虞国借路以便攻打虢国,虞国的大夫宫之奇,以"唇亡齿寒"的道理阻止。虞公盖是"肉食者鄙"之流,他既以为"晋,吾宗也,岂害我哉!"又相信"吾享祀丰洁,神必据我"。宫之奇在率领他的族人逃离虞国之前,向虞公进最后的忠告:"臣闻之,鬼神非人实亲,惟德是依……非德民不和,神不享矣。神所凭依,将在德矣。"虞公没有听从他的劝谏,答应晋国借道。是年 12 月,晋国灭了虢国,军队在回程中,也灭了虞国。

宫之奇的话,其涵意与太史嚚所言几乎相同。古老的宗教经由这些进步思想家的理智光辉不断冲击下,鬼神已无权威,虽然也不能完全摆脱它的干预。因此,对鬼神的态度,若即若离,若存若亡。到昭公十八年(公元前 524),郑子产说"天道远,人道迩"时(此处所言"天道",乃影响人吉凶祸福的鬼神之道),在思想史上可谓春秋时代人文思想的总结,接下去便是孔子时代的来临。孔子将先驱们星星点点的光辉,内化于道德意识,促进了道德主体的自觉,然后当子路问事鬼神时,才能斩钉截铁地说出"未能事人,焉能事鬼?……未知生,焉知死"。(11·12)陈荣捷先生认为,这是"人文主义最明亮的宣言"①。

三 周礼传统与孔子

宗教传统之外,接下去要探讨周礼传统与孔子的关系。

周礼的原始意义,与宗教的祭祀不可分,许慎《说文》:"礼,履也,所以祀神致福也。"《尚书》中的《洛诰》、《君奭》二篇乃周文献,《洛诰》的三个礼字,与《君奭》的一个礼字,皆指祭祀,祭祀有一套仪节,祭祀的仪节,即称之为礼②。

前文说过,宗教人文化首度关键性的转变,是在殷、周之际,据《礼记·表记》篇所说"殷人尊神,率民以事神,先鬼而后礼,……周人尊礼尚施,事鬼敬神而远之,近人而忠焉",则宗教意义的礼中,注入人文因素,大抵也在同一时期。王国维说:"周之制度典礼,实皆为道德而设"③。若然,则二者的转变,不止同步,且皆因"德"这个观念的介入而一并受到重视。德这个观念,在宗教人文化的过程中,使人的地位提升,使人的责任加重,到春秋时代终于演变成神的主宰;德这个观念,也使礼由宗教仪节中解放出来,到春秋时代,使礼具有"经国家,定社稷,序民人,利后嗣"④的巨大功能——这也就是孔子心目中的周礼。

下面就孔子有关礼的言论,来透视他与这个传统的关系。

> 子张问:"十世可知也?"子曰:"殷因于夏礼,所损益可知也;周

---

① 陈荣捷《中国哲学文献选编》(中文版),台北,巨流图书公司,1993年,第89页。
② 《洛诰》:"王肇称殷礼,祀于新邑,咸秩无文";"惇宗将礼,称秩元祀,咸秩无文";"四方迪乱,未守于宗礼"。《君奭》:"率惟兹有陈,保乂有殷,故殷礼陟配天,多历年所。"以上均见徐复观《中国人性论史》,台中,东海大学出版社,1963年,第42页。
③ 王国维《殷周制度论》,见《观堂集林》,台北,河洛图书公司,1975年,第477页。
④ 《左传·隐公十一年》。

因于殷礼,所损益可知也。其或继周者,虽百世可知也。"(2·23)

这是孔子有关礼的传统最重要、最有意义的一段问答。关于子张之问,日人息轩氏说:"春秋之末,天下大乱,子张才大,有意于制作一代之礼法。谓制礼法以维持后世者,非预知十世之后不能,故欲知其所沿革。而周室犹存,难于发言,故问十世可知也。"①果真如此,真可以说是"大哉问"了,与"堂堂乎张"的性格,倒也相合。但息轩的解释,明显是根据孔子的答语而做的臆测,是否为子张原义,不能无疑。十世之"世",不论是三十年为一世,或指改朝换代为一世,都是历史性问题,"十世可知也"应该就是"历史向何处去"的问题。孔子身处一个礼坏乐崩的时代,用现代的术语说,就是面临文化危机,他心目中的文化传统,就是以礼为主要内容的周文,在文化方面他一生最大的志业,是要振兴周文,重建政治社会的新秩序,也就是"有意于制作一代之礼法",此乃孔子之志,非年少的子张(小孔子四十八岁)所能问。孔子因子张之问,于是顺着他问题的性质,运用通古今之变的思维方式,提出文化重建的理论。"其或继周者,虽百世可知也",就是"历史向何处去"的答案。

殷因夏,周因殷,由于孔子这个提法,使夏、殷、周三代,在后世儒学史上,成为文化和道德的乌托邦,儒臣们向朝廷或皇帝上书,每多以三代之政或三代圣王相期许,南宋时,朱熹与陈同甫曾为三代与汉唐展开一场著名的争论②。撇开理想化的三代不谈,孔子心目中的三代,可能另有其意涵,因为在中国早期历史上,三代确是极具关键性的一段:中国文字记载的信史是在这一段时间里开始的,中国这个国家是在这一段时期里形成的,整个中国历史时代的许多文物制度的基础是在这个时期里奠定的③。孔子心目中的三代,是否真有此意涵,自难断言,至少

---

①　〔日本〕竹添光鸿《论语会笺》引,台北,广文书局,1961年。

②　陈同甫与朱熹争论的内容,可看韦政通《中国思想史》下册,台北,大林出版社,1980年,第1217—1220页。

③　张光直《中国青铜时代》,台北,联经出版公司,1983年,第31页。

这几点可以有助于使我们了解,孔子谈论中国文化为何断自三代。

"殷因于夏礼,……周因于殷礼",说明孔子心目中的文化传统,是以礼来概括的。现在要探讨的是,如此概括性的礼,其内容究竟是什么?

钱穆先生认为,"盖礼者,兼指一切政治制度,社会风俗,人心之内在,与夫日常生活之现于外表者,而又为当时大群体所共尊而共守,故只提一礼字,而历史演变之种种重要事项,都可综括无遗"①。徐复观先生的了解是"由春秋时代言礼的内容来看,孔子此处之所谓礼,是指政治社会的制度及规范而言"②。钱氏的解释略嫌空泛。徐氏的了解,虽有历史的依据,但也不可不知,三代之礼与春秋时代的礼,虽有密切的传承关系,毕竟已有所不同。二说共同的缺点,是不够具体。

研究古史,在史料不足的情况下,由后以推前,不可避免,根据考古学较新的研究,对三代(考古学家称为"青铜时代")的礼的了解,已不必再停留在用高抽象层次的词句去描述,礼的内容已可确实指出,它们是昭穆制、宗法制和封建制,这是使国家稳定的上级控制系统,也是三代社会的三个关键制度。张光直先生对它们下的定义是:昭穆制可称为两元性的首领制度,宗法制可称为分枝的宗族制度,封建制可称为分枝宗族在新城邑中的建立③。这样了解以后,不但使我们知道,《礼记·礼器》篇所说"三代之礼一也,民共由之"是有历史根据的,而且对所谓殷因夏,周因殷之"因"字,究竟因袭或传承的是什么,也有了具体的认识④。

三代相因之外,接下去要了解"所损益,可知也"。任何文化传统要延续、要发展,必有所因,这是"常";也必有所损益,这是"变"。损益字

① 钱穆《论语新解》,第61页。
② 徐复观《两汉思想史》卷三,台湾学生书局,1979年,第302页。
③ 张光直《中国青铜时代》,台北,联经出版公司,1983年,第22页。
④ 董作宾于《中国古代文化的认识》一文中,曾就文字的承继、成语的沿用、礼制的因袭三方面,说明殷、周礼制的关系同的多,异的少,可以参考。文见台北《大陆杂志》第3卷第12期。

面上的意思,很好懂,如问究竟要损什么、益什么,历来注家很少追问,这里不妨举一些例子,了解孔子所言也不完全是空理论。例如:

(1)昭穆制虽殷、周相同,但西周的昭穆制,到了东周经历了政治社会制度上的大变化而很快便消失了[①],这是损。宗法与封建的情况,恰好相反,由于西周不断征服,不断扩张领土,使宗法与封建复杂化,这是益。

(2)董作宾先生在《中国古代文化的认识》讲词中,探讨甲骨金文中所见的殷、周礼制的关系,他说:“至于损益,试以历法为例,如用‘既死霸’、‘既生霸’、‘初吉’、‘既望’,以指示干支在太阴月内一个定点的办法,似是周人所‘益’;而舍去‘大采’、‘小采’、‘大食’、‘小食’等记时方法不用,又像是周人所‘损’。”[②]

(3)“颜渊问为邦。子曰:行夏之时,乘殷之辂,服周之冕,乐则韶舞”(15·11)。既然有所抉择,自然也必有所损益,此不言而喻。

(4)“麻冕,礼也;今也纯,俭,吾从众。拜下,礼也;今拜乎上,泰也,虽违众,吾从下”(9·3)。其中二“礼”字,皆指古礼,前者舍古而从今,是损;后者舍今而从古,是因。由此可知孔子主张礼的因革损益,不论古今,皆是以道德价值(“俭”是好,“泰”〔骄〕是不好)作为取舍的标准。

最后一句“其或继周者,虽百世可知也”。孔子将周礼或周文如此突出,并作预言式的宣示,在思想上与上文三代相因并有所损益的理论,已不属同一层次。前者乃历史层次的问题,后者乃哲学层次的问题。如果说,前者是通古今之变,则后者乃孔子一家之言——提出文化重建的理论。前后合观,正是“返本开新”这一思考模式的运用。

为何继周便可预知百世?一般的理解,大抵皆不外于如陈大齐先生所说:孔子一方面固容许礼之可以有所损益,他方面似亦主张,损益之中有不可损益者在。假使没有不可损益的部分,则经过百世的损益,

① 张光直《中国青铜时代》,台北,联经出版公司,1983年,第39页。
② 董作宾《中国古代文化的认识》,台北,《大陆杂志》第3卷第12期。

将不知变成怎样的景象,如何还能说"可知也?",孔子敢于说"虽百世可知也",可见孔子的心目中存有一个见解:礼中有其不可变动的部分,循此不可变动的部分以推测未来,百世以后的情景亦可预知。这不可变动的部分,陈氏根据孔子说礼的其他言论,指出两点,一是俭:"林放问礼之本。子曰:'大哉问! 礼,与其奢也,宁俭。'"(3·4)俭乃礼的一条基本准则,这与因麻冕的古礼不及用纯的俭,宁舍古礼而从今礼的标准正相同。二是仁:"子曰:'人而不仁,如礼何!'"(3·3)仁既是礼所不可或缺的内容,自亦应为礼中不可变动的部分①。孔子就是从这作为礼之主体的仁上,开出一片人文的新天地来,并以仁作为重建周文的依据。

孔子与"继周"一个相关的观念是"从周"。"子曰:周监于二代,郁郁乎文哉! 吾从周。"(3·14)继周讲的是文化的传承与发展,从周表达的,除了发自衷心地赞赏,还将周的成就视为文化重建的典范。孔子为何对周如此充满信心,且情有独钟呢? 依照杜正胜先生的了解,是因周人领导西土邦国打败东方部族参与东方政局后,他们并没有留恋偏狭的地方意识,反而积极经营更宽宏的"华夏意识",领导中原文明的发展,使"西土意识"转为"天下意识",将神权气氛浓厚的天命观转为深具人道精神的天命观,善用既存的社会结构,创造新的政治规模②。此外,指称诸夏之列邦,代表民族文化一统观念的"中国"一词,也是在周代才正式出现的③。

前文提过,夏、殷、周三代,在中国早期历史上,确是关键性的一段,但由于孔子殷因夏、周因殷,对三代的直的继承关系的强调,已成为过去对三代古史牢不可破的看法,这种看法,当代考古史家认为是对古史真相了解的重大障碍。根据 20 世纪 60 年代以来所获得的考古资料,已使考古学家对三代史产生一个新的看法,即夏、商、周等政治力量是在

---

① 陈大齐《孔子学说论集》,台北,正中书局,1958 年,第 69—70 页。
② 杜正胜《古代社会与国家》,第 330 页。
③ 蔡学海《万民归宗——民族的构成与融合》,见"中国文化新论"根源篇《永恒的巨流》,台北,联经图书出版公司,1981 年,第 139 页。

平行与竞争性的发展情形下抬起头来的。张光直先生说:"夏、商、周在文化上是一系的,亦即都是中国文化,但彼此之间有地域性的差异。另一方面,在政治上夏、商、周代表相对立的政治集团;它们彼此之间的横的关系,才是了解三代关系与三代发展的关键,同时亦是了解中国古代国家形成程序的关键。"①如果三代在文化上是一系的,那么孔子的主张并没有错。不过,杜正胜先生已提出"20 世纪 70 年代以来的考古成果更加证明我国早期文化是多元的"②的看法。依照这个看法,孔子对三代直的继承关系的强调,造成对古史真相了解的障碍之说才能成立。

四 周公与孔子

从表面看,孔子在《论语》里提到周公只有两次:

（1）子曰:甚矣吾衰也! 久矣吾不复梦见周公!（7·5）
（2）子曰:如有周公之才之美,使骄且吝,其余不足观也已（8·11）。

其他如"季氏富于周公"（11·17）,有人认为此"周公"并非指周公旦③;《微子》篇"周公谓鲁公曰"一段,乃周公对其子伯禽的家训,非出于孔子。但假如我们对周公的事功与言论有些了解,就会发现《论语》里还有一些言论,虽未提周公之名,却与周公有关:

（1）"子入太庙,每事问"（3·15）。"太庙"乃鲁国周公之庙,庙中必保留许多周公的遗迹与礼器,甚至庙中祭祀的仪式,即可能为周公所创

---

① 张光直《中国青铜时代》,台北,联经出版公司,1983 年,第 29、31—32 页。杜正胜《古代社会与国家》第 65 页。

② 杜正胜《古代社会与国家》,第 65 页。

③ 钱穆《论语新解》有"周公:此乃周公旦次子世袭为周公而留于周之王朝者"。见该书第 380 页。

制。"每事问"者,表示他对周公的一切无不关心。

(2)"子曰:能以礼让为国乎,何有? 不能以礼让为国,如礼何?"(4·13)"礼让"一般皆就君臣之间而言,可通。但为何把"礼让"说得如此严重,好像只要能做到这一点,其他治国之事就没有什么困难了。我觉得孔子这话是指周公让位给成王,或至少他心中想到这件事。一个对建国有大功,享有至高权力的人,却把权位让出来,此乃人间至难之事,似乎只有这种事,才称得上"礼让为国",才能说"何有"。

(3)"子曰:齐一变,至于鲁;鲁一变,至于道。"(6·24)《左传》昭公二年(公元前 540):"韩宣子适鲁,观书于太史氏,见易象与鲁春秋,曰:周礼尽在鲁矣! 吾乃今知周公之德,与周之所以王也。"鲁之所以异于齐,主要在其所保存的周礼与周公的流风余韵,孔子之所以寄望于鲁,并认为鲁国可能实现其礼治理想者在此,"鲁一变,至于道"的"道",应指礼治理想,且必为孔子早年之言。

(4)"子曰:如有用我者,吾其为东周乎?"(17·5)"为东周",言实行周公之道于东方,从上文寄望于鲁来看,东方应即指鲁国。

关于梦见周公,钱穆先生说:"孔子为中国儒学传统之大宗,而孔子平生为学,其最所尊仰者,实为周公,故曰:甚矣我衰也,我久矣不复梦见周公;则孔子之所志所学,梦魂萦绕,心香一瓣之所归依,独在周公,显可知矣。"①要彻底了解周公何以会使孔子尊仰到"梦魂萦绕"的地步,就不能不知道周公其人②。

在中国可信的历史上,孔子以前最伟大的人物,就是周公,孔子不仅是站在巨人肩膀上前进,周公其人实已内化到他的灵魂深处,从文化精神来看,孔子简直就是周公的化身,如果没有周公创制的这一独特形

---

① 钱穆《周公与中国文化》,见《中国学术史论集》(一),台北,中华文化出版事业社,1963 年,第2 页。

② 周公,姬姓,名旦,为何称周公?《史记·鲁周公世家》索隐:"周,地名,在岐山之阳,本太王所居,后以为周公之采邑,故曰周公,即今之扶风雍东北故周城是也。""雍"指今陕西省宝鸡县,"周城"即《括地志》所说周公城,今名周公村,在岐山县北九里,今县北十余里凤凰山麓尚有周公庙。以上均见吕文郁《周代采邑制度研究》,台北,文津出版社,1992 年,第 62 页。

态的周文传统,恐怕就不可能产生孔子这一独特形态的儒学。可是这
位对中国文化与西周建国都有大贡献的伟人,在中国史上的命运却不
及孔子,孔子生平事迹,早有巨细靡遗的考订,一部一万七千零五字的
《论语》,产生有关的专著,当以千计,且至今不衰。而周公的生平事迹,
诚如杜正胜先生所说,向来没有明白精确的记述,历来说史者,以帝王
权威树立后之伦理观念逆推帝王权威树立前的君臣关系,以为周公不
能称王,结果使一位不世出的英杰变成奉命惟谨的拘士,碌碌庸庸的成
王变成承基奠业的明君。于史失实,莫此为甚,真乃周公不幸①。

　　周公一生为了打下新邦周的基业,不但忍辱负重,且治国有方。当
他的权势与威望如日中天之际,却视天下如敝屣。让位后依旧不辞艰
辛,率军东征,为周室鞠躬尽瘁,事功与人格皆垂不朽。

　　孔子心仪周公,事功之外,还有与事功不可分的周礼。《中庸》记载
孔子说:"吾学周礼,今用之,吾从周。"根据传统的说法,周礼为周公所
制②,而周礼如前文所说,包括封建与宗法。周代封建是很复杂的制度,
周初列代共封了七十余国,其中兄弟之国五十多,这是血亲诸侯,其余
十来国不是姻亲就是古国君主的后代③。此外,血亲诸侯,多在王畿之
外,在王畿之内的还有封邑——采邑。采邑制度乃周代分封制度的重
要组成部分,分封的对象是在朝公卿④。从周公平定管蔡武庚之乱后所
做的种种措施看,所谓封建,不仅是顺应时势,且是因地制宜的。由此
看来,周初封建制的建立,必是集当权派的众智而成,非周公一人之功。
至于宗法,周公既把政权交给成王,这就为宗法制中的传嫡长子制,奠
定基础,立下范例,此不止影响有周一代而已。大概是因为周公对周代
的建国,功劳太大了,人格言行又极受后人推崇,因此说史者就将一代

① 杜正胜《古代社会与国家》中《尚书中的周公》一文,第902页。
② 《左传》文公十八年,鲁太史克谓:"先君周公制周礼。"
③ 杜正胜《周代城邦》,台北,联经出版事业公司,1977年,自序第15页。许倬云《西周史》,台
　北,联经出版事业公司,1984年,第176页。
④ 吕文郁《周代采邑制度研究》,台北,文津出版社,1992年,第22页。

建制的功勋,都写在周公的账上,于是有"周公制礼"之说。

孔子不仅学周礼,且是当时的礼学专家。如要问他学周礼的什么,倒不容易回答,如说他学封建,应是分封中所表现的智慧,"兴灭国,继绝世"记在《论语》里(20·1),说不定就是孔子说过的。孔子以下儒家的伦理,特重"亲亲",这是由宗法制传下来的。前文曾列举《论语》中四条可能与周公有关的言论,其中孔子向周公学到的是礼让为国,以及以礼治国的道理。

孔子赞赏周公的"才"与"美",所谓"周公之才之美"(8·11),才表现于事功,美盖指其德行,与"子曰:君子成人之美,不成人之恶"(12·16)的"美",意义相同。周公的德行,于《尚书·周书》中各篇的言论,尚可知其梗慨,如《康诰》是在周公平定管蔡武庚之乱后,把弟弟康叔封于殷墟,教他如何自处,如何对待殷人,他说:"呜呼! 小子封,恫瘝乃身,敬哉! 天畏棐忱,民情大可见";"呜呼! 封,敬明乃罚";"呜呼! 肆汝小子封! 惟命不于常;汝念哉,无我殄享。明乃服命,高乃听,用康乂民"。其意不外教他凡事都要警惕、谨慎,天命不一定可靠,民情却是可见的,一定要奋勉为公,使人民过安康的生活,必要时动用刑罚,也要做到光明无私。如《梓材》也是周公教导康叔的:"无胥戕,无胥虐,至于敬寡,至于属妇,合由以容。"这是要他不可以戕害、虐待百姓,对鳏寡、甚至贱妾,都要加以保护。如《无逸》是周公告诫成王:"呜呼! 君子所,其无逸,先知稼穑之艰难,乃逸,则知小人之依";"呜呼! 厥亦惟我周太王、王季,克自抑畏。文王卑服,即康功田功。徽柔懿恭,怀保小民,惠鲜鳏寡。自朝至于日中昃,不遑暇食,用咸和万民。"这是教成王不可贪图逸乐,要多了解百姓的疾苦,并以先人文王为典范。

周公之言,对教诲统治者的子弟,十分深刻而又感人。或许有人会问:周公可谓谆谆善教,他自己又能做到多少? 能回答这个问题的直接史料很少,但从他享有至高无上君王的地位,既不骄也不吝地把政权交还给成王,交出政权以后,依旧负起重责大任的东征;从他对被征服殷民的种种措施;从他能提出"天命靡常,惟德是依",这种富有人文精神的创见等等来看,他向康叔、成王告诫之语,应皆是他身体力行的经验。道德性的语言和抽象性的语言不同,若无相当的体验,是很难深刻,很难感人的。

值得注意的是,在周公告诫的言论中,凸显出两个重点:一是民本思想;一是德治主义。以孔子"好古敏求"的精神,我们有理由相信,孔子对这些言论,绝不致陌生。《论语》中孔子引《诗》较多,引《书》很少,要知道《论语》不过是孔子千言万语中留下的一部分。就思想史言,如果说周公乃孔子以下儒家政治哲学的奠基者或前导者,应不为过。

五 经典传统与孔子

宗教及其转化的传统,奠定孔子人文主义的基础;周文的传统,提供孔子历史的动力,与文化秩序重建的资源;周公其人成为孔子心目中立德、立功、立言的伟大典范①,激发了孔子人道主义的救世热情。下文要继续探讨孔子与经典传统的关系。

这里说孔子与经典传统的关系,不说孔子与"六经"的关系,是因在孔子时,不仅经之名未成立,且《易》与《春秋》尚未与《诗》、《书》、《礼》、《乐》组合在一起②。所以称经典传统,是因这些文献自西周以来,已成为贵族教养之所本,在贵族阶级已居于经典的地位。这些文献在孔子手中,自古及今,一般都承认曾有一番改造或整理,至于如何改造、又如何整理,则众说纷纭,且语多暧昧,如对《诗》说"删",对《书》说"纂",对《易》说"赞",对《春秋》有的说"作",有的说"修",对《诗》、《书》又有说"论次",对《礼》、《乐》则说"修起",后人对这些用语,又像猜谜游戏一样,衍生出许多解释。孔子与经典传统的确实关系,除非有新文物出

---

① 中国史上最早提到三不朽论的是叔孙豹"太上有立德,其次有立功,其次有立言,虽久不废,此之谓三不朽"。《左传·襄公二十四年》)在此之前的历史人物中,唯一称得上三不朽者,非周公莫属。

② 徐复观《中国经学史的基础》,台北,学生书局,1982年,第26页。

土,否则永远也找不到谜底,经学史上的了解或解释,乃出于推想,有的推想较合理,有的推想并不合理,不合理的如孔子明明已说"诗三百",又何来删《诗》? 合理的如说孔子"修"《春秋》,而"修"与"作"可以相通①。既然找不到谜底,我们当然也没有证据否定经学史上的了解或解释。我也注意到现时一些学者,从"整理"方面说明孔子与六经关系的,差不多都是铺陈一些相关的经学知识,有些地方并不能自圆其说。

孔子与经典传统有关,这是从《论语》里孔子的言论中完全可以证实的,既有关系,总不能没有解释。我觉得一个可行的办法,就是在以往的一些合理推想的基础上,再向前推进。孟子所说的"作"《春秋》的"作",司马迁所说的"论"《诗》、《书》的"论",如果用"诠释"来代替,或许更合理、更近真。说孔子对经典传统的某些文献,在授教的过程中,曾加以编次,这是可能的,但这种工作,对因孔子而树立了这些经典的新权威,并不重要。经典传统经由孔子所以能建立其新的权威,主要是因他对经典传统,做了创造性的诠释,可惜这些诠释在《论语》里保留下来的并不多。

先从《诗》来看。《论语》里引用或论及诗共有 14 次,大约可分为两类:

(一)是属于诗教的

(1)"子贡曰:贫而无谄,富而无骄,何如? 子曰:可也,未若贫而乐,富而好礼者也。子贡曰:诗云:'如切如磋,如琢如磨',其斯之谓与? 子曰:赐也,始可与言诗已矣,告诸往而知来者。"(1·15)引诗见《卫风·淇奥篇》。师生之间,两问两答,含有好几层意思,子贡首言做人的态度应无谄无骄,孔子进一步告诉他,无谄无骄不如乐道好礼,子贡当下遂悟及在领教过程中所发挥的切磋琢磨的功效,并引诗表达其所悟,孔子则称赞他引喻得当。引喻即诠释的方法之一。

---

① 关于这个问题的讨论,可看张以仁《春秋史论集》,台北,联经出版公司,1990 年,第 31—32 页。

(2)"子夏问曰:'巧笑倩兮,美目盼兮,素以为绚兮,何谓也? 子曰:绘事后素。曰:礼后乎? 子曰:起予者商也。"(3·8)巧笑美目两句见于《诗·卫风·硕人》篇,惟三句相连,不见今《三百篇》中,或是逸诗①。孔子"绘事后素"语,颇似暗藏玄机的禅语。子夏竟能从其中参悟出"礼后"的道理,而得到孔子的激赏,如此跳跃性的思考方式,正是对古诗做创造性的对话,是另一种诠释的方法。

(3)"子曰:衣敝缊袍,与衣狐貉者立,而不耻者,其由也与!'不忮不求,何用不臧?'子路终身诵之。子曰:'是道也,何足以臧?'"(9·27)"不忮不求"两句诗见《邶风·雄雉》篇,在此属引喻一类。孔子引诗形容子路其人能做到不嫉妒、不贪求,刚强自信。师生之间,引诗皆琅琅上口,可见诗于孔门在传达意义上,发挥很大的功效。

(4)"南容三复白圭,孔子以其兄之子妻之"(11·6)。《大雅·抑》篇:"白圭之玷,尚可磨也,斯言之玷,不可为也。"南容所三复者即此诗。孔子在另一处曾称许他"邦有道,不废;邦无道,免于刑戮"(5·2),足见孔子所以器重他,不只是因为他经常诵白圭之诗而已,而是因为他在深会诗意之余,犹能凭诗意导正其行。由孔子的作为,则诵诗的目的,已不言而喻。

(5)有一次孔子教他的儿子伯鱼:"不学诗,无以言"(16·13);又一次"子谓伯鱼曰:女为《周南》《召南》矣乎? 人而不为《周南》、《召南》,其犹正墙面而立也与?"(17·10)。为何说不学诗,便无从言语? 孔子教学生(儿子也一样)是希望他们能行道,要行道就得出仕,就得学习贵族们在酬酢对答间传达心声的语言——赋诗。其实《周南》多男女相悦的爱情诗,可是在孔子心目中,却转化为立身行事的道德宝典②。

---

① 钱穆《论语新解》,第77页。
② 马持盈注释《诗经今注今译》:《周南》"是感情自然流露的诗歌,而汉儒讲诗,都把它们牵扯到文王之化与后妃之德上,明明是男女相悦的爱情诗,偏要曲解到道德的教条上,讲得支离破碎,死气沉沉,把诗的本意,完全毁灭了"(台北商务出版社1974年版,第2页)。从《论语》的诗教来看,孔子实是这"曲解"的始作俑者。

（二）是对诗的评论

（1）"子曰：《诗》三百，一言以蔽之，曰：思无邪"（2·2）。"思无邪"三字借用自《鲁颂·駉》篇，原诗乃咏马，"思"为语辞，在这里，孔子已完全赋予新义。由上文诗教之义，以及"关雎乐而不淫"（3·20）之说，已足以证明，所谓"思无邪"，如解作三百诗篇，"都出于诗人性情之正，没有邪恶的思想或念头"[①]，应合乎孔子的原义。

（2）"子曰：小子何莫学乎诗？诗，可以兴，可以观，可以群，可以怨。迩之事父，远之事君。多识于鸟兽草木之名。"（17·9）这是诗的功能多元观，可分为三组：一是如徐复观先生所说，"兴、观、群、怨的功能的陈述，即是诗的本质的陈述；这是一针到底的对诗的把握，用现代语来表达，这是对诗的深纯彻底的批评"[②]。其次，"迩之事父，远之事君"，是说诗具有伦理的功能。三是从诗中还可以学到动植物的名称。以诠释学的用语，一、三两组属意义的客观面，因其传达了诗本身及其所含的意义；第二组属意义的主观面，因其为诠释者所赋与。"子曰：兴于诗，立于礼，成于乐"（8·8）中之"兴于诗"，与"诗可以兴"意义相同，言诗能感发或鼓舞人的心志。

总结以上的分疏，可以使我们了解：第一，《论语》中引诗，有的出于孔子，有的出于弟子，可以想见，作为贵族教养的诗，在孔门传达意义时，也被广泛运用。第二，孔门对诗的诠释，或引喻，或从事创造性的对话，或对诗做评论，其基本倾向是赋予诗以伦理道德的涵意。尽管孔子对诗的诠释，已触及诗的本质，但诗教的目的，是要使诗为伦理道德服务的。第三，在广泛的意义上，孔子对诗的评论，也属于诗教的范围，但在性质上，评论的部分，实是为诗教提供了理论基础。

其次是《书》。《论语》载："子所雅言，《诗》、《书》、执礼。"（7·18）

---

① 王熙元《论语通释》，台北，学生书局，1981年，第40页。
② 徐复观《中国经学史的基础》，第8页。

"雅"不论当"正"字或"常"字解,孔子平日常常谈到《诗》,由《论语》可以证实。但谈到《书》的,却仅有两次:

(1)"或谓孔子曰:子奚不为政?子曰:《书》云:'孝乎惟孝,友于兄弟,施于有政',是亦为政,奚其为为政。"(2·21)引《书》见《伪古文尚书·君陈》篇,一般皆以为此乃《书》之逸文,为《伪古文尚书》所采入。由此可见《伪古文尚书》中仍保留了一些《书》的原文,今传之《书》亦非原貌。在封建时代,家与国在性质上很难区分,孟子所说的"千乘之国,百乘之家","国"与"家"都是政治单位。如从这个背景来了解孔子的回答,就不觉得奇怪,但未必是孔子不从政的真正原因。在这里,孔子不只是引《书》而已,而是对《书》的文字做了"意义主观面"的诠释。

(2)"子张曰:《书》云:'高宗谅阴,三年不言',何谓也?子曰:何必高宗,古之人皆然。君薨,百官总己以听于冢宰三年。"(14·40)《尚书·无逸》篇:"其在高宗,时旧劳于外,爰暨小人。作其即位,乃或亮阴,三年不言;其惟不言,言乃雍。"子张所引乃《无逸》文之简化。"谅阴"古人有不同的说法,郑玄以为是居丧,《吕氏春秋》则谓谅闇(谅阴别称)言为天子应慎言,而非居丧[1]。三年之丧是孔子的主张,弟子宰我曾提异议,认为一年就够了,孔子因此斥其"不仁"(17·21)。《孟子·滕文公》篇记孟子劝滕国世子行三年之丧,世子答道:"吾宗国鲁先君莫之行,吾先君亦莫之行也。"鲁为周公之封国,也不曾行过三年之丧。《墨子·非儒》篇,也明说"其礼曰,丧父母三年"[2]乃儒者之言。从这些证据来看,将"谅阴"解为居丧,应不可信,郑玄是受了孔、孟的影响,孔子"古之人皆然"云云,亦非史实,乃是典型的创造性的对话。

其次是《易》。《论语》有关《易》的记载,共有三次:

(1)"子曰:加我数年,五十以学易,可以无大过矣"(7·17)。《史记》里两次提到"孔子晚而喜《易》"[3],可能即本于《论语》,《论语》的文

---

[1]　屈万里《尚书今注今译》,台北,商务出版社,1973年,第137页。
[2]　胡适《中国哲学史大纲》卷上,上海,商务印书馆,1947年,第132页。
[3]　《孔子世家》、《田敬仲完世家》。

字,并无不妥之处。《系辞传》:"子曰:颜氏之子,其殆庶几乎!有不善未尝不知,知之未尝复行也。《易》曰:不远复,无祗悔,元吉。"这段话即使非出于孔子,也可以印证孔子确有学《易》可以无大过的思想的流传。既然如此,《论语》"可以无大过"①的话,确实是指学《易》而言,不是泛指一般的学习。至于学《易》为何便能无大过,朱熹认为"学《易》则明乎吉凶消长之理,进退存亡之道,故可以无大过"。在这里,孔子、朱子所传达的意义,都属于创造性的诠释。

(2)"子曰:南人有言曰:'人而无恒,不可以作巫医'。善夫!'不恒其德,或承之羞。'子曰:不占而已矣。"(13·22)其中"不恒其德,或承之羞"乃恒卦九三爻辞,意谓:"一个人的德行没有常度,很可能招致羞辱。"②孔子对人有无恒心很重视,他说:"善人,吾不得而见之矣;得见有恒者,斯可矣。"(7·26)"善人"指修养有成者,"有恒者"指对德性有所坚持,并困勉而为。在这里,孔子引《易经》的话,是教人要多在德行上下工夫,不要将自己的吉凶祸福寄望于卜筮。这与他不语怪、力、乱、神,以及所坚持的人文主张是一致的,这也是孔子对占卜传统的严厉批判。1973 年,湖南长沙马王堆汉墓出土的汉文帝初年的手抄帛书《周易》,其中附有佚书《要》等两篇。《要》篇中所记孔子与弟子有关《易》的问答,很明确地表达了孔子重视《易》之哲理,而非《易》之占卜的态度:"夫子老而好《易》,居则在席,行则在囊。有古之遗言焉,予非安其用而乐其辞,后世之士,疑丘者或以《易》乎!子贡问:夫子亦信其筮乎?子曰:我观其德义耳,吾与史巫同途而殊归。"③所谓"乐其辞",所谓"我观其德义",依我的了解,就是以创造性对话的方式,对《易》的卦、爻辞做创造性的诠释。这段记载的真实性如何,不得而知,但其基本态度与《论语》相符。无论如何,《周易》由占卜传统发展出《十翼》,与这种态度的转变,有绝对的关系;《周易》能从卜筮之流,提升到经的地位,这种转

---

① 金景芳、吕绍纲、吕文郁合著《孔子新传》,长沙,湖南出版社,1991 年,第 220 页。

② 王熙元《论语通释》,台北,学生书局,1981 年,第 777 页。

③ 金景芳、吕绍纲、吕文郁合著《孔子新传》,第 221 页。

变是其关键。

(3)"子曰:不在其位,不谋其政。曾子曰:君子思不出其位。"(14·26)"君子思不出其位"乃艮卦象辞。清人毛奇龄《论语·稽求》篇:"夫子既言位分之严,故曾子引夫子赞《易》之辞以为证。"①这个推想很合理。如果这句话真是出于孔子,那么又为创造性诠释多一佳例,同时对古人所说"夫子赞《易》"的"赞"字,也可有新的理解。假如这句话真是孔子所说,则《乾文言》中六个"子曰",《系辞传》中二十三个"子曰",也可能真是孔子之言,或后学转述孔子之言。这"二十九个'子曰'的共同特点,是将《易》的神秘性落实于人文之上,由行为决定人之吉凶悔吝"②,也与《论语》对《易》的态度完全相同。

其次是礼。礼在孔子以前的传统中与《诗》、《书》、《易》大不相同,因后三者已具有经典的形式,而礼的广义是可以涵盖一切典章制度与生活规范的,传统的讲法是"礼义三百,威仪三千",用现代的术语,它类似"文化丛"。礼在孔子心目中,不仅是周文化的特征,也是三代文明的象征。他一生"好古敏求",主要的工夫大概都是用在这方面,他的独创性的道德伦理思想,主要也是从这个源远流长的传统中不断奋斗脱胎而来。这其中的过程,已不是创造的诠释可以充分解释,因其整个生命都孕育其中。没有这个传统,就建构不出孔子的人文世界,也开展不出孔子的人格世界。

"子曰:夏礼,吾能言之,杞不足征也;殷礼,吾能言之,宋不足征也。文献不足故也;足,则吾能征之矣。"(3·9)如不对夏、殷之礼下过工夫,是说不出这种话的。能言表示熟悉,寻求验证表示不断的探索,"文献不足故也"之慨叹,是探索的结果。对夏、殷之礼都如此,对周礼更不在话下,从"郁郁乎文哉,吾从周"的话来看,他必定长期浸润沉醉在其中,才能对其如此赞美,如此心仪!

---

① 王熙元《论语通释》,第859页。
② 徐复观《中国经学史的基础》,第25页。

礼对孔子既如此重要，可是对那些企图从整理、删定的观点来解释孔子与经书关系的学者，却感到万分遗憾，因为至今仍找不到任何直接证据，说明孔子曾整理或删定过"三礼"。

三礼指《周礼》(又名《周官》、《仪礼》、《礼记》)。《周礼》成书的时代，至今仍在争论，它是一种政治社会的全盘设计，所以现代人常常把它看作中国古代乌托邦的一种具体表现①。乌托邦思想也不能凭空而造，它不但吸取了周代传统的观念，且是以儒家思想为主导的②，只是孔子与《周礼》的直接关系，我们并不清楚。

《礼记》一书，在儒学发展史上，有重大的意义，单单《中庸》、《大学》两篇，对宋明儒学的影响，已不亚于《论》、《孟》，孔子所说"夏礼吾能言之，杞不足征"既出现于《中庸》，又出现于《礼运》，不难想象，还有不少不见于《论语》的孔子之言，保留在《礼记》各篇之中。

孔子与"三礼"之间，唯一"有点蛛丝马迹可寻的只有一部《仪礼》"。《礼记·杂记》篇："恤由之丧，哀公使孺悲之孔子，学《士丧礼》，《士丧礼》于是乎书。"《士丧礼》乃《仪礼》中的一篇，匡亚明先生认为：第一，孔子只教孺悲一篇《士丧礼》，不等于孔子只知道《士丧礼》，他应该知道全部《仪礼》。第二，孔子既然能教孺悲《士丧礼》，当然也就可能教别人另外各篇的《礼》。第三，既然孺悲能够记录孔子传授的《士丧礼》，当然别人也可以记录他传授的其余各篇③。这种推想也不无道理。问题是孔子对礼所推重的，在礼之"义"，不在礼之"仪"，如谓"礼云礼云，玉帛云乎哉!"(17·11)《礼记·郊特牲》篇："礼之所尊，尊其义也。失其义，陈其数，祝史之事也。"此正是传承自孔子的礼说。孔子之所以重视礼之义，是因礼到春秋时代，早已丧失了实质的意义，只徒具僵化的形式。

---

① 金春峰《周官之成书及其反映的文化与时代新考》，台北，东大图书公司，1993年，余英时序文第1页。
② 金春峰《周官之成书及其反映的文化与时代新考》，自序第16页。
③ 匡亚明《孔子评传》，南京，南京大学出版社，1990年，第353—354页。

司马迁说："缘人情而制礼,依人性而作仪"①,孔子时贵族间所行的礼,既不合人情,也背逆人性,因此,《春秋》里斥之为非礼之处特多。孔子使礼植根于仁,所谓"人而不仁,如礼何?"(3·3)就是要重新苏醒人情,恢复人性。

必须指出,在春秋时代,感觉到礼仪的僵化,而要将礼与仪加以区分,不是出于某一人之孤明,乃是各国的贤士大夫们共同的觉悟。例如《左传》昭公十六年(公元前526),晋国文叔齐答晋侯"鲁侯不亦善于礼乎"之问时,他说:"是仪也,不可谓礼。礼所以守其国,行其政令,无失其民者也。今政令在家,不能取也;有子家羁,弗能用也。"所谓"政令在家",就是发号施令之权,已旁落于家臣之手中,孔子所谓"陪臣执国命",是一种"非礼"的现象。又如《左传》昭公二十五年(公元前515),郑子大叔答晋赵简子"问揖让周旋之礼",谓:"是仪也,非礼也,……夫礼,天之经也,地之义也,民之行也。"这样可使礼不再受仪的拘限而下逮于庶人,礼也由原来适应人君的要求而转过来适应于人民的要求,孔子正是继承此一目标更向前发展的②。

更值得注意的是,孔子以前的贤士大夫们,已将礼与敬、仁、忠信、卑让等道德观念联系在一起思考,并以道德规范了礼的意义,这不仅使礼从封建等级的繁文缛节中解放出来,也决定了孔子对礼诠释的方向。如《左传》桓公二年(公元前710),晋国师服:"夫名以制义,义以出礼。"孔子将"义以出礼"发挥为君子的条件,所谓"君子义以为质,礼以行之"(15·18)。又如《左传》僖公十一年(公元前649)周内史过:"礼,国之干也;敬,礼之舆也;不敬则礼不行。"这与孔子"上好礼,则民莫敢不敬"(13·4)之义相通。又如《左传》僖公三十三年(公元前627),晋国臼季:"出门如宾,承事如祭,仁之则也。"孔子答仲弓问仁时,就此义做了进一步的阐说:"出门如见大宾,使民如承大祭。己所不欲,勿施于人。在邦

---

① 《史记·礼书》。
② 徐复观《中国经学史的基础》,台北,学生书局,1982年,第16页。

无怨,在家无怨。"(112·2)又如《左传》成公二年(公元前590),晋国叔
向:"忠信,礼之器也;卑让,礼之宗也。"《论语》虽未将忠信与礼相连而
言,但忠信乃孔子的重要德目,"子张问行。子曰:言忠信,行笃敬,虽蛮
貊之邦,行矣"(15·6)。其中"忠信"、"笃敬"都可以说是礼的表现。
"子曰:泰伯,其可谓至德也已矣,三以天下让,民无得而称焉。"(8·1)
叔向以让为"礼之宗",孔子以让为"至德"①——德之宗,其义一也。礼
经由春秋时代贤士大夫们与孔子相继从道德方面加以诠释,终于使"不
下庶人"的礼,成为普遍性行为规范的礼。

其次是乐。自古及今谈孔子"整理"六经,唯一有据的是《乐》:"子
曰:吾自卫返鲁,然后乐正,雅、颂各得其所。"(9·15)孔子于哀公十一
年(公元前484),应鲁季康子之召自卫返鲁,开始他一生最后一段教学
生涯,此时却从事整理乐的工作,可见此乃他一生未了的心愿之一。问
题是"乐正"究竟指的是什么性质的工作? 有人认为是正乐的篇章②,有
人认为是指乐曲③,《史记·孔子世家》则说:"三百五篇,孔子皆弦歌之,
以求合韶、武、雅、颂之音,礼乐自此可得而述。"这些推想都有可能。不
过由司马迁之言,这里孔子所说的雅、颂,可以确定是指乐,而非指诗。
诗、乐所以同有雅、颂之名,是因二者本为一体,形诸文字的叫诗,配以
曲调或演奏或歌唱出来的,就叫乐。孔子的时代,礼坏乐崩,"郑声之乱
雅乐"(17·18)的现象相当普遍,为孔子所深恶,于是激起他要在这方
面做一番拨乱反正的工作,这就是他所谓的"乐正"。乐正者,即摒弃郑
声,振兴雅、颂之音,使其能发挥"感动人之善心"④的乐教的功能。

孔子在"乐正"的过程中,一如对其他经典传统,既有所传承,也有
创新。在传承方面,例如:"子之武城,闻弦歌之声。夫子莞尔而笑曰:
割鸡焉用牛刀? 子游对曰:昔者偃也闻诸夫子曰,君子学道则爱人,小

---

① 以上参考徐复观《中国经学史的基础》,第13—15页。
② 杨伯峻《论语译注》,北京,中华书局,1980年,第99页。
③ 王熙元《论语通释》,第498页。
④ 《荀子·乐论》。

人学道则易使也。子曰:二三子,偃之言是也,前言戏之耳。"(17·4)此时子游任武城宰,"弦歌之声"是将乐用于教化百姓。徐复观先生指出其中暗示了三种涵义:一是弦歌之声即是"学道"。二是弦歌之声下逮于"小人",即是下及于一般的百姓。三是弦歌之声,可以达到合理的政治要求,这是孔门把所传承的古代政治理想,在武城这个小地方加以实验,所以孔子特别显得高兴①。这一古老的政治理想,就是《礼记·乐记》篇所说的"乐以知政","声音之道与政通"。《左传》襄公二十九年(公元前544),吴公子季札,到鲁国聘问,他听了乐工为他演唱的《周南》、《召南》以及各国的国风,在他的赞美和评述中,将"乐以知政"的道理,发挥得淋漓尽致。从这段记载也可以使我们知道,诗与乐是一体的,孔子兴、观、群、怨的诗教,也是乐教②。

创新方面,孔子提出评判乐的价值标准:"子谓韶:尽美矣,又尽善也;谓武:尽美矣,未尽善也。"(3·25)韶,舜帝的乐名;武,武王乐名。据朱注"美者,声容之盛;善者,美之实也"。舜"以揖逊而有天下",武王"以征诛而得天下",因此表现于声容背后的精神,及其所蕴涵的意义,就有所不同。在这里,孔子认为乐除表现艺术之美,还要讲求道德之善,乐的最高标准是美、善的统一。由此也可以了解,孔子所谓"乐正"、所谓"雅、颂各得其所",不只是如司马迁所说"求合韶、武、雅、颂之音"而已。

此外,孔子一方面把乐与其核心观念——仁连系起来,另一方面又将乐视为人格的完成。"子曰:人而不仁,如乐何?"(3·3)此不仅以仁规范了乐的本质,且使乐植根于道德主体,建立了乐与伦理道德不可分的关系。"子曰:兴于诗,立于礼,成于乐"(8·8),诗、礼、乐在此代表道德人格发展的三个阶段,而乐代表道德修养的最高阶层,成于乐即成于仁。在教化的意义上,诗、乐本一体,在人格发展的意义上,乐又比诗更

① 徐复观《中国艺术精神》,台湾,学生书局,1973年,第8页。
② 关于孔子诗教与乐教的关系,可看钟肇鹏《孔子研究》,台北,淑馨出版社,1993年,第149—154页。

升进一层,对道德的辅助作用也更大。

最后是《春秋》。孔子作(修)《春秋》虽无直接证据,但在历史上很少有人怀疑。自民初以来,孔子是否作《春秋》的问题,却引起不少争论。据我所知,为传统旧说辩护,对"确认今传《春秋》实系孔子修作"这一工作,做得最认真的,是张以仁先生的《孔子与春秋的关系》一长文[1],读了他的文章,的确有不得不信之感。讲中国古史,如处处都要求直接证据,恐怕很多问题都讲不下去。

不过,如去读《春秋》本文,又觉得钱玄同先生所说"孔丘底著作究竟是怎样的,我们虽不能知道,但以他老人家那样的学问才具,似乎不至于做出这样一部不成东西的历史来"的话[2],不能说没有一点道理。钱氏对今传《春秋》的怀疑,以及熊十力先生晚年说"孔子《春秋》经、传全亡"[3],我觉得是一种合理的存疑,因为由今传《春秋》似乎很难诠释出孟子和司马迁所说那样大的道理。《孟子·滕文公下》:"世衰道微,邪说暴行有作,臣弒其君者有之,子弒其父者有之。孔子惧,作《春秋》。《春秋》,天子之事也,是故孔子曰:知我者其惟《春秋》乎,罪我者其惟《春秋》乎!……昔者禹抑洪水而天下平,周公兼夷狄、驱猛兽而百姓宁,孔子成《春秋》而乱臣贼子惧。"又《离娄下》:"孟子曰:王者之迹熄而《诗》亡,《诗》亡然后《春秋》作,……其事则齐桓、晋文,其文则史,孔子曰:其义则丘窃取之矣。"《史记·自序》:"孔子知言之不用,道之不行也,是非二百四十二年之中,以为天下仪表,贬天子,退诸侯,讨大夫,以达王事而已矣。"又:"《春秋》上明三王之道,下辨人事之纪,别嫌疑,明是非,定犹豫,善善恶恶,贤贤贱不肖,存亡国,继绝世,补敝起废,王道之大者也。"

以上孟子与司马迁对《春秋》大义的诠释,绝不可能凭空捏造,而是他们所读的《春秋》与今传本不尽相同。这有两种可能:(1)《史记·自序》已言"《春秋》文成数万",前引张以仁先生之文也说:"《春秋》经文自

---

① 见张以仁《春秋史论集》,台北,联经出版公司,1990年。
② 顾颉刚编《古史辨》第一册,台北,明伦出版社,1970年,第276页。
③ 熊十力《原儒》,台北,明伦出版社,1971年,第44页。

张晏以来迄于乾隆甲寅刻本,约莫少了 1500 字,几近《春秋》全部的十分之一。"(2)《春秋》或如匡亚明先生所说,只是一部教学大纲,其中大义,则口授给弟子①。《史记·十二诸侯年表序》:"孔子明王道,干七十余君莫能用,故西观周室,论史记旧闻。……七十子之徒,口受其传指,为有所刺讥褒讳挹损之文辞,不可以书见也。"从《公羊》、《春秋繁露》有关材料看,传习《春秋》可以考见姓名的,在十人以上,则孔子口传的《春秋》大义,必有一部分保留在其中②。孟子与司马迁所见的《春秋》,是否即佚失的与口传的部分,不得而知,但他们所见的本子,必有今传本之外者,即今本《春秋》与孟子、司马迁的《春秋》诠释之间,必缺少一个环节,这一点似乎可以确定。照孟子与司马迁的诠释来看,孔子就鲁史的确曾做了一些创造性的诠释,否则,《春秋》在中国史上不可能享有如此崇高的地位。

六　孔子创造性的贡献

在本文开头的部分,曾提出两点要求:一是尝试进入孔子心目中的传统,去了解孔子思想的形成与开展;二是要了解孔子如何转化传统? 如何温故而知新? 又如何从返本的思考中,开出一片人文的新天地? 这两个问题相当复杂。以上四节的探讨,仅仅就传统这一面豁显出一些线索,希望在前贤讨论的基础上,再稍微向前推进。要想完整地了解孔子思想的形成,在传统的线索之外,他生存的时代与成长的环境,也很重要;要想完整地了解孔子思想的开展,更必须对其全部思想的结构和意义做系统性的探讨。

许多人谈论或研究孔子,差不多都局限于《论语》,过去我也如此。近年重读《论语》,觉得其中许多话,如对孔子以前的传统,以及孔子的

---

① 熊十力《原儒》,第 363 页。
② 关于口传《春秋》的讨论,可看徐复观《中国经学史的基础》,第 26 页。《两汉思想史》卷三,台湾学生书局,1979 年,第 257、299、301 页。

时代与环境，没有一些认识，未必真能了解它的意义。三十多年来，我的治学生涯，是从古代向现代发展，这次重新回过头去，想对孔子做比较深入的了解，并从他以前的传统下手，与近十多年国内外学者的相关讨论，多少有点关系。

1978 年余英时先生发表《中国古代知识阶层的兴起与发展》，简介了美国当代社会学家柏森斯"哲学的突破"的观念，杜维明先生、林载爵先生、张德胜先生也相继提到当代德国哲学家雅斯贝尔斯"枢纽时代"的观念，这是比较希腊、以色列、印度和中国四大古文明的新观点①。据说，在西方"哲学的突破"的观念可上溯至马克斯·韦伯有关宗教社会学的论著。值得注意的是，在中国，梁启超在世界伟人传第一编《孔子》的残稿中，也曾有相近的提法，他说："距今约两千四五百年之间，天地间气乃发泄而若无所余"，下文列举希腊、波斯祆教、印度、中国四大古文明各大哲之名，他对这种人类文明史上的特异现象赞叹不已："异哉！异哉！地之相去盖亿万里，而同在二三百年间笃生圣哲，若揖让而聚于一堂，噫嘻！是何祥欤！"②大概梁氏已感到文明史上为何会出现如此现象已无从索解，因而才归之于天地间的气运。在这段文字里，所谓"哲学的突破"，所谓"枢纽时代"，这两个观念几已呼之欲出。

新观点的提出，已促进了各大文明之间高层次的对话，这种方式的沟通与交流，相信会持续下去，因为它不仅可增进各大文明之间的相互了解，对当前世界性的现代文明面临的意义危机，也具有重大的启迪作用，中国学人应努力参与这场文明间的对话，因这也是中国文化重建的一条不可逾越的重要途径。进行的方式，当然不只是在各自专业的领

---

① 余英时的文章，见《中国知识阶层史论》，台北，联经出版事业公司，1980 年，"哲学的突破"为该文第四节。杜维明《探讨"轴心时代"》、《从"轴心时代"看儒学兴起》两篇短文见所著《儒家自我意识的反思》，台北，联经出版公司，1990 年。林载爵于前注《人的自觉——人文思想的兴起》一文引言中，借"枢纽时代"的观念，来说明四大古文明中中国文化的特色。张德胜提到雅斯贝尔斯《历史的源头与终结》，见所著《儒家伦理与秩序情结》，台北，巨流图书公司，1989 年，第 37 页。

② 此残稿附于梁著《孔子》一书之后，中华书局，1936 年初版，台湾中华书局 1962 年二版，引文见二版第 68 页。

域里,去印证或检讨这个新观点而已。本文虽不是为参与对话而作,但因孔子乃四大古文明之一的代表,对他思想的形成与转化的探讨,多少可提供一点参考的价值。

我不清楚"哲学的突破"(还有雅斯贝尔斯的"超越的突破"),其中"突破"的确切意义指什么,在中文里,古人常用"破"字,如"破格"、"破例"就有创新的涵义。现代学者则常用"突破"这个观念,凡是用到这个观念的地方,都有创新或创造的涵义,没有创新或创造,哪来突破? 朱熹在《中庸章句序》①中说:"若吾夫子则虽不得其位,而所以继往圣开来学,其功反有贤于尧、舜者",毫无疑问,朱子这话是就孔子对中国文化具有创造性的贡献而言。相对于科技上"发明的创造",孔子在文化上属于"革新的创造"。创造心理学所说的革新的创造,往往经过肯定、否定、革新的辩证过程②,孔子也经历类似的过程,不过他对传统的态度,不是否定,而是转化。

在孔子以前,德治与民本的思想,在西周初期周公的言论中已开始萌芽,到春秋时代,在贤士大夫间已流传着极为丰富的道德观念,同时,人为神之主的人文信念,以及从吉凶祸福的天道中解放出来的人道观都已出现,试问孔子在这样一个传统的基础上,要使它进入另一更高层的转变时代,势必需要一高度统摄性或统合的观念,作创造性转化的关键,这关键性的观念是什么? 我认为就是"道"。当孔子发现道足以统摄或统合所有传统的精神,并赋予传统以新生命与新意义时,在他的道德意识(这也是由西周以来特殊的文化传统培育而成)中,必然产生灵光爆破式的喜悦和兴奋,像王阳明悟良知一样。因为道是从深厚、复杂又是充满光辉的传统中悟出来的,所以道不是形上学意义的存有;因为道是从有强烈的道德倾向、又是具有规范性、制度性的传统中产生,因此道必然要落实在个体和社会、政治之上。道涵盖内圣与外王,它是人

① 《朱子大全》卷七六。
② 郭有遹《创造心理学》,台北,正中书局,1983年,第3—4页。

生、社会、政治、文化的最高指导原则,如果孔子的时代也可称之为现代,那么,道就是传统与现代的分水岭。在这里,我们或许对孔子所说"吾道一以贯之"有番新的体认,曾子说的"夫子之道,忠恕而已矣"(4·15),以及朱子了解为"尽己之谓忠,推己之谓恕",基本上都不错,因尽己属内圣的范畴,推己属外王的范畴,推己的范围,从个体出发可以延伸到家国天下,所以忠恕之道即内圣外王之道。

孔子的理想是要以道易天下,因此道必须落实。道落实在个体上,是要求道德人格的创造,从"吾十有五而志于学"到"七十而从心所欲不逾矩"(2·4),是孔子自道人格创造的历程。在这过程中,传统的资源皆一一转化为己所有,成为他丰富而又多层次思想的精神动源;在这过程中,他不断地在创造一个自由而有意义的生命,成为人格上受人敬仰,道德上极具魅力的人物。道落实在社会上,是要求重建社会秩序,针对这一目标而建立的一套伦理规范,至今仍具影响,这是他对中国文化的主要贡献之一。道落实在政治上,是要求重建政治秩序和以德化民的治国理念,为了实现这一理想,他栖栖皇皇,奔走于列国之间,结果曲高和寡,如司马迁所说:"孔子明王道,干七十余君莫能用"[1],因始终"不得其位",因此这方面成效很少。在政治实践方面虽成效不彰,但在人格方面自我实现式的创造,却为中国立下不朽的典范,再加上社会规范的确立,毕竟使中国文化推向一个新的转变时代。

总结全文,从孔子与传统的关系,使我们得到一个重要的启示是:愈深入传统,愈能超越传统。

---

[1] 《史记·孔子世家》。

荀学在思想史上的地位及其影响[①]
——兼论荀学在近代的复兴

一　前言

　　一个青年,如果决心将来在学术思想方面求发展,需要选择一个重要的思想家,对他的思想做全面而深入的钻研,实是一必要的步骤。至于在什么时候才能做此恰当的选择,我认为至少应该在对整个学术思想史(东方的或西方的)有了重点式的了解之后,具备了这些基础知识,选择才能进行。选择的对象,如既能符合自己的志趣,又具有很高的客观价值,这就是恰当的选择,因前者较容易长期保持研究的热情,后者则足以保证你的工夫不会徒劳。假如这两点一时不能兼得,就当以后一条件为重,因为有时候我们的兴趣,是在研究过程中逐渐培养出来的。

　　比较困难的是,我们究竟应该选择哪一家?撇开个人特殊的天赋和气质因素不谈,为了奠定学术思想工作的初步基础,在西方,一个有丰富学识和经验的哲学教师,多半会劝告青年,去专攻柏拉图和康德,不仅是因为他们两人是西方哲学史上最重要的两个里程碑,更重要的是,青年学者们可以从柏拉图那里引发种种强烈的哲学冲动,从康德那

---

① 　编注:本文作于 1978 年 8 月,选自韦著《儒家与现代中国》,台北,东大图书公司,1984 年。

里得知概念的无边威力①。面对这样的哲学家,我们都会感到强大的压力和挑战,只有经得起如许压力和挑战的研究者,才能有效地扩展自己的潜力。

在中国,很少教师提出类似的劝告,青年学者往往在学位论文的逼迫下,才去抓一个题目,等到论文完成,工作也就停顿。他们似乎不能真了解到一个认真从事学术思想工作的人,他的工作和他的心智能力是一齐成长的,在一次有意义有深度的研究活动之后,必然会在连锁反应下,发展出更多的研究工作,使心智得到满足。很少人能在第一次的研究中,就能获得很高成就,成就要寄望于未来的发展中,一个始终能兴致勃勃,而且感到有永远做不完工作的学者,在学术上才能有远大的前程。一个关键性的问题是:我们要从哪里开头下工夫? 十年前有青年问起我这样的问题时,我无言以对,经过二十多年的研读,也许已能提出一点有益的忠告。我认为,初步的选择,必须力求符合两点:第一要难;第二要繁。一个难了解的思想系统,最能切实磨炼我们的理解能力。重要的哲学家了解起来,几乎没有不难的,但重要与繁之间却不一定成正比,对初次从事研究工作的人,应该"宁繁毋略"②,繁重的工作最足以训练我们的耐心。学术思想的工作,一旦上了路,就是永无休止的苦工夫,怕难怕繁的人,在这条道路上是走不远的。所以一开始就应接受考验。

在中国学术思想传统里,比较能符合这两点的哲学家,古代有荀子,后来哲学史上,当推朱熹为代表。他们都是百川归海式的哲学家,不但持载丰富,思考面广,且有独特的方法和系统。就中国哲学所特重的境界来说,他们不是最高的,但就知识的意义和系统的构造来说,无疑的,他们有代表性。存在主义哲学家雅斯培说:"任何一位哲学家,只

---

① 这是根据雅斯培的见解,见其所著、周行之译《智慧之路》,台北,志文出版社,1969 年,第 211 和 222 页。

② 这是朱熹论治学方法四句名言的第一句,其他三句是:"宁下毋高,宁浅毋深,宁拙毋巧。"见《朱熹文集》卷三十《答汪尚书》。

要能对他加以彻底的研究，都能使你一步步地走向哲学与哲学史的全体"①。借他的话，正可以说明研究荀子和朱熹哲学的一个重要意义。

下面撇开朱熹不谈，我们只讲荀子。全文共分四节，前三节是对荀子哲学的地位、价值与影响，以及它何以能在现代复兴各点做简要的说明。最后一节则对今后研究荀子的方向略作提示。

二　荀学在先秦学术思想中的地位

一个哲学家地位的树立，主要在能把前人的思想予以新的综合，同时经由批判或转化的过程，发展出自己的创见和独特的系统。在这个意义上，荀子和孟子都是重要的代表。不过在思想来源上，孟子比较单纯，荀子就复杂得多。当然，荀子思想最重要的来源是周公、孔子，除此之外，他与当时各大学派都有关联，也受了他们深浅程度不同的影响，这就是我上文所说"持载丰富"的原因。要确立荀子在先秦学术思想中的地位，最简捷的途径，就是把握他思想来源这条线索追下去，看看他在哪些方面曾受到前人的影响，在前人基础上又是如何做了创新的发展。

（一）荀子与孔子

孔子一生所怀抱的文化理想，在重振周文。周文就是维系周代封建的一套体制，到了孔子的时代，由于中央集团腐化，使封建诸侯的势力逐渐抬头，这一情势促成封建体制的基本变化，这变化以最简约的方式表示，就是"礼坏乐崩"——丧失了对政治社会控制的效能。怎样才能恢复周文对政治社会的效能，是孔子面对的一个主要问题。根据观察和思考，孔子了解到，周文之所以失去客观效能，或礼乐被破坏的根本原因，是由于贵族阶级精神堕落而导致生命僵化，于是使个人与礼乐

① 　雅斯培著、周行之译《智慧之路》，第205页。

之间,失去原有的调和与节制的作用,礼乐名存而实亡,仅成为虚设的空壳子,这就是孔子所以有"礼云礼云,玉帛云乎哉!乐云乐云,钟鼓云乎哉"的慨叹[①]!针对此一现象,要重振周文,就必须在人心上下手,也就是说先从人的主体上恢复生机,在这一契机下,孔子哲学中最重要的观念——仁,遂成为他实现文化理想的主要依据。因为在孔子看来,仁是人的道德主体,也是生命的真机。人一旦能体仁行仁,就能与礼乐之间恢复调和的关系。礼乐是仁的外在显现,仁是礼乐之本,所以孔子说:"人而不仁,如礼何?人而不仁,如乐何?"

我们所以要简单地指出孔学中周文与仁的关系,主要在说明作为主体的仁和显现于外的周文,在孔子的思想里,二者完全是统一的整体,是相辅相成的。可是到他的两个重要继承者——孟子和荀子——的手里,这个统一的整体开始分裂,孟子就作为主体的仁的一面,开展了他的心性之学的新系统,荀子则把握外在的周文,坚持孔子的文化理想,因而发展出"礼义之统"的新系统。

荀子的"礼义之统"是在孔子所重的周文基础上,发展出来的新观念,它的任务之一,是要为孔子要求"百世可知"的周文,提供一理论的根据。孔子说:"殷因于夏礼,所损益可知也;周因于殷礼,所损益可知也;其或继周者,虽百世可知也"[②]。为什么继周者,虽百世仍可知?

或是说:周制何以能运之于久远? 荀子在解答这个问题时,可能是由他的正名理论中的"共名"概念,因而领会并发现到周文演进中的共理。周文所以具有久远的价值,不在它的繁文细节,而在它的"类",也就是在它所依据的理,如荀子说:"以类度类,以说度功,以道观尽,古今一也。类不悖,虽久同理。"[③]因此,荀子所推崇的"礼义之统",已不是泛泛的周文,而是周文的共理和统类。周文的内容,可以因时而变,它的理和统类,却是永久不变的。

---

① 参看杨慧杰《仁的涵义与仁的哲学》,台北,牧童出版社,1975年,第24页。
② 《论语·为政》。
③ 《荀子·非相》。

礼义之统的观念,除了答复孔子的"继周"问题之外,另有一点也足以补充孔子礼说的,就是当礼的内容不足以适应新的需要时,就可以根据它的统类或理制进行创新,具备这种能力的人,荀子称之为大儒。例如他说:"法后王,一制度,隆礼义而杀诗书,其言行已有大法矣,然而明不能齐法教之所不及,闻见之所未至,则知不能类也,……倚物怪变,所未尝闻也,所未尝见也,卒然起一方,则举统类而应之,无所儗,张法而度之,则晻然若合符节,是大儒也。"①又说:"志安行,行安修,知通统类,如是则可谓大儒矣。"②所谓"知通统类"者为大儒,也就是说能知礼义或周文的共理者为大儒。能知道它的共理,则"法教之所不及,闻见之所未至"时,就可以根据理去推断、去应变。

中国秦、汉以后的社会,两千多年大抵是一所谓礼教性法律控制下的社会,它的历史渊源可以追溯到周文,但本属旧时代的一套体制的礼,何以竟能成为新时代新社会的法度?其中决定性的关键之一,是在孔子和荀子的转化、增益,以及思想创新的作用上。孔孟的仁,首先使礼植根于内在的心性上;荀子的礼义之统,则为礼适应不同环境不同时代的需要,提供了理论的基础。

(二)荀子与老庄

到荀子的时代,老、庄的思想早已发展完成。荀子"非十二子"批评了好几位古代思想上的重要人物,如墨翟、宋钘、子思、孟子、惠施、邓析,独不及老、庄,真是件令人费解的事。但荀子的思想与老、庄之间,确有相当的关系,这关系可以从"虚静"的概念看出来。

虚静在老、庄的思想里,除视为万物之本外,大抵都与修养的工夫有关,如老子说:"致虚极,守静笃。"庄子对这一点有较多的发挥,他说:"夫虚静恬淡,寂寞无为者,天地之平,而道德之至,故帝王圣人休焉。

---

① 《荀子·儒效》。
② 《荀子·儒效》。

休则虚,虚则实,实者伦矣。虚则静,静则动,动则得矣。静则无为,无为也,则任事者责矣。无为则俞俞,俞俞者,忧患不能处(入),年寿长矣。"①有时候庄子也就工夫所达到的境界处言虚静,如"一心定而万物服,言以虚静推于天地,通于万物,此之谓天乐。天乐者,圣人之心,以畜天下也"②。

老、庄虚静的概念,为荀子所吸收,但加以改造,使这个概念在哲学史上有了新的意义,他把原先属于修养工夫的意义,转化为对认知心的分析,因而发展了认识论。荀子的认识论在这一点上与《墨经》中的认识论完全不同,他是藉用虚静的概念独立发展出来的。下面这段话代表他认识论最重要的部分,他说:"人何以知道?曰:心。心何以知?曰:虚壹而静。心未尝不臧也,然而有所谓虚;心未尝不两也,然而有所谓一;心未尝不动也,然而有所谓静。人生而有知,知而有志。志也者,臧也,然而有所谓虚,不以所已臧害所将受,谓之虚。心生而有知,知而有异,异也者,同时兼知;同时兼知之,两也;然而有所谓一,不以夫(彼)一害此一,谓之壹。心卧则梦,偷则自行,使之则谋。故心未尝不动也,然而有所谓静,不以梦剧乱知,谓之静。……虚则入;……壹则尽;……静则察。"③详细解说,已见旧作《荀子与古代哲学》。

(三)荀子与墨家

荀子善于批评,批评墨家的地方尤其多,全书除"非十二子"所评之外,竟达十七次之多。他批评的重点,都集中在前期墨家,至于以"墨辩"为代表的后期墨家,至少在"同异"的问题上,荀子曾深受其影响。

"同异"问题在先秦哲学里,是一个受到相当注意的问题,儒、墨、道、名各家,都曾加以讨论,他们讨论的分属三个范围:(1)逻辑;(2)认识论;(3)形上学。荀子所受墨辩的影响,是在前两个范围:

---

① 《庄子·天道》。
② 《庄子·天道》。
③ 《荀子·解蔽》。

第一,逻辑方面。不论是墨家和荀子,他们利用同异概念,从事逻辑意义的探讨,主要是在对治"名实乱,是非之刑不明"①的现象,例如《墨子·经上》:"同:重、体、合、类。"《经说上》:"同:二名一实,重同也;不外于兼,体同也;俱处于室,合同也;有以同,类同也。"又《经上》:"异:二,不体、不合、不类。"《经说上》:"异:二必异,二也;不连属,不体也;不同所,不合也;不有同,不类也。"《墨经》电报式的文字,其涵义我们仅能猜知一个大概。前一部分所引是把"同"分成四种意义:(1)所谓"重同",是说两类虽各有一名,但分子完全相同,也就是所谓"二名一实"。(2)所谓"体同",是说不同的部分,属于同一整体。(3)"合同"是多种事物集合在同一范围之内。(4)凡属于同类者,必有相同之点,叫做"类同"②。后一部分所引,则是指前述四种意义的相反面。荀子对这个问题所表现的,就清晰有条理多了,显然代表一新的发展,这一发展可以说是发展了中国早期逻辑思想的新里程。荀子说:"然后随而命之:同则同之,异则异之;单足以喻则单,单不足以喻则兼;单与兼无所相避则共,虽共不为害矣。知异实者之异名也,故使异实者莫不异名也,不可乱也,犹使同实者莫不同名也。故万物虽众,有时而欲遍举之,故谓之物。物也者,大共名也。推而共之,共则有共,至于无共然后止。有时而欲遍举之,故谓之鸟兽;鸟兽也者,大别名也。推而别之,别则有别,至于无别然后止。名无固宜,约之以命,约定俗成谓之宜,异于约则谓之不宜。名无固实,约之以命实,约定俗成,谓之实名。名有固善,径易而不拂,谓之善名。物有同状而异所者,有异状而同所者,可别也。状同而为异所者,虽可合,谓之二实。状变而实无别,而为异者,谓之化;有化而无别,谓之一实。此事之所以稽实定数也,此制名之枢要也。"③详解亦见旧作《荀子与古代哲学》。

第二,认识论方面。《墨经》关于认识论方面的理论,主要是就

① 《荀子·正名》。
② 参看劳思光《中国哲学史》第一卷,香港,中文大学崇基学院,1968年,第243页。
③ 《荀子·正名》。

"知"、"闻"、"见"等概念来阐说,用"同异"概念来表现的部分,其意义远不及前者明显而精彩,如《经上》:"同:异而俱于之一也。"《经说上》:"同:二人而俱见是楹也。"又《经下》:"异类不吡(比),说在量。"《经说下》:"异:木与夜孰长? 智与粟孰多? 爵、亲、行、贾,四者孰贵?"此只能说有点认识论的意味而已。荀子则不然,他藉用墨家同异概念,对概念的形成有了重要的发挥。荀子说:"……故知者为之分别制名以指实,上以明贵贱,下以别同异。……然则何缘而以同异? 曰:缘天官。凡同类同情者,其天官之意物也同,故比方之疑似而通,是所以共其约名以相期也。形体、色、理,以目异;声音清浊,调节奇声,以耳异;甘、苦、咸、淡、辛、酸、奇味,以口异;香、臭、芬、郁、腥、臊、漏、庮、奇臭,以鼻异;疾、养、凔、热、滑、铍、轻、重,以形体异;说、故、喜、怒、哀、乐、爱、恶、欲,以心异。心有征知:征知,则缘耳而知声可也,缘目而知形可也;然而征知必将待天官之当簿其类然后可也。五官簿之而不知,心征之而无说,则人莫不然谓之不知,此所缘而以同异也。"①

(四)荀子与法家

孔子重礼,但不排斥法,他只是认为在效用上和价值上,法不如礼。如:"道之以政,齐之以刑(法),民免而无耻;道之以德,齐之以礼,有耻且格。"②孟子则认为道德与法律,各有其效用,也各有其限制,即所谓"徒善不足以为政,徒法不能以自行"。法家兴起以后,对礼采取轻视的态度,视礼在可有可无之间,如《商君书》:"法者,所以爱民也,礼者,所以便事也;是以圣人苟可以强国,不法其故;苟可以利民,不循其礼。"③孔、孟之世,礼与法冲突的问题还不显著。到了荀子,他已感受到法家的挑战。因此礼与法的问题,也就成为他思想的重要课题之一。荀子对这个问题经过曲折的思考,在认同(对礼)与适应(对法)之间,颇费斟

---

① 《荀子·正名》。
② 《论语·为政》。
③ 《商君书·更法》。

酌,大抵可分下列四点:

1. 礼为法所本。《荀子·劝学》篇:"礼者,法之大分,类之纲纪也,故学至乎礼而止矣。"又《性恶》篇:"故圣人化性而起伪,伪起而生礼义。礼义生而制法度。"

2. 礼、法各有其效用。《荀子·富国》篇:"由士以上,则必以礼乐节之;众庶百姓,则必以法数制之。"又《儒效》篇:"礼节修乎朝,法则、度量正乎官。"

3. 礼、法并重。《荀子·强国》篇:"人君者,隆礼尊贤而王,重法爱民而霸。"又《君道》篇:"至道大形,隆礼至法,则国有常";又:"法者,治之端也"。

4. 重人轻法。《荀子·王制》篇:"有良法而乱者有之矣;有君子而乱者,自古及今未尝闻也"。又《君道》篇:"有治人,无治法。……故法不能独立,……得其人则存,失其人则亡。"

根据这四点,我们可以知道,荀子对德(君子)与法之间,仍保有孔、孟以德为重的倾向,但在礼与法之间,却采取了调和的态度。因为一方面礼是荀子思想的主轴,另一方面必须要肯定,法对适应新的社会和政治的需要,也同样必不可少。因此除调和之外,实无法解决二者之间的问题。汉儒普遍接受了荀子的调和态度,且做了较荀子更为合理的解释:"礼禁未然之前,法施已然之后。"①从此,这个解释,为传统儒者所公认。

三　荀学的价值及其影响

前一节我们就先秦的几个重要学派为背景,探讨荀学在这个时代的地位,事实上,一个哲学家的地位,就是靠他有价值的思想建立起来的,荀子在孔子"周文"的基础上,发展出"礼义之统"的系统,在老、庄的

———————————

① 此意并见于《大戴礼记·礼察》,贾谊《陈政事疏》,以及《史记·太史公自序》。

"虚静"和墨家"同异"的概念上,创发了独特的认识论和逻辑思想。这些思想,在中国古代思想史里,都有极高的价值。下文我们将继续探讨荀子思想其他方面的重要价值,这些探讨可以使我们充分了解到,荀子不仅在古代,即是在秦、汉以来两千多年整个的思想史里,也一样能有一不朽的地位。

(一)经验主义思路的开拓

前文曾提到,孟子和荀子的不同发展,是由孔子主客统一的整体分裂而来,孟子发展了主体一面,荀子发展了客体一面。现在透过学的意义和认知方式看,这种分裂也同样明显。孟子言学在"求放心",这是反求诸己的内向思路;荀子言学,则重视后天的学习和知识的累积,是一种为学日益的外向思路。两人终极的关怀既不同,其下手的方法也不同。孟子使用先验法,所以成德工夫寄望于固有善心和善性的开发;荀子用的是经验法,重点放在"下学"上,主张"学不可以已"。由于方法的不同,遂导致对知行问题和人性问题的了解,都产生相当大的差异。

孟子说:"孩提之童,无不知爱其亲也,及其长也,无不知敬其兄也。"[①]他说的"知",是人人本有的良知,就良知说,能知必能行,知行是不相离的。荀子重视经验之学,认为人必须先有透彻的了解,然后才能有合理的行为,即所谓"知明而行无过"[②],所以知必然先于行。孟子"知行合一"的思想,后来经王阳明的发挥,而著名于世。荀子"知先于行"的思想,在思想史上虽不著名,但他的想法,确曾重现于各代,影响深远。《中庸》出于《礼记》,它的时代与荀子究竟孰先孰后,虽难以确知,不过博学、审问、慎思、明辨、笃行的主张,与荀子确属同一思路。荀子论学的见解,首先影响到汉儒,《大戴记》"劝学"篇直袭《荀子》"劝学"篇,可置勿论,且举有代表性的《白虎通义》为例:"学之为言觉也,悟所

---

① 《孟子·告子上》。
② 《荀子·劝学》。

不知也。故学以治性，虑以变情。故玉不琢，不成器；人不学，不知道。"①文中所说的"觉"，明显不是指内心的觉悟活动。从"悟所不知"看，"悟"是指后天学习或知识增益的历程，经由这样历程的觉悟，就可以产生"治性"、"变情"的功效，走的正是荀子经验主义的思路。

　　荀子"知先于行"说，在后来哲学史上，最重要的一个同道者，是大哲学家朱熹。不过朱熹对知行问题的讨论，比较复杂，仅就"知先于行"这一点看，他也并不完全着重在先后次序上。如《语类》卷十四："知与行工夫须着并到：知之愈明，则行之愈笃；行之愈笃，则知之益明；二者皆不可偏废。……然又须先知得方行得。"又卷九："知行常相须，如目无足不行，足无目不见。论先后，知为先；论轻重，行为重。"又卷二十四："见得分明，则行之自有力。乃是知之未至，所以为之不力。"朱熹以后，接受此一见解的很多，在朱派影响下的且不说，即使反对朱熹的学者，也有赞同此一见解的。例如王廷相《雅述》上篇："夫神性虽灵，必藉见闻思虑而知；积知之久，以类贯通，而上天下地，人于至细至精，而无不达矣，虽至圣莫不由此。"不仅思想合于荀子"由知达德"的路子，连用语"积知之久"(《荀子·劝学》："积力久则入")和"以类贯通"(《王制》："以类行杂")也与荀子相类。另一位反对者的例子是李塨，他是颜习斋的大弟子，在修养工夫一面，反对朱熹，但在知行问题上，也是主张"知先于行"的，他说："致知在格物者，从来圣贤之道，行先以知，而知在于学②。"

　　我们不敢断言，凡是主张"知先于行"的，都是受了荀子的影响，但在儒家传统里，是他最先开拓了这条思路。在这条思路上，经宋儒程、朱一系的发展，遂产生了好几个在宋以后争论不休的问题，这些问题除知行问题之外，还有"闻见之知与德性之知"的问题，还有"道问学与尊德性"的问题，现在已有人着重这一套思想模式，去解释宋以后思想的

---

① 《白虎通义·辟雍》。
② 李塨《大学辨业》卷二。

演变①。这些争论和思想上的对立，就思想史的意义说，可以溯源到先秦孟、荀由分裂而演成的对立。

孟、荀由方法和思路的分离，而导致部分哲学问题了解上的不同。其中造成误解最多的是人性问题。自从孟子的性善说被普遍接受，成为正统的见解之后，荀子的性论，从来就没有得到善解，直到现在，学者们仍只从字面上了解，以为荀子主张性恶，与孟子性善论相反，遂又以为孟子主张人性本善，荀子则主张人性本恶②。

根据我们的了解，荀子主张性恶，但却不能说他主张"人性本恶"。荀子论性，有两层涵义：

（1）荀子说："今人之性，目可以见，耳可以听，夫可以见之明不离目，可以听之聪不离耳，目明而耳聪，不可学明矣。"③又说："凡人有所一同：饥而欲食，寒而欲暖，劳而欲息，好利而恶害……。"④这里所说的"性"，只是人的本能或生而有的欲望，是无所谓善恶的。

（2）荀子说："今人之性，生而有好利焉，顺是，故争夺生，而辞让亡焉……。"⑤"顺是"是说顺着好利的欲望发展，而不知节制的意思，这才是产生恶的关键。恶生于"不知节"，是从经验观察所得的了解，意思并不是说好利之欲本身就是恶的，所以不能说荀子主张"人性本恶"。

与孟子人性论比较，他们二人根本不是在同一观点上出发。他们之间的根本歧异点，在他们讨论人性问题时，使用了不同的方法，如前所说，孟子用的是先验法，荀子用的是经验法。由于不同的方法，才产生对人性有不同的了解。由此可知孟子性善说荀子性恶说，不是两种相反的说法，他与孟子之间的争论，也不是针锋相对的争论，而是依据

---

① 如余英时《清代思想史的一个新解释》，见氏著《历史与思想》，台北，联经出版事业公司，1976 年。

② 多年来在学生读书报告中，常看到这样的说法，最近编译馆寄来高中《中国文化史》，要我审查，始知学生们的了解，皆本于此书，业已于意见书中，建议改正。

③ 《荀子·性恶》。

④ 《荀子·荣辱》。

⑤ 《荀子·性恶》。

自己的方法,建立了各自的人性论。顺着这个了解,荀子对孟子的批评是不当的。

(二)理智主义的天道观

荀子理智主义的天道观,与孟子天人合德的天道观相对立,与原始的天神信仰、墨子的天志、以及汉儒天人感应论的天道观都相反。荀子这一部分的思想,在科学史上代表“前科学思想”的一个重要阶段,在儒家思想发展史中,则为继承孔、孟对天神信仰的怀疑倾向,又进一步做了系统的展现。这一发展,代表儒家理智的人本主义思想,与孟子的道德理想主义不同。

下面我们将就荀子“天论”的几个要点,展示他这一部分思想的精义,同时还要就后来的思想史,看看这些思想不断活跃的情形。这一条思想的线索,是向来为治中国思想史的学者们所忽略的。照我们的了解,后来的这些思想大部分都是荀学影响下的产物。

1. 天道自然。在孔、老从前的思想传统里,中国曾长期在天神信仰的主宰之下。孔、孟的儒家兴起之后,在政治、社会方面,他们竭力赞美上古的帝王,并把他们理想化。在文化方面,他们肯定周文的价值,且予以转化——使本属封建体制的周文,成为新时代新社会的典章。但对天神信仰的旧传统,却怀着存疑的态度,并力求从中解放出来,这个努力,直到荀子天论思想出现,才算真正完成。

自上古以来,人在天神信仰中,一直都相信人间的吉凶、福祸、治乱是由天神决定的,这是每一个早期民族共同的现象。就中国而言,哲学的发皇,主要功能之一,就是要使人们能由天神的控制中挣脱出来,建立人类自己的信心,在神所控制的世界里,创造出一个以人为中心的人文世界。春秋、战国时期的诸子,就正是面临这样的一个时代,他们也很成功地完成了这一历史任务。在完成任务的漫长过程中,最能相应地建立一个完整思想系统的是荀子。他大刀阔斧地剔除了天道与人类吉凶、治乱之间的关连,他说:“天行有常,不为尧存,不为桀亡;应之以治则吉,应之以乱则凶。"又说:"天不为人之恶寒也辍冬,地不为人之恶辽远也辍广。……天有常道矣,地有常数矣。"又说:"星坠、木鸣、国人皆恐,曰:是何也?曰:无何也,是天地之变,阴阳之化,物之罕至者也;怪之、可也,畏之、非也。"①这些话,告诉了我们三点意义:(1)天行有常,以及天有常道,地有常数,都在说明天或天道只是一种自然的现象,它的运行,有其自身的规律、法则。(2)天道既然只是一种自然现象,那么当偶然有天地之变、阴阳之化的不寻常情形发生时,你觉得奇怪,倒也无妨,如果竟因此惶恐起来,那就不对。(3)应之以治则吉,应之以乱则凶,这是说治乱、吉凶皆操之在人,人力足以胜天。

荀子的天道自然观,很可能曾受到老、庄天道自然思想的影响,庄子以人为的患累与自然的天相对,荀子则以人的"能治",与天的"被治"相对,而形成"天生人成"的重要理论。两家对转化天神这一点是一致的,但由于各自思想的要求不同,遂产生相异的效果。老、庄之外,荀子也可能受春秋时代其他思想家的影响,因《左传》僖公十六年已有这样的记载:"是阴阳之事,非吉凶所生也,吉凶由人。"这与上引荀子的话,意义相同。

荀子以后,发挥天道自然观的重要思想家,是学者们熟知的王充,他的名著《论衡》中有"自然"一篇,揭示"天地合气,万物自生"的自然义,这是他批评前汉天人感应说所本的观念之一。从行文中看,他这方面的思想,似乎得之于道家的启迪较多。

2. 天人之分。既了解天只是自然,人间的吉凶、祸福、治乱都属人为,天、人的区别已显,故荀子又有进一步"天人之分"的推演。他说:"强本而节用,则天不能贫;养备而动时,则天不能病;修道而不贰,则天不能祸。故水旱不能使之饥,寒暑不能使之疾,祅怪不能使之凶。本荒而用侈,则天不能使之富;养略而动罕,则天不能使之全;倍(背)道而妄行,则天不能使之吉。故水旱未至而饥,寒暑未薄(近)而疾,祅怪未至

---

① 上引三条,均见《荀子·天论》。

而凶。受时与治世同,而殃祸与治世异,不可以怨天,其道然也。故明于天人之分,则可谓至人矣。"①王充也有同样的思想,《论衡·治期》篇:"四十二月,日一食。五六月,月亦一食,食有常数,不在政治。百变千灾,皆同一状,未必人君政教所致。"王充以后,明显受荀子"天人之分"思想的影响,且观念上也极能相应的,是唐代的刘禹锡,他有《天论》上中下三篇,兹引上篇的文字为例:"天之能,人固不能也;人之能,天亦有所不能也。……故曰:天之所能者,生万物也;人之所能者,治万物也。"又说:"天恒执其所能以临乎下,非有预乎治乱云尔;人恒执其所能以仰乎天,非有预乎寒暑云尔。生乎治者,人道明,咸知其所自,故德与怨不归乎天;生乎乱者,人道昧,不可知,故由人者举归乎天,非天预乎人尔。"②这些话简直有点像是荀子《天论》中部分文字的注释。与刘禹锡同时的柳宗元,以及明初的刘基(伯温),都做了"天说"的文章,阐扬"天人之分"的思想,内容虽缺乏创意,但由此可以看出,荀子这一部分的思想,历经千余年并未中断,柳宗元说:"天地,大果蓏也;元气,大痈痔也;阴阳、大草木也;其乌能赏功而罚祸乎? 功者自功,祸者自祸,欲望其赏罚者大谬;呼而怨,欲望其哀且仁者愈大谬矣。"③刘基也说:"或曰:天之降祸福于人也,有诸? 曰:否,天乌能降祸福于人哉!"又说:"或曰:天灾流行,阴阳舛讹,天以之警于人与? 曰:否,天以气为质,气失其平则变。"④

　　3. 制天用天。从天道自然、天人之分的思想,到制天用天说,思想上实又是一步进展。由于这部分思想太突出,所以曾使胡适比之为培根的"戡天主义"⑤。荀子说"大天而思之,孰与物畜而制之? 从天而颂之,孰与制天命而用之? 望时而待之,孰与应时而使之? 因物而多之,

---

① 《荀子·天论》。
② 均见《刘梦得文集》。
③ 《柳先生集》"天说"篇。
④ 均见《诚意伯文集》卷四。前一条见《天说上》,后一条见《天说下》。
⑤ 胡适《中国古代哲学史》"荀子"章。

孰与骋能而化之? 思物而物之,孰与理物而勿失之也"①? "制天"是说要控制自然,"用天"是说要利用自然,这要求在中国思想史上是破天荒的。但在荀子,其发展亦只止于此,因为真要实现这个要求,还有许多其他的条件待发展,如西方在培根以后,有伽利略利用实测的工具探测天象,有笛卡尔等人的机械宇宙观,更有牛顿的物理学、光学、力学和天文学等重要的成就,才能促进近代科学的发展。从西方这一个背景来看,荀子的"天论",仍只是"前科学的"思想而已。内在于荀子系统说,他真正要完成的是"礼义之统"的思想系统,以及它功能的发挥;他真正关心的问题,与孔孟一样是在政治、社会的重建,不是在科学。天论思想在荀子思想本身已缺乏积极性,后来历史上,像刘禹锡虽然重提过"与天交胜,用天之利"②这类的话,因跳不出荀子所说的范围,所以在思想上只是重复而未能创新。

四　荀学的复兴

从以上两节所说,我们知道荀子在先秦学术思想中,居有极重要的地位,对后世也有一定的影响。可是荀子在秦、汉以后历史上所享有的声誉,与他的成就显然未能相符。许多思想家受他的影响,并不断转述他的观念,因迫于正统的偏见和压力,连他的名讳也不敢提。荀子不幸的遭遇,大抵有两个原因:

第一,是因为他主张性恶,且竭力抨击孟子,尤其是孟子的性善说。嗣后两千多年,几无一人能善解性恶学说,仅是从文字表面,就认定它与孟子相反对,而孟子却又一直受到尊崇,宋以后更被奉之为亚圣,无形中对了解荀子就形成更大的阻力。

第二,是由于荀子与法家有相当的关联,尤其是弟子李斯助秦为虐

---

① 上引三条,均见《荀子·天论》。
② 《刘梦得文集》"天论下"。

的行径,照中国传统对师生关系的看法,老师对学生的行为,至少要负相当大的道义责任,因此荀子很难被谅解,在反秦的悠久传统里,他几乎成了一个忌讳的人物。

这种被弃置的情势,一直维持到清末,当西方新思潮侵入,原来的正统思想逐渐遭到无情的攻击,在这个新时代机缘下,一些向来遭受苛评或被忽视的思想家,都相继被提倡新文化的人士,重新提了出来,予以再认识再评价,最著名的例子,除荀子之外,如墨子、韩非子、王充、李觏、李贽等。其中研究或讨论最多的是墨子,《墨子》里墨经部分,至今仍然被不断发掘和整理中,一个衰亡了将近两千多年的古老学派,竟又起死回生,成为中国当代的“显学”,这一现象,除了墨学本身的价值之外,无疑的,它反映了近代中国学术思想活动一个主要的动向。

在过去的五六十年中,荀子虽不及墨子走运,但他在较为缓慢的过程中,却有越来越受到重视的趋势,近二十多年来,不但研究的量大幅增加,质也相当地提高,已由广泛的讨论,进入专题的采讨,早期研究荀子的学者,喜欢用西方人的观念傅会比附。如今已进入对荀学本身价值的发掘。儒家传统里的思想家,被当代学者写成专著的,荀子是较多者之一。有些学者,即使不专门研究荀子,也都喜欢写篇文章表扬一番。

依照我们的了解,荀学能在当代复兴起来,至少有下列几个原因:

1. 民初新文化运动时期,遭到责难和攻击最多的,就是正统的儒家。因为当时新兴的知识分子多反对袁世凯,袁氏的政权恰又利用孔教做护身符,遂使儒家首当其冲。不过客观的了解,以当时强烈的西化倾向,即使没有孔教运动和袁世凯的利用,儒家仍然逃不掉新知识领袖们的批评。他们当时提倡科学、民主,而把中国不能产生科学(近代的)与民主的责任,归咎于儒家。在民主这一点上,不但攻击孔子,也波及到荀子,吴虞就曾写《读荀子书后》一文发表于《新青年》(3卷1号)。文中指责荀学与共和相悖的有三点:(1)荀子的礼三本说,被认为是“吾国‘天地君亲师’五字牌之所由立”。(2)荀子尊君思想,被认为是“倡持宠固位,以顺为正,终身不厌之术"。(3)愚民政策。

在民初反孔气氛的高涨下,荀子虽在民主这方面遭到非议,却在提倡科学中获得在现代中国复兴的契机。自胡适、梁启超、章太炎以来,提到荀学,都喜欢讲他的科学思想("天论")、逻辑思想("正名")以及他的心理学("解蔽")。

2. 在传统时代,正统被视为评断思想价值的主要标准之一,不合正统的,往往就被视为异端,一种思想,一旦被视为异端,不但遭到排斥,也可能因此被湮没。新文化运动时,正统观念被打倒了,过去被正统派当作异端的,在这个思想解放的新时代,有机会被重新提出来,经过一番新的解释,逐渐恢复了他们在历史上应有的地位,因而扩大了思想史的视野。荀子也就是在这样的情势下,被提出重估,终于使学术界公认了他的价值。

3. 自19世纪中叶以来,在西方思潮的影响下,逐渐兴起一阵趋新的风气,这种风气,到新文化运动时期,达于高峰。知识分子一面吸取西方的新知识,同时也用新的标准去评价旧的传统。于是旧传统里一些接近新标准的思想,就特别受到重视。嗣后在西方受哲学教育的年轻学者络绎续回国,根据他们的知识背景,很自然地会去利用墨辩和《荀子》"正名"这类的材料,作为沟通中西思想的桥梁。老一辈讲荀子的,有几位就是钻研西方逻辑的学者。

4. 除了时代的因素之外,荀学能于当代复兴,它思想本身代表一个复杂而不凌乱,严整而不枯燥的系统,它的理论对具有西方知识训练的学者有吸引力,实是另一个重要的原因。先秦诸子,代表中国哲学的黄金时代,代表性哲学家有孔子、孟子、老子、庄子、墨子、荀子、韩非子等,现代初步做研究的年轻学子,很难由孔、孟下手,因对儒家后来的发展,如没有广博的了解,就很难对《论》、《孟》做系统性的讨论。老子虽只五千言,但代表相当成熟的哲学智慧,企求在学术上有所发展的人,开始的阶段亦并不相宜。墨子研究的人太多,再要有新的诠释并不容易。庄子过分表现他的独特性,研读的人心态如不能相应,根本不能入。荀学是一个有规模且具智性的系统,凡是受过点西方哲学训练的人,都容易和他相应,由于他内容丰富,牵涉面虽广,却不流于空泛,在观念上可说具有百川归海的气势,实是进入古代中国哲学的一个有效门径。数十年来,荀学所以一直被许多学者不厌地加以钻研,其故或在此。

复兴古学的工作不简单,既需要功力,又需要热情,既需要现代表达的训练,又需要对古人有同情的了解。更重要的一点,是要能持之以恒,现在许多青年,大半只是为读学位而读书,缺乏内在持久的动力,往往稍有收获就停止不进了。何况复兴古学,还只是为了创造中国现代文化和现代哲学吸取养素,必须等到新文化新哲学建立起来,古学再生的任务才算达成。

五　今后研究荀子的方向

做任何一门研究,必须先了解前人对这一门研究的成果。近几十年来做荀子研究的,大抵有三个方面:(1)考证荀子其人与其书;(2)荀书的校释;(3)学说的研究。考证方面由于材料的限制,能有结果的,前人大抵已经得到,没有结果的,除非有新资料出现,否则这类工作已很难有多少进展。

校释的工作,目前急需要做新的总集。王先谦作集解,是荀学一大功臣。晚清的学者,由于受经世致用思潮的影响,使他们的眼光能跳出经学的训诂,转而注意诸子,他们当然没有料到,接下来会有一个诸子复兴的时代,他们却为步向复兴的工作铺了路。由于王先谦和他以前喜爱荀子的学者的工作,使当代治荀学的人,省下不少气力。不过集解成于1891年,九十多年来又有好几十家做过补释或补正的工作,研究荀子的人,如果一家家去翻检,甚感不便。如果有一部新的集注,把这些补释补正做番精选,全部集合起来,将是一件有意义而必要的工作。新的集注,除包括征引各家的姓名、资料出处、注文之外,同时也应告诉我们各家发表或出版的年代。集注者如能将所征引各家做一个评价,并加上他们的略历，附于书末，就更具参考价值。新集注，只求选择精当与否，不必避繁，不可像梁叔任的《荀子约注》，约是约了，约得根本无法使读者了解原著，书又有何用？以前的注释家，多半只优于训诂，拙出义理，现代的注释家，应在两方面都有相当的训练，缺乏理解思想的能力，有时对训释会无从定夺。

学说的研究方面，以往的学者多半做整体性的研究，它的优点是可以使读者对荀子的思想系统有一全面性的了解，缺点是对个别性的问题，难免不能深入。今后应多做专题研究，对荀学内部做深入的了解，这些专题可以包括：

1. 教育思想。这个题目还很少人做过。由于荀子属智性心态，重视后天学习和知识的价值，理想又在政治社会方面，所以他的教育方法和孟子有显著的不同。荀子的教育思想，可以"劝学"、"修身"、"不苟"、"儒效"、"解蔽"、"性恶"等篇为主，再参考其他各篇。

2. 政治思想。荀子的政治思想，代表先秦儒家在新时代新环境里所表现的适应性，其中最突出的，是提出富国、强国的观念，虽然他达到富强的方式，仍不离孔、孟藏富于民和节用裕民那一套，这观念在儒家传统里，仍有划时代的意义。另一方面表现这种适应性的，是他不讳言霸道和用兵，这些都与孟子显出强烈的对比。这个题目虽为研究荀学者一向所注意，但如扩大范围与先秦前后各家的政治思想做番比较，仍然有它的价值。

3. 礼学。这不是要就礼做笼罩全系统的研究，而是以礼为专题，集中荀书所有论礼的部分，做详细的分析，并把它和《论》、《孟》、大、小《戴记》以及《左传》所记论礼的资料加以比较，看看荀子在这方面是否有特殊贡献。我想只有把荀子礼学放到一个较广的背景去讨论，才能真正了解它的意义。

4. 对"人"的了解。荀书这方面的资料相当丰富，他对儒、圣王，人禽之辨，都有特殊的见解。他不但讨论了历史上许多人物，也分析了社会上各种的角色。对应着天神信仰的传统，儒家是要求从这种控制下解放出来,并抬高了人在宇宙的地位和尊严,荀子使这一发展达到高峰。他的人性见解,可附在这一专题下一并处理。

上面不过是举几个例子,每一个精读过荀子的人,都可以本于自己的兴趣、特长,发现自己所喜爱的专题。

在学说研究方面,有一个新的领域值得开发,这就是中国思想史中的荀学。由于两千多年很少人提到荀子,一般的印象都觉得荀学中断了。在现有的的几本中国哲学史或思想史的书里,战国以后,就很难再找到荀学的踪影。史实并非如此,这犹待我们去发掘。下面列举一些线索。凡前文第二节讲荀学影响提过的,不再重复。王先谦《集解》一书前也附了十几家论及荀子的文献,为节省篇幅,亦不复述。

1.《尸子》"分"篇:"天地生万物,圣人裁之;裁物以制分,便事以立官,君臣父子,上下长幼,贵贱亲疏,皆得其分曰治。"这是荀子的"明分达治"说。《尸子》书的年代虽不可知,从这类思想看,在荀子以后的可能性为大。

2. 民国十九年冯友兰曾有《大学为荀学说》一文[①],就两书句法、语意做比较,证据不够坚实,采信者仍少。《大学》的内容,似乎是把孟、荀的思想做了一次新的综合,形成一个颇富创意的新系统。其中最突出的就是格物、致知说,在《大学》原也只是两个观念,究竟是什么意义,实很难说。宋代理学家借用了它,使它在理学中占极重要的地位,就程、朱一系所发展的意义而言,至少在思想类型上,是很接近荀子的。

3.《礼记》各篇,有不少部分受荀子的影响,例如《学记》篇特别重视后天学习的重要,以及君师合一和"知类通达"的观念。《礼运》篇论礼的复杂功能,十分像荀子的"礼论",所说"圣人修义之柄、礼之序,以治人情",完全和荀子以礼义治性的思想相合。这些大概都是荀子学派的思想。

4. 思想史中的荀学,最值得注意的是北宋李觏(泰伯),我觉得他是

①　此文见《古史辨》第四册,台北,明伦出版社,1970 年。

历史上唯一能承继荀学精神的思想家,下列各点为二人思想共同的特色:(1)以礼涵摄众德;(2)重视富强;(3)不忽视人的欲望;(4)反对迷信;(5)经验主义的性命论。李觏和荀子一样,都是被忽视的人物,如能加以研究,并与荀子做精细的比较,将可使荀学在北宋这一段思想史,占重要的一页。

5."法后王"之说,在荀子系统里,一方面是在点出礼义的历史根据,另一方面又是为言统类作准备的,后来历史上曾多次被谈到或加以新的发挥。这里举三个例子:(1)明代张居正全集文集三"辛未会试程策"有法后王之说;(2)钱大昕《十驾斋养新录》"法后王":"荀卿法后王之说,王伯厚深诋之,愚以为王氏似未达荀子之意也。孔子曰:吾学周礼,今用之,吾从周。孟、荀生于衰周之季,闵战国之暴,欲以王道救之。孟言先王,与荀所言后王,皆谓周王,与孔子从周之义不异也。荀卿岂逆料李斯之仕秦,而令其用秦法哉!"(3)俞正燮《癸巳存稿》"法后王":"荀子所言后王即本朝,先王即本朝开国之君,儒者之道盖如此。立权度量,考文章,改正朔,易服色,殊徽号,异器械,此其所得与民变革者也。而后儒反守周礼,不知变革,夫为下而倍,栽必及其身。"

这一类的线索,如广泛搜集,细加鉴别,将来不但可以充实思想史,对发扬荀学也是一大功绩。

荀子"天生人成"一原则之构造[①]

一 "天生人成"一原则之引出

"礼义之统"是荀子思想系统的基础,"礼义之统"所涵的一系列观念,是荀子思想系统的基层观念;通过这些基层观念,很清晰地表露了荀子系统的特质;这特质表示荀子思想自始就是一客观的路子,他所要完成的系统,亦是一客观的系统。这系统的基本架构,是以"周文"作引子,以"礼义之统"作基础,到"天生人成"一原则构造出,才表现它的完成。因此,在"礼义之统"系统的解析之后,进一步必须对"天生人成"一原则之构造予此理论的陈述与展示。

要构造一个系统,第一步必须先形成一中心理念,荀子思想系统的中心理念即"礼义之统"。在中国文化中,思想的主要领域,大体不外是对人、对事、对天的三个方面;中国历代的大思想家的系统,大都是根据他的中心理念,对这三方面的问题及其关系所作的陈述。荀子亦不例外。荀子思想的主要部分,即是以"礼义之统"为基础,并于礼义效用的思考中,决定了礼义与人、与事、与天的关系;这一关系确定了,性、天的意义也就同时确定。这种由客观礼义的效用问题,导引到对天人关系上来的思考方式,即是由荀子思想系统的特质所决定的方式。

① 编注:本文选自韦政通先生著《荀子与古代哲学》,台湾,商务印书馆,1966 年,第二章。

　　要了解这一特质，及此特质所决定的特殊方式的意义，与孟子的思路对照起来看，就很明显。孟子思想系统的中心理念是性善，这是就人之本然之善，确立了人之所以为人的大本；它是众善之源，理想之根；孟子的一切思想都是本此中心开出的。性善心亦善，孟子即是以心善作例证（如四端之说），建立其性善论，故尽心知性则可以知天。在此一标准下所了解的"天"是"生德"（"天地之大德曰生"），在此一标准下所了解的"事"是"修德"（中庸格、致、正、诚、修、齐，即修德之事；治、平亦莫不以修德为基础）。在孟子的系统中，一是皆以成德为主；孟子的宇宙，亦是道德的宇宙，这宇宙的基础在性善。表现道德的心性，是人之所以为人的主体，所以孟子的思想系统是必然由主体入的。亦即可本此义确定孟子思想的特质是落在主体性与道德性上；这与荀子的系统是由客体（礼义）出，并以"礼义之统"为基础而构造的客观系统是迥然不同的。

　　牟宗三先生曾经在他《中国哲学的特质》一讲稿中，对中国哲学的重点何以落在主体性与道德性上，有如下的论断："中国的哲人多不着意于理智的思辨，更无对观念或概念下定义的兴趣。希腊哲学是重知解的，中国哲学则是重实践的。实践的方式初期主要是在政治表现善的理想，例如尧、舜、禹、汤、文、武诸哲人，都不是纯粹的哲人，而都是兼备圣王与哲人的双重身份。这些人物都是政治领袖，与希腊传统中那些哲学家不同。在中国古代，圣和哲两个观念是相通的。哲字的原义是明智，明智加以德性化和人格化，便是圣了。因此圣哲二字常被连用而成一词。圣王重理想的实践，实践的过程即为政治活动。此等活动是由自己出发，而关联着人、事，和天三方面。所以政治的成功，取决于主体对外界人、事、天三方面关系的合理与调和；而要达到合理与调和，必须从自己的内省修德作起，即是先要培养德性的主体；故此必说'正德'然后才可说'利用'与'厚生'。中国的圣人，必由德性的实践，以达政治理想的实践。"这一段说明两点：(1)中国哲学是重实践重主体的；(2)政治理想的实现是以内省修德作基础的。这两点即是中国哲学的特质。很显然,此特质的陈述,是以孔孟一系的人文思想为典范的,并不能概括荀子的系统。在这一特质的陈述下,荀子当是一个例外。而后来历史上的儒家哲学,是以孟子的心性论,与《易传》、《中庸》为主流,为正统的。明白这一点,荀子其人其学一直不被重视而遭湮没,便不足为怪了。

荀子不入主流,不为正统,并不表示其哲学思想无价值;而是向来哲人在孟子思路的拘囿下,无人能了解其价值,无人能察觉其系统乃代表孟子思路以外另辟的一个新方向;反而在两千多年以后,中国文化百弊丛生要求新出路的今日,给我们带来很大的启示。中国传统的哲学精神,总不免局限于主体的一面,终于转不出来;今天的新哲学精神的要求,重点在如何开出客观精神,要开出客观精神必须重客体。这正是荀子的思路,荀子客观系统所代表的精神。这一精神在前章"礼义之统"系统的解析部分,已有相当的展现;在"天生人成"一原则之构造中,而后能全体透出。

"天生人成"一原则是透过"天"、"性"、"伪"、"心"等观念所组成;因荀子构造系统的思路不是由主体入,而是由客体之礼义出,故其所言性天之意义与孔孟所述者大异其趣。由主体入,故肯定心性皆善;心性善,则由尽心知性而知之天亦善;一向儒家所说成德的基本工夫,即以具有价值意义的心、性、天为本,对治人的私欲。荀子则不然。荀子系统由客观之礼义出,故其价值标准不在主体之心性,乃在客体之礼义。价值标准既在客体之礼义,则实现价值惟在尊礼隆义,及发挥礼义的效用。荀子即以其所尊所隆之礼义为能治之本,返而治性亦治天;则性天在礼义之对治中,皆屈服而为被治的,负面的。众善之源,理想之根惟在礼义,性天只是自然义。在孔孟,礼义由性分中出,礼义乃表现性天价值之客观化,性天与礼义之关系是谐和的。荀子的礼义乃"由人之积习以成,由人之天君(智心)以辩",它是人为(伪)的,与人的性分无关,礼义与性天之关系遂成为能治与被治之关系。能治之礼义,与被治之性天之对局,即"天生人成"的基本架式。天生之"生",非天地之大德曰生之生,生即自然而然之义;人成者,即通过礼义之效用以成。荀子"天生人成"一原则之构造,即纯由礼义之效用问题之思考中而导引出。故"天生人成"的理论,实即荀子效用论的主要部分;荀子的基本精神,亦即由礼义效用的追逼下而步步彰显。

在荀子书中有两段重要的话,已说明"天生人成"一原则之所以构成及必须构成之理由。在这两段话中,不仅提到组成"天生人成"一原则的几个基本观念,且启迪了构造这一部分理论的思路,此即本书对"天生人成"一原则之构造之所本。

> 天地者,生之始也;礼义者,治之始也;君子者,礼义之始也。为之,贯之,积重之,致好之者,君子之始也。故天地生君子,君子理天地;君子者,天地之参也,万物之摠也,民之父母也,无君子则天地不理,礼义无统;上无君师,下无父子,是之谓至乱。(《王制》篇)
>
> 性者,本始材朴也;伪者,文理隆盛也。无性则伪之无所加,无伪则性不能自美;性伪合,然后圣人之名一,天下之功于是就也。故曰天地合而万物生,阴阳接而变化起,性伪合而天下治。天能生物,不能辨物也;地能载人,不能治人也。宇中万物生人之属,待圣人然后分也。(《礼论》篇)

这两段话颇具概括性,可视为"天生人成"一原则理论构造的一个纲领,下文即本此纲领而予以一一展现。

二 天之自然义

荀子说天之自然义,主要见于《天论》篇。

> 天行有常:不为尧存,不为桀亡;应之以治则吉,应之以乱则凶。

　　治乱天邪？曰：日月星辰瑞历，是禹桀之所同也；禹以治，桀以乱，治乱非天也。时邪？曰：繁启蕃长于春夏，畜积收藏于秋冬，是又禹桀之所同也；禹以治，桀以乱，治乱非时也。地邪？曰：得地则生，失地则死，是又禹桀之所同也；禹以治，桀以乱，治乱非地也。

　　天不为人之恶寒也辍冬，地不为人之恶辽远也辍广。……天有常道矣，地有常数矣。

　　这三则即直接阐明天之自然义。"天行有常"，是荀子论天的基本观念，此观念的涵义是：天体的运行，有它自身一定的轨道、法则，这种轨道、法则是永恒如如的，天体的一切现象的迁变，即无不遵循其自身所具的法则。此法则即近代科学中发现的自然律。它与人世间的治乱兴衰，并无任何意义之关涉。尧与桀，一是圣王，一是独夫；圣王使天下治平，独夫则掀起祸乱；这都是人为的因素所造成，与天是无关的。天只是永恒如如，它不为尧存，亦不为桀亡。"应之以治则吉，应之以乱则凶"，这是说，如果我们对天体的现象，附加上一些颜色、或价值的判断，如说其吉或凶，这都是人的心理现象透过现实或治或乱的感受，然后投射于天，附加于天的；天本身并无任何颜色、任何价值的意味；因为天只是生，只是自然。"治乱天邪？……时邪？……地邪？……"一段，是以设问的语气，再申述人间治乱与天、时、地皆不相干；天地与时皆属自然现象，并无任何奥秘或神圣的意味。

　　天既不是神圣，又无任何奥秘可说，因此，天根本就不能成为人冀求怨慕的对象。可是自古及今，人类却总有一深沉的心理，将人生的一切际遇，视与天的赏罚意志息息相关，甚至视天为饱一己私欲的工具，一旦得不到满足就怨天。这种心理，以荀子的论点推之，完全是自愚行为。所以荀子说："不可以怨天，其道然也。""其道然也"即是说天之道只是自然如此；它既无赏罚的意志，更与人间的祸福无关。荀子"天人之分"的二分法，将人与自然的分际剖显出来，将人与天之间一切情感的纽带，情绪的关联打断，"自然当作自然观"，"自然还其为自然"，这就科学的观点言,实具有划时代的意义。

罗素于其《科学对社会的影响》一讲稿中,提到西方在 18 世纪时期的科学状况,有三个特别重要的因素,第二个因素是:"宇宙自身是自动的永恒体系,那里的一切变动,完全依照自然法则。"这因素"就达成了预兆、巫术、魔鬼等观念的没落。"(邓宗培译本,协志丛书,1962 年版)这是发展科学世界最基源的一组观念。在时间上相当于希腊亚里斯多德的时代的荀子,即已具备这些观念,这不能不说是人类文化中的一个奇迹。假如荀子能以这方面的理论作中心,而予以积极的探究,赋予积极的意义;又假如在后世的两千多年中,有人能发现这方面理论的价值,继续发展下来,我敢断言,中国文化除孔孟的道统以外,必将有一类似西方近代的科学传统,也不致到今天我们仍在嚷着发展科学了。然而中国历史的演进,完全不符合我们的假想,不要说后世无人发现这价值,即连荀子自己亦未自觉到这方面的价值。天论的思想不是荀学的中心。

在这里,我要提醒读者,回想前一节中,"天生人成"一原则是如何导引出的那些线索。前文说过,"荀子天生人成一原则之构造,即纯由礼义之效用问题之思考中而导引出"。这一陈述,对把握天论这部分思想在荀子系统中的地位、意义,是一重大的关键。倘若不了解或不承认这一陈述的意义,势必导致对天论思想的误解。数十年来,凡是用新方法去整理荀子思想的人,对这部分的理论,总不免或多或少地犯了一些错误,即由于他们把天论孤立起来看,把天论的思想和其他部分的思想的关联割断,这样就会很自然地,将这些自然思想赋予积极的意义,而迳美称之为科学思想,荀子亦成为类似培根的科学家。从胡适的《中国哲学史大纲》起,就犯了这种错误,后人大体承袭了这种见解。

不久前,严灵峰写了一篇《论荀子不求知天》的短文(《人生》269 期)认为《天论》篇"唯圣人为不求知天"这句文字定有夺误,"致与荀子天论全篇大旨相悖",于是"乞灵于考据",将此句文字改为:"唯圣人不为、不求、知天"。他的论据,几全不相干,且把天论的原文多曲解了;他考据的结果,实迹近荒诞。他实弄不清天论思想究竟是什么意义,在荀子系统中究竟占什么地位。假如他们能知道,天论篇的思想只不过是构造天生人成一原则的一部分,而且天论思想的真意义,必须套在天生人成的架式中去了解的话,这些谬见,将可避免。

我要再重复一句:荀子对天这方面的理解,纯是由礼义效用的思考中导引而出,礼义是本,是能治者,是正面的,据是而刺出去所理解的天是末,是被治者,是负面的。末,是说荀子的思想重点在礼义之实施,不在对天之探究;被治,是说一切天生而自然者,皆欲落在礼义的效用中,始能得其道,得其成;负面,是说天在被治中,不能有任何积极的意义。总之,在荀子,礼义是绝对的中心,是人成之所,是人为之极致;知者知此,行者行此。至于天,它只是"生",只是"自然",知其为生为自然即已足;如再作进一步的探究,便是"无用之辩,不急之察",荀子则主张"弃而不治"。在这一意义上看,荀子不仅缺乏科学活动的自觉,且已割断这方面发展的可能。他说天之自然义,只是欲使天成其为被治的,使人为的礼义的功效能伸展出去。因此,"惟圣人为不求知天"一命题,不仅不"与荀子天论全篇大旨相悖",恰相反,这正是天论全篇所要证成的主要命题。

三　不求知天义

不为而成,不求而得,夫是之谓天职。如是者,虽深其人不加虑焉,虽大不加能焉,虽精不加察焉;夫是之谓不与天争职。天有其时,地有其财,人有其治,夫是之谓能参;舍其所以参,而愿其所参,则惑矣。列星随旋,日月递照,四时代御,阴阳大化,风雨博施,万物各得其和以生,各得其养以成,不见其事而见其功;夫是之谓神。皆知其所以成,莫知其无形;夫是之谓天功。唯圣人为不求知天。

此段说明圣人不求知天之故有二：

第一，天功只是如如而生，如如而成，我们只能知其已生已成的具体物，而不能知其何以生何以成；万物之生与成，是无形的，是宇宙的奥秘；无形，故非心知所能测度，故曰："皆知其所以成，莫知其无形，夫是之谓天功。"天功之成，成于无形，是自然而然，不似人为之造作，故曰："不见其事，而见其功"；故曰："不为而成，不求而得。"此数语皆在说明天之自然义。天之生成万物，既是自然而然，则人就不当对之加虑、加能、加察；加虑、加能、加察即是与天争职，即是违逆自然，即是求对天有所知，亦即是不明"天人之分"。欲明天人之分，欲不与自然相违逆，欲不与天争职，就当该"自然还其为自然"，"自然当作自然观"。此段所言之神、天功、天职，皆自然义。荀子即欲以肯定天之自然义，作为不求知天的一个理由。

不求知天的第二个理由，荀子是就能治之人，与被治之天对说。"天有其时，地有其财，人有其治，夫是之谓能参。"这是说天地只是自然，是被治，唯人是能治者；能参即是能治。舍弃能治者不理，反去求知被治者；这不仅是徒劳无功，而且是不明智，荀子称之为"惑"，故"唯圣人为不求知天"。不求知天，是因天只是生，只是自然，只是被治；故不求知天，即反显人所宜求知用力者，当在能治人为的一面。下文又云："君子敬其在己者，而不慕其在天者；小人错其在己者，而慕其在天者。"君子所以敬其在己者，是因人有其治；不慕其在天，是因天只是被治之自然。可见荀子在"天生人成"一架式中，重点只在能治一面之彰著，能治彰著，礼义之效用亦彰著。

圣人清其天君，正其天官，备其天养，顺其天政，养其天情，以全其天功；如是则知其所为，知其所不为矣；则天地官而万物役矣。其行曲治，其养曲适，其生不伤，夫是之谓知天。故大巧在所不为，大智在所不虑。

在前文中,已证明"唯圣人为不求知天",乃《天论》篇所要证成的主要命题。这里荀子却又说:"……夫是之谓知天",猛一看,这不是明显有矛盾?严灵峰那篇怀疑荀子主张不求知天的考据文字,就因误把"夫是之谓知天"这句话,看成正面陈述的肯定语句,因此他在引了这段话以后,接着就说:"以上荀子明白地自己说出如何叫做知天,怎么可以说他不求知天呢?"严先生大概是心中先有一个成见,觉得"惟圣人不求知天",是错误的,所以就没有细按"夫是之谓知天"上下的文义。如果说"夫是之谓知天"是一句正面陈述的肯定语句,那么上文应该全就"天"言。事实上上面那段文字全是就"人为"、"能治"而言的。天君、天官、天养、天政、天情、天功虽皆天生而自然者;可是天君之清,天官之正,天养之备,天政之顺,天情之养,天功之全,却不再是天生而自然者,而是要通过人为的活动而后然。在"天生人成"的架式中,一切天生而自然者皆不能自成,欲其成,必须经过圣人清其天君等工夫;清其天君等工夫,在荀子是属于"人为"、"能治"一面的,即有赖于礼义的。(《修身》篇:"凡治气养心之术,莫径由礼。")了解这意思,然后知道什么是当为的,什么是不当为的。圣人清其天君一段,实已清清楚楚说明,当为的是属于能治之人一面,不当为的是属于被治之天一面。所以"如是则知其所为,知其所不为"的文义,正与原书前文中的"舍其所以参,而愿其所参,则惑矣",以及原书下文中的"君子敬其在己者,而不慕其在天者",完全一致:实皆证明"唯圣人为不求知天"一义。所以"夫是之谓知天"是一反显语句。原意实是在说:你要求知天吗?那么通过圣人清其天君等工夫,使一切天生而自然者,皆能得其道得其成,这便是知天。荀子可能是甚怕人执着"夫是之谓知天"的字面义,而误解他的原义,所以紧接着就说:"故大巧在所不为,大智在所不虑。"这两句是必须和上文连着看的,而严灵峰却将这两句略而不顾。这两句就正好和前文"如是者,虽深,其人不加虑焉,虽大不加能焉,虽精不加察焉:夫是之谓不与天争职"呼应上,使原文在曲折展示中仍保持一贯的脉络。同时经过这两句的伸说,使"夫是之谓知天"与"唯圣人为不求知天",在字面上似相矛盾,而在意义上实仍一致。杨倞在这两句下面的注文是"此明不务知天,是乃知天也",是不错的。

其次:"其行曲治,其养曲适,其生不伤"三句,乃承接圣人清其天君一节之义,再予以一总持之说明。陈大齐对这三句所说的知天义有一解释,他说:"不求知天之所以然,是'不求知天'的又一义。至于用以'曲治''曲适'的知天,其所知的不是天的意志,不是天之所以然,而是天地万物消长变化的现象及其互相间的关系,亦即天地万物所遵行的自然法则。"(陈著《荀子学说》第二章,第二节)我在三年前《荀子天论篇试释》(见《人生杂志》)一文中,亦以为此三语"亦只是说'自然还其为自然'义";陈先生和我从前的解释都是错误的。以前我因《天论》篇中各家的注释错误很多,所以连三句的注文也就忽略了,而对这三句,杨倞的注文实大体是正确的。其文云:"其所自修行之政,曲尽其治;其所养人之术,曲尽其适;其生长万物,无所伤害,是谓知天也。言明于人事则知天,物其要则曲尽也。"此可与上文的辨正互相印证。

复次,由圣人清其天君等等,即可推至"天地官而万物役矣";《天论》第七段又说:"故错人而思天,则失万物之情",天地官万物役即是不失万物之情,而失万物之情之故,在错人而思天,在"舍其所以参,而愿其所参";那么,要不失万物之情,使天地官万物役,就不当错人而思天,而宜"君子敬其在己,而不慕其在天者"。杨倞注"则天地官而万物役"一句云:"言圣人自修政,则可以任天地役万物也",亦是不错的。所以"从圣人清其天君……"到"则天地官万物役"的推论,是在证明"唯圣人为不求知天"一命题的。

由"唯圣人为不求知天"一义,则可以推知荀子制天用天之说,其意义亦是消极的;制天用天之说,仍是由礼义之效用中夹带而出;既夹带出,则制天用天就成为礼义效用之说明。荀子只思及由礼义之效用所及,天必当被制被用,并未进一步措思天究竟如何才能被治被用,否则荀子就不能非议"大天而思之"之对天用其思;盖制天用天之说如是积极义,则"大天而思之"正是必须的。然则在荀子排斥"大天而思"的同时,所主张的制天用天之说,除了在强调人为能治一面之意义外,是不能有任何积极意义的;不然,又将被荀子斥为"错人而思天"了。

> 大天而思之,孰与物畜而制之;从天而颂之,孰与制天命而用之;望时而待之,孰与应时而使之;因物而多之,孰与骋能而化之;思物而物之,孰与理物而勿失之也;愿于物之所以生,孰与有物之所以成。故错人而思天,则失万物之情。

四　自然世界为人文世界所主宰义

"不求知天"义,旨在割断人与天之间的意志、情感、情绪等一切纽带关系,这样一面使天还其为自然,一面在说明人的命运,全要由人自身负责:人为善,天不能予之凶;人为恶,天不能使之吉。此便是荀子所说的"天人之分"的二分法。

> 天行有常,不为尧存,不为桀亡;应之以治则吉,应之以乱则凶。强本而节用,则天不能贫;养备而动时,则天不能病;修道而不贰,则天不能祸。故水旱不能使之饥渴,寒暑不能使之疾,妖怪不能使之凶。本荒而用侈,则天不能使之富;养略而动罕,则天不能使之全;倍道而妄行,则天不能使之吉。故水旱未至而饥,寒暑未薄而疾,妖怪未至而凶,受时与治世同,而殃祸与治世异。不可以怨天,其道然也。故明于天人之分,则可谓至人矣。

"强本而节用,养备而动时,修道而不贰",皆在显"人成"之所以成其为人成者。人成之义显,则与只是生只是自然的天之界限,就完全鲜明,这是二分法的本意,并不如严灵峰所说的"荀子对于'天''人'是并重的"。荀子说"天人之分"义,与"不求知天"义,是为"天生人成"一原则之构造作准备;换言之,此二义皆为"天生人成"一原则之构造之一部分。

　　荀子既肯定天是被治的,负面的;正面的,能治的是靠人为,是靠礼义之效用;一切被治的,负面的,只要落在礼义之运作中,即能得其道,得其成。所以进一步,在天论这一线索中,要极成"天生人成"原则,断赖"自然世界为人文世界所主宰"一命题之证成。《天论》篇第五段:"无用之辩,不急之察,弃而不治;若夫君臣之义,父子之亲,夫妇之别,则日切磋而不舍也。"又第七段:"在天者莫明于日月,在地者莫明于水火,在物者莫明于珠玉,在人者莫明于礼义。……故人之命在天,国之命在礼;君人者,隆礼尊贤而王。"即已暗示出这一归向。第八段则全是讲礼义之统的意义,及礼义之统与治乱之关系。如果我们不明了荀子天论的思想,最后主要在证成"自然世界为人文世界所主宰"一义,就会误以为最后几段牵涉到意义的部分,与本篇旨意不合。我最初读荀子的阶段,就曾一度持有这种谬见。几年以后,我把握住"天生人成"一原则在荀子系统中的重要性,才将往昔的谬见纠正过来。这使我确信,荀子天论性论的思想,绝不能孤立起来看,不然,永不能真明白他所以那样讲天讲性的用意。他的讲性说天,都是为了彰著礼义之统之效用,为了完成他那客观的系统。因此,礼义之统,永是他系统的绝对中心,它不仅主宰自然万物,且主宰人伦社会。此即决定荀子系统所以是儒家式的;其与孔孟之不同,在一赖主观之道德心为主宰,一以客观之礼义之统为主宰而已。

　　然则"自然世界为人文世界所主宰"一命题,究如何证成? 仍引荀子自己的话来作证。

　　　　群道当,则万物皆得其宜,六畜皆得其长,群生皆得其命。(《王制》篇)
　　　　贤者不可得而进也,不肖者不可得而退也,则能不能可得而官也;若是则万物失宜,事变失应,上失天时,下失地利,中失人和。……则贤者可得而进也,不肖者可得而退也,能不能可得而官也;若是则万物得宜,事变得应,上得天时,下得地利,中得人和。

（《富国》篇）

"贤者可得而进也，不肖者可得而退也，能不能可得而官也。"即由于群道得当，反之，则由于群道不当。群道即指礼义之效用而言，群道当表示礼义恰尽其效而无差失；群道不当即表示礼义之未能恰尽其效而有差失。由此观之，礼义若能恰尽其效而无差失，则天得其时，地得其利，人得其和，万物皆得其宜，六畜皆得其养，群生皆得其命；此即中庸"天地位，万物育"之义。孔孟由尽心知性而至之功化境界，荀子即由礼义之曲尽其用而达之。司马迁《史记》礼书所云："洋洋美德乎！宰制万物，役使群众，岂人力也哉！"这一段赞美礼的话，恐怕只有用在荀子的系统上，方为允当。在这里礼义成为宇宙的中心，亦是万事万物的主宰。于此，"自然世界为人文世界所主宰"一义，遂获得充分证实。

五　性之自然义

前文三节，已将"天生人成"一原则中属于治天一面的构造予以展现；下文则续就治性一面展示其构造。

荀子以礼义为能治之本，能治之礼义治天复治性；礼义即由自然之性天为其所对，而显其大用。不过，治天与治性之所以为治之意义实不尽同，此不可不辨。就自然一义视天，则天体之运行，天地万物之生成，实皆如如而生，如如而成，它并不受人之意志的影响，亦与人文世界互不关涉。因此，礼义（能治）所对治之天，其所以为治之意义，并无具体的真实性，只是由礼义效用之充量彰显中带出来的一种姿态，一条虚拟的影子。"天生人成"一架式在治天一面的构造，只止于抽象的意义。在治性一面则不然。

荀子虽亦视性为自然，与天同，可是天之为自然，不仅不妨碍天地万物之生成，且天地万物正是自然而生，自然而成，万物之"有"，正由于自然而有。而性之为自然，若顺之发展，则产生人生之过恶，价值之人生并不能由性之自然义衍出，无价值之人生，则人不能说是有意义的存在。故顺性之自然义，人只能有生而无成；有生而无成，是谓弃才。故礼义对治于性，恰能尽其用，礼义之效用，在此有具体的真实性。因此荀子所说："无性则伪之无所加，无伪则性不能自美；性伪合，然后圣人之名一，天下之功于是就也。"（《正名》篇）这话亦有具体的真实性。荀子并不说，"无天则伪之无所加，无伪则天不能自美"，更不说："天伪合然后圣人之名一，天下之功于是就。"所以不如此说，即因无具体的真实性（说礼义为宇宙的中心，万事万物的主宰，亦是泛礼义主义推演的结果，并无具体的真实性）。所以"天生人成"一原则，从治天一面看，只是虚拟的姿态，从治性一面看，然后能落实。

荀子论天，说天只是生，只是自然；论性亦从此义出发。

> 性者，天之就也。（《性恶》篇）
> 不可学不可事而在天者，谓之性。（同上）
> 生之所以然者谓之性；性之和所生，精合感应，不事而自然，谓之性。（《正名》篇）

杨倞注"天之就"，即云："成于天之自然。""不事而自然"，"不可学不可事"皆自然义，此与天之为自然并无异。"生之所以然者谓之性"，此语在荀子颇不易寻得确解。陈大齐曾将"生之所以然"与"不事而自然"解作同义（陈著第三章，第二节），这显然不妥。盖由"生之所以然"所说的"性"，与"不事而自然"所说的"性"，两性字的意义，必属于不同层次，徐复观在他《荀子经验主义的人性论》一文中，就曾察觉到其间的不同。他说："一般人忽略了荀子言性有两面意义，更忽略了荀子言性的两面的意义，同时即含有两层的意义。此处'生之所以然者谓之性'的'生之所以然'，乃是求生的根据，这是从生理现象推进一层的说法。"这解释大致是不错的。问题在荀子的性论中，是否真能有此"推进一层的说法"存在？荀子若真是自觉地要作此推进一层的思维，则性的意义必超脱生理现象,而与"生"离,亦与"自然"离;则性不只是生,不只是自然。然而荀子《性恶》篇中所论的性,实纯是生从自然之本能规定性的意义,并无一言表示从这一层的超脱。设若荀子真能将性的问题有推进一层的自觉,则荀子的人性论,必全部改观,而不能只是负面的被治的自然之性。徐先生已发现从"生之所以然者"而言的性,"在他整个的性论中,并没有地位",在这里我还可以进一步指出:"从生理现象推进一层的说法",与荀子性论的本义是难以相容的。

荀子性论从性之自然义出发,若仅抽象地说其为自然,则其与天之为自然义并无不同。但性之为自然义,是一个具体的人所具有的自然之性,因此,性之为自然,必是一具体的呈现,其与天之自然义即有别(以其有别,故礼义治性是有效的对治,治天,是无效的对治)。就具体的呈现而观性之自然义,则性即生物生理之本能,此所言之性,亦即人之所以同于禽兽者。

> 今人之性,目可以见,耳可以听;夫可以见之明不离目,可以听之聪不离耳;目明而耳聪,不可学明矣。(《性恶》篇)
>
> 今人之性,饥而欲饱,寒而欲暖,劳而欲休,此人之情性也。(同上)
>
> 若夫目好色,耳好声,口好味,心好利,骨体肤理好愉佚,是皆生于人之情性者也。感而自然,不待事而后生之者也。(同上)
>
> 凡人有所一同,饥而欲食,寒而欲暖,劳而欲息,好利而恶害,是人之所生而有也,是无待而然者也,是禹桀之所同也。目辨黑白美恶,耳辨音声清浊,口辨酸咸甘苦,鼻辨芬芳腥臊,骨体肤理辨寒暑疾痒,是又人之所(常)生而有也,是无待而然者也,是禹桀之所同也。(《荣辱》篇)

这四则言论,足以概括荀子说性之自然义。两言"禹桀之所同",是在强调自然之性的普遍性。《性恶》篇又说:"凡人之性者,尧舜之与桀跖,其性一也;君子之与小人,其性一也。""故圣人之所以同于众,其不异于众者,性也。"此一普遍性的肯定,甚关重要,因肯定自然之性为人人所同,即同时反证能治之礼义即对人人有效,则礼义之价值亦具普遍有效性。惟有确定礼义之价值之普遍有效性,"天生人成"一原则乃能极成。其次,单就自然说性,还只是静态地指陈,性是无内容的。性的内容必通过情欲表现而见。好恶属情,色、声、味、利、愉佚之好属欲;此情此欲,即性之表现,即性之内容,这是具体的。

> 性之和所生,精合感应,不事而自然,谓之性。性之好恶喜怒哀乐,谓之情。(《正名》篇)
> 性者天之就也,情者性之质也,欲者情之应也。(同上)

"精合感应"一语,即表示性是自然的,同时亦是具体的;以其能感应故具体。性由感应,遂生好恶,遂有喜怒哀乐,此谓之情。这是说情为性所发。但荀子又说:"情者,性之质也",则又以情规定性,此情为性之本质。由此可见,情性实只是一个东西,故荀子即常以"情性"相连为词。欲亦然。荀子说:"故虽为守门,欲不可去,性之具也。"(《正名》篇)欲为性之具,即是说欲乃性本身所具备,欲亦即性具体之呈现。前引第二则"饥而欲饱,寒而欲暖,劳而欲休"是欲,荀子即逐言"此人之情性也"。然则性、情、欲相连而生,无可云异。由情由欲,自然之性乃能与外物相交接;"欲者,情之应也",此"应"字即交接之谓。由性情欲相连而生,自然之性的表达过程始显。这种表达的过程,亦是自然而有,故性情欲皆属自然义。自然而有性情欲,是一个事实,凡是人,都不可缺,亦不可无。故只是自然的性情欲,它本身并不含价值的意味:不能说它是善,亦不能说它是恶,它只是自然:然则荀子所说性恶,究由何而起?

六 自然之性与性恶

> 今人之性,生而有好利焉,顺是,故争夺生,而辞让亡焉;生而

有疾恶焉,顺是,故残贼生,而忠信亡焉;生而有耳目之欲,有好声色焉,顺是,故淫乱生而礼义文理亡焉。然则从人之性,顺人之情,必出于争夺,合于犯分乱理,而归于暴。……用此观之,然则人之性恶明矣。(《性恶》篇)

这是荀子由自然之性导生性恶的主要论证。人生而有好利,有疾恶;生而有耳目之欲,有好声色;这都是人的自然之性,无待而然者。由自然之性导生恶的关键,全由"顺是"见之;顺是者,顺自然之情而不知节制之谓。在现实的人生中,人不能无欲,"人生而有欲"(《礼论》),亦是一普遍的肯定。

　　人不仅有欲,且顺人的情性,总是"欲多不欲寡",总是"穷年累世不知足"。于是人与人之间遂生争夺,遂出于暴。因此顺自然之性的需求,导生"人之性恶"是必然的。由自然之性到性恶既是必然的,所以要使性的需求向下滚的趋势止煞住,不流于恶,则不能不有赖于客观之礼义(伪);故礼义是能治者,而性属被治者之对待性遂显。荀子性论与天论的思想一样,都不是可以孤立起来看的,亦必须在"天生人成"的架式中,始能了解其真正的意义。

　　　　人之情,食欲有刍豢,衣欲有文绣,行欲有舆马,又欲夫余财蓄积之富也。然而穷年累世不知不足,是人之情也。(《荣辱》篇)
　　　　子宋子曰,人之情欲寡,而皆以己之情为欲多,是过也。……应之曰……古之人为之不然,以人之情为欲多而不欲寡,故赏以富厚,而罚以杀损也。(《正论》篇)

宋子"人之情欲寡"的主张是否能成立,这里不必追究(在第七章中将有详说)。荀子所说人情欲多而不欲寡是说:在有了较舒适的生活之后,还要求更富裕的生活,这确是实然人生中之实情。政治上的赏罚之所以有效,就显然是由于对这种实情的深刻了解。"赏以富厚,罚以杀损"

的措施,即证明人欲多不欲寡这种心理现象的真实性。荀子性恶论的建立,即是由于此类心理现象,和上述之生理现象的观察。因这些现象都是真实有据的,这遂使荀子对他自己的论点坚信不疑。

> 孟子曰:今人之性善,恶(原文为"将"字,今从刘师培校)皆失丧其性故也。曰:若是则过矣。今人之性,生而离其朴,离其资,必失而丧之。用此观之,然则人之性恶明矣。(《性恶》篇)
>
> 今人之性,饥而欲饱,劳而欲休,此人之情性也。今人饥,见长者而不敢先食者,将有所让也。劳而不敢求息者,将有所代也。夫子之让乎父,弟之让乎兄;子之代乎父,弟之代乎兄;此二行者,皆反于性而悖于情也。然而孝子之道,礼义之文理也。故顺情性则不辞让矣,辞让则悖于情性矣。用此观之,然则人之性恶明矣。(同上)

荀子对孟子的驳斥是否相干,这里亦不拟追究。荀子说明性恶的论点,在他自己,则是很一致的。朴与资,同于《礼论》篇"性者本始材朴"之"材朴",朴,资,材朴皆自然义。荀子由"生而离其朴,离其资,必失而丧之"证明性恶,这意思是说,性本朴资,本不必恶,可是朴资之性的需求,却必然是"欲多而不欲寡",故"生而离其朴,离其资",亦是必然的。以其必然"离",故恶乃生。"离"即表示由自然之性沦为性恶的关键。这沦落是必然会有的。因此无善恶可言的纯自然之性就必然维系不住,故曰:"必失而丧之。"自然之性既必失而丧之,所以实然中的人性,总不免流于恶。这里所说的"离其朴,离其资",正可作为"顺是故争夺生……顺是故残贼生……顺是故淫乱生"语中几个"顺是"的注脚看,都表示由自然之性到性恶的关键。

上引第二则,言子之让父,弟之让兄,皆反于性悖于情,这类话假如本于孔孟说性的立场来看,那是悖理的,后世儒者多讥刺荀子,甚至根本不愿提到他,多半是因看到这反理悖情的话太刺眼,盖亦不深究其故。殊不知,这类话,本于荀子性论的立场,是必然如此说的,否则就会与其基本论点相矛盾。荀子之性即自然之情欲,顺自然之情欲,必是"欲多而不欲寡",因之顺自然之情欲即无所谓"让",亦无所谓"代"。故曰"顺情性则不辞让,辞让则悖于情性矣"。让与代属善,荀子即由让代之善行与情性之悖反处,以证明性恶。

顺着自然的情欲,则必流于恶。这是在现实人生与现实社会中触目皆是的事实,荀子即就此事实而建立其性恶论。依荀子,只有这样的性论,才是有辨合有符验的。

> 凡论者贵有辨合,有符验,故坐而言,起而可设张而可施行。今孟子曰:人之性善,无辨合符验,坐而言之,起而不可设张而不可施行,岂不过甚矣!(《性恶》篇)

有辨合有符验,即符合事实之谓。只有承认并了解这一事实,然后说化导说对治才有可能。"起而可设张而可施行",即指能化能治言。能化能治者为礼义,假如人之性恶这一事实不存在,试问礼义的效用如何能显?荀子即本此观点以非议孟子,认为孟子说"人之性善"是没有事实之征验的。孟子性论在荀子心目中最大的缺点是,如承认孟子所说的性善,则礼义的效用就根本无从说起。此即"坐而言,起而不可设张而不可施行"之义。在荀子,礼义是客观的,它代表善的标准;客观的礼仪要发挥它的效用,即必须有一组恶的事实和它对应;即:有能治能化者,必当有被治被化者,否则礼义即不得其用,礼义亦不足贵。须知隆礼义是荀学的根本宗旨,礼义是系统的绝对中心,是唯一的道;他的一切思想皆以符合此宗旨及完成此道的效用为依归。性恶之论,是荀子完成其道之效用的主要部分,故贵礼义必贱情性。由情性之贱,以证礼义之足贵;由情性之恶,以彰著礼义之为善。所以荀子一再地说:

> 今欲以人之性固正理平治邪? 则有恶用圣王,恶用礼义哉?

（《性恶》篇）

　　故性善则去圣王息礼义矣，性恶则与圣王贵礼义矣。（同上）

　　今将以礼义积伪为人之性邪？然则有曷贵尧禹，贵君子矣哉？
（同上）

荀子由“正理平治”说善，由“偏险悖乱”说恶，“凡古今天下之所谓善者，
正理平治也；所谓恶者，偏险悖乱也，是善恶之分也已”，如此区别善恶，
又显示两点意思：(1)荀子说善说恶纯是由人之行为着眼，不是从动机
说的。这和他由自然之性到性的过程之陈述正相吻合。(2)由偏险悖
乱的行为界定恶，则能治之礼义之效用之所及者，只能及于人之行为。
客观的礼义，对治外在的行为，荀子之道的表现可全不涉及人的主体一
面，这是由客观的礼义做出发点，必然导致的一个结果，这结果，同时亦
说明“天生人成”一原则的构造，纯是外在于主体的一个客观系统。

七　化性起伪义

　　“天生人成”一原则的构造，在治天一面，靠“自然世界为人文世界
所主宰”一命题之证成；在治性一面，则归结于“圣人化性而起伪”一义
的解析与证明。前两节所说性之自然与性恶二义，是将荀子所说性恶
的本义，先暂时孤立地提出来加以分析，了解性恶的本义，然后才能懂
得荀子所以视性为被治被化的意义。前文已提到过，性恶论不是孤立
的，它是“天生人成”一原则构造中的一部分。和天论一样，荀子性恶论
亦是从完成礼义之效用的需要下逼显的。在天论篇中，为了说明被治
与能治的区分，曾运用了“天人之分”的二分法，这二分法，同样运用在
“性”“伪”之辨上。

　　不可学不可事而在人者，谓之性，可学而能可事而成之在人
者，谓之伪。是性伪之分也。（《性恶》篇）

若夫目好色,耳好声,口好味,心好利,骨体肤理好愉佚,是皆
生于人之情性者也;感而自然,不待事而后生之者也。夫感而不能
然,必且待事而后然者,谓之生于伪,是性伪之所生,其不同之征
也。(同上)

此二则言性伪之分。前一则说法比较抽象,后一则由"感而自然"与"感
而不能然"辨"性""伪"则已进入具体。前一则所说,实已涵在后一则里
面。"不可学不可事",与好色好声好味好利好愉佚,皆自然义,亦皆属
"天之就",全不渗杂一毫经验人为的因素。"伪"却相反,伪非自然而
然,故亦非天之就;伪是"可学而能可事而成"者,这是说,它纯是来自经
验地人为。用荀子自己习用的名词说,伪来自"积习";所以《正名》篇
说:"虑积习,能习焉而后成,谓之伪。""虑积","能习"即"可学""可事"
之义。这都是属于经验的。由于伪是经验的,在下文中即将论到的"化
性起伪"中的"化",亦是经验地化,外在地化。

情然,而心为之择,谓之虑。心虑而能为之动,谓之伪。虑积
焉,能习焉而后成,谓之伪。(《正名》篇)

由"心为之择"释"虑",则"心虑"即是一种心智的抉择能力。"心虑而能
为之动",当即是说通过心智的抉择来指导人的行为。这说明"伪"虽属
人为,但不是盲目的,它是经由清明知虑的指导进行的。这种心智抉择
能力的磨练培养,依荀子,仍在经验的积习上。

性者,本始材朴也;伪者,文理隆盛也。(《礼论》篇)

本始材朴,即本来自然之义。《臣道》篇:"礼义以为文,伦类以为理",又
《赋》篇赋礼:"非丝非帛,文理成章。"则文理即礼文之理,在此即与"礼
义"通用。此言"伪"即礼义之隆盛。伪由积习以成,则礼义亦由积习

而成。

> "故圣人之所以同于众,其不异于众者,性也;所以异而过众
> 者,伪也。"(《性恶》篇)

圣人之性同于众,这说明自然之性有普遍性。圣人之异于众人者在其
能伪;很明显,圣人之伪是系于圣人之才能,这是没有普遍性的。

总括上文对"性"与"伪"涵义的解析,可知"化性起伪"者,乃欲"根
据圣人之才能,通过积习的工夫而成之礼义"以化性。"化性起伪",即
将"性"与"伪"套入"天生人成"的架式中,显其对待义、功能义。"性"与
"伪"在荀子不仅仅是抽象概念,它们代表行为系统中被治与能治之两
端;惟其属行为系统中的两端,"化性起伪"的公式,才能落实到具体的
人生中来,切实彰显礼义之效用。

> 故必将有师法之化,礼义之道,然后出于辞让,合于文理,而归
> 于治。用此观之,然则人之性恶明矣,其善者伪也。故枸木必将待
> 檃栝、烝矫然后直,钝金必将待砻厉然后利。今人之性恶,必将待
> 师法然后正,得礼义然后治。今人无师法,则偏险而不正,无礼义
> 则悖乱而不治。古者圣王以人之性恶,以为偏险而不正,悖乱而不
> 治,以为之起礼义,制法度,以矫饰人之情性而正之,以扰化人之情
> 性而导之也,始皆出于治,合于道也。今之人化师法,积文学,道礼
> 义者为君子;纵性情,安恣睢,而违礼义者为小人。用此观之,然则
> 人之性恶明矣,其善者伪也。(《性恶》篇)
>
> 故性善,则去圣王息礼义矣,性恶则与圣王贵礼义矣。故檃栝
> 之生,为拘木也;绳墨之起,为不直也。立君上,明礼义,为性恶也。
> 用此观之,然则人之性恶明矣。(同上)

凡此所言,都是将"化性起伪"一公式,化入具体的人生及现实的社会

中,所起的实际效用的描述。在此描述中,荀子始终将被治之性与能治的礼义相对而言,相待而显;始终将性与伪紧缚在一起;这说明在"天生人成"一原则中,能治与被治,性与伪的互依性。"无性则伪之无所加,无伪则性不能自美",即正说明这种互依性。由此互依性,更证明荀子性论不是孤立的;同时,礼义之统亦不是孤立的。性恶说的建立,纯是为了实现并完成礼义的功能;礼义之起,亦由于"人之性恶"一事实的存在。所以荀子说:"立君上,明礼义,为性恶也";又说:"凡人之欲为善者,为性恶也。"《礼论》篇释礼的起源,即明说是由于人生而有欲有争而致乱之事实:"礼起于何也? 曰:人生而有欲,欲而不得,则不能无求,求而无度量分界,则不能不争,争则乱,乱则穷。先王恶其乱也,故制礼义以分之,以养人之欲,给人之求,使欲必不穷乎物,物必不屈于欲,两者相持而长,是礼之所起也。""相持而长",亦说明性伪的互依性。礼义的无限效用,即在性伪之互依并进中显,所以说:"性伪合而天下治。"

到这里,必须作进一步探讨的是,荀子本于伪而化性,这"化"究竟是什么意义? 在儒家传统中,化可以有"内化"与"外化"两方面的意思。内化以心性为主。或迳顺心性本然之善以导化私情私欲;或通过心性之觉悟透显天理以克制人欲之私。外化则以客观之礼义为主;这是以礼义直接来规范人的行为,使人在行动上有一节制。孔孟与宋明儒重前者;荀子则属后者。所以荀子的化是经验地化,外在地化,亦即教化之化。荀子赞尧舜,即谓其为"天下之善教化者也"(正论)。《儒效》篇中推尊周公孔子,亦大体就教化之功能而言。荀子心目中的尧、舜、周、孔,都是能"举统类而应之",或有"统类之行"的政治家。政治家不必教人做尽心知性的内圣工夫,他只尽外化之责,即推行礼义以规范人民的行为。《尚书》舜典:"帝曰:契! 百姓不亲,五品不逊,汝作司徒,敬敷五教,在宽",这就是外化的方式。《儒效》篇:"儒者在本朝则美政,在下位则美俗。""美政"、"美俗",也就是外化的效果。外化的极致,并不能使人成圣成贤,它只能使人培养成一种高贵的气质和教养。这是"化性起伪"的活动中所能达成的目的,也是礼义效用的极限。

在外化的过程中,荀子认为环境与积习,是助成实现外化的两大因素。

> 性也者,吾所不能为也,然而可化也。积也者,非吾所有也,然而可为也。注错习俗,所以化性也;并一而不二,所以成积也。习俗移志,安久移质,并一而不二,则通于神明,参于天地矣。故积土为山,积水为海……途之人百姓,积善而全尽,谓之圣人。……故圣人也者,人之所积也。……而都国之民,安习其服,居楚而楚,居越而越,居夏而夏,是非天性也,积靡使然也。故人知谨注错,慎习俗,大积靡,则为君子矣;纵性情而不足问学,则为小人矣。(《儒效》篇)

这一段充分说明环境与积习之足以化性。"积也者,非吾所有也,然而可为也",积即经验的学习。荀子是认为积学的过程就是积善的过程,所以说:"君子博学而日参己(从俞樾校,省略"省乎"二字),则知明而行无过矣"(《劝学》篇);又说:"君子之学也,入乎耳,箸乎心,布乎四体,形乎动静;端而言,蝡而动,一可以为法则。"(同上)所以他归结到:"积善而全尽,谓之圣人。"这里所谓圣人,亦就是最具才能,最有教养的人。"习俗移志,安久移质","居楚而楚,居越而越,居夏而夏",都在说明环境对人的影响。"故君子居必择乡,游必就士,所以防邪僻而近中正也。"(《劝学》)"择乡"即是要选择好的环境,"就士"然后能积学。所以环境与积学是化性,亦是使人有教养的两大因素。然而优良的环境与好的习俗,是推行礼义的结果;积学的主要内容,又在习礼义;所以归根结底,高贵的气质,成熟的教养,仍是由于礼义的功效所致。

"故圣人也者,人之所积也",从这句话可以知道,"积"在荀子的客观系统中,是彻上彻下的工夫。从上引《儒效》篇一段话,已知积学之足以化性,在下文中将可明白积学的重要性尚不止此。

> 故圣人化性而起伪,伪起(从王念孙校,略"于性"二字)而生于
> 礼义,礼义生而制法度。然则礼义法度者,是圣人之所生也。(《性
> 恶》篇)

圣人化性而起伪,伪起而生礼义,然则究竟如何"起"法?又怎样"生"法?

> 问者曰:礼义积伪者,是人之性,故圣人能生之也。应之曰:是
> 不然。夫陶人埏埴而生瓦,然则瓦埴岂陶人之性也哉?工人斲木
> 而生器,然则器木岂工人之性也哉?夫圣人之于礼义也,辟则陶埏
> 而生之也。然则礼义积伪者,岂人之本性也哉?(《性恶》篇)

圣人之生礼义,犹如陶人埏埴而生瓦,工人斲木而生器。而陶人工人所以能造瓦制器,很明显是靠后天的学习和累积的经验,那么圣人之起伪而生礼义,亦赖经验之积学甚明。

> 今人之性,固无礼义,故强学而求有之也;性不知礼义,故思虑
> 而求知之也。(《性恶》篇)
> 今使涂之人伏术为学,专心一志,思索孰察,加日县久,积善而
> 不息,则通于神明参于天地矣。故圣人也者,人之所积而致。(同
> 上)
> 圣人积思虑,习伪故,以生礼义而起法度,然则礼义法度者,是
> 生于圣人之伪,非生于人之性也。(同上)

此皆言伪之起、礼义之生全靠积学。于此,积学不仅能直接化性,且是圣人起伪而生礼义的主要工夫。因此,积学成为"天生人成"一原则的根本支柱;换言之,没有积学的工夫,"天生人成"的构造即不可能("为之贯之,积重之,致好之者,君子之始也。故天地生君子,君子理天地。"理天地之君子,即本于"为之贯之,积重之"之积学工夫)。必须根据这

一线索,对于荀子在《劝学》篇中,于经验之学所以要那样重视,才能有一明确的认识。

我们也可根据这一线索,证明荀子乃"由智识心"者(此义详说见第四章)。盖重经验之学,其心必为经验的认知心。由智识心,故建立"知性主体"。荀子视性纯是一生理生物之本能,纯是被治被化者,性不能作为人的主体。可是在礼义外化的过程中,若人自身没有主体的透现,去自动接受礼义的导化,则被化亦不可能。譬如禽兽,它只由本能作主,而无任何意义的主体,所以禽兽没有被化的可能。荀子虽视人性为本能,可是却不视人自身只是本能;人如只是本能,则同齐于禽兽,无可言化。荀子除从人自身发现人的动物性外,还发现了浮在情欲之流上层的认知心。荀子虽不识德性主体,他却充分自觉认知主体具有辨识的功能。因认知心有辨识的功能,于是使性之被化为可能。盖本能一面的表现,只是盲目的冲动,它自身并无所谓"过"与"节"的问题,而知其为过而当节者,则由上层认知心的辨识。认知心一方面能主动接受礼义的导化,一方面又能辨情欲之过而当节,于是使能化与被化之间的关系打通。亦使化成为真实可能。在这里,认知主体,成为外化过程中的中枢。然而认知心的辨识能力,却不是天赋的,认知心辨识能力的磨练,仍在积学上,这可使认知主体与积学的工夫结合在一起。惟有将二者结合在一起,认知心的效用始获彰显。于此,可以得到两点结论:(1)"化性起伪"一义,尚只能使"天生人成"有形式的可能性;(2)认知主体透出再加上积学的工夫,才能使"天生人成"一原则具有实际的可能。本此结论,又可知"以心治性"之义,为"天生人成"一原则所必涵者。

八 以心治性义

> 故人心譬如盘水,正错而勿动,则湛浊在下而清明在上,则足以见须眉而察理矣。微风过之,湛浊动乎下,清明乱于上,则不可以得大形之正也。心亦如是矣。导之以理,养之以清,物莫之倾,

则足以定是非决嫌疑矣。小物引之，则其正外易，其心内倾，则不
足以决粗理矣。（解蔽篇）

以水喻心之心，即认知心。认知心与性、情、欲对应着说，一是"清明在
上"，一是"湛浊在下"。此清明在上之心的功能，一在"足以见须眉而察
理"，一在"足以定是非决嫌疑"。从"清明""湛浊"之分，可知荀子视心
性为两层；由以察理定是非为心之功能，故荀子主张"以心治性"。"以
心治性"，根据下文的分析，便知并非以认知心直接治性（据《解蔽》篇
"成汤监于夏桀，故主其心而慎治之"，似乎有时荀子也以心直接治性），
而是通过认知心辩知（辩知一词，本《性恶》篇"夫人虽有性质美，而心辩
知"）的能力，使心能中理（即合礼），即以所中之礼义以治心。所以"以
心治性"一义，亦不是孤立的，它仍是"天生人成"一原则构造的一部分，
且是重要的部分。盖"天生人成"一原则，重点在彰著礼义的效用，效用
的有效对象在性之情欲，而礼义所以能达乎情欲以化之，枢纽则全在
"心之所可中理"上。若无中理之心活动于其间，则人自身即无接受礼
义之主体。礼义虽能化，无能接受之主体，而实不化。所以"心辩知"是
外化过程中的中枢。

　　下文再就《正名》篇"异类"与"治乱"之分，以明"以心治性"之义。

　　　　凡语治而待去欲者，无以道欲，而困于有欲者也。凡语治而待
　　寡欲者，无以节欲，而困于多欲者也。有欲无欲异类也，生死也，非
　　治乱也。欲之多寡，异类也，情之数也，非治乱也。（《正名》）

在先秦，主张去欲的是道家，主张寡欲的是墨家；荀子书中对这两家的
思想评陟颇多。"去欲""寡欲"之说，即其中之一例。"凡语治而待去
欲……凡语治而待寡欲"云云，即表示批评去欲寡欲的立场是治道的立
场。在治道的立场，荀子是主张"养之以欲，给之以求"的，因人的自然
情欲是不能去，亦不当去的。"有欲无欲，异类也……非治乱也；欲之多

寡,异类也……非治乱也。"这是要说明"有欲"与"无欲","多欲"与"寡欲"为不同类、且亦与治乱问题无关,藉以明去欲寡欲之非。"有欲"与"无欲","多欲"与"寡欲",在名词上的涵义是不同的,不同故不类。"有欲""多欲"是顺,"无欲""寡欲"是逆,顺与逆悖反,故不同类。持"去欲""寡欲"之说,以非"有欲""多欲",在名理上是不可以的。何况"人之情为欲多而不欲寡",是谁也不能否认的心理现象;荀子即根据这种心理现象而坚持欲不可去,亦不必寡。然而荀子认为人情欲多不欲寡,而主张养欲给求;前者不过是一事实,后者不过是政治上的一种目的,而真正成就治道的根据,却不从欲这里说。"非治乱也"云云,即是说治乱的问题,不能从"有欲"与"无欲",或"多欲"与"寡欲"这些争论中去寻求答案。治乱问题是另有所系的。

> 欲不待可得,而求者从所可。欲不待可得,所受乎天也;求者从所可,受乎心也。天性有欲,心为之制节(此九字今本缺,此本胡适《中国哲学史大纲》,据久保爱所据宋本及韩本增。)……故欲过之而动不及,心止之也。心之所可中理,则欲虽多,奚伤于治?欲不及而动过之,心使之也。心之所可失理,则欲虽寡,奚止于乱?故治乱在于心之所可,亡于情之所欲。……以所欲为可得而求之,情之所必不免也。以为可而道之,知所必出也。故虽为守门,欲不可去,性之具也,虽为天子,欲不可尽(胡适云:此下疑脱四字)。欲虽不可尽,可以近尽也;欲虽不可去,求可节也。……道者进则近尽,退则节求,天下莫之若也。凡人莫不从其所可而去其所不可,知道之莫之若也,而不从道者,无之有也。……故可道而从之,奚以损之而乱?不可道而离之,奚以益之而治?(《正名》)

"欲不待可得,所受乎天也",与"性者,天之就也"义同。"求者从所可,受乎心也;天性有欲,心为之制节",是说,人虽以所欲为可得而求之,而求的活动却不能不受心的制约:心许可的,便是当求的;心不许可的,便是不当求的。因此,欲求虽然过多,而实际的行为上却往往不及(欲过之而动不及),为什么? 这就是由于受心节制的结果,"欲虽不可去,求可节"。所以荀子主张欲不必去,但求导欲;欲不必寡,但求有节。《礼论》篇开宗明义即说礼的目的在:"以养人之欲,给人之求,使欲必不穷乎物,物必不屈于欲,两者相持而长。"养欲给求是导欲,欲不穷乎物,是节欲,导之即所以节之,而能节者在礼义。上引"心为之制节","心止之也",并不表示心本身直接起"止"与"制节"的作用,心之所以能节能止,是因"心合于道"(亦《正名》篇语),"心之所可中理"。中理即中礼,"合道"即合礼,礼是善的标准,"心合于道"即心合于善。"心之所可中理",即心由辩知而知礼义为善,并即以此为许可或不许可的标准。因此,人的欲求只要通过心之辩知认为是符合礼义的,虽多亦不致妨害治道;反之虽然寡欲,亦无以止乱。此即"心之所可中理,则欲虽多,奚伤于治? 心之所可失理,则欲虽寡,奚止于乱?"之义。归根结底,礼为能节不能节的根据,亦是治乱之所系。荀子由"异类""治乱"之分转出的"以心治性"一义,在"天生人成"一原则之构造中,所担负的责任,主要是在说明礼义效用之必然性。

九　"天生人成"的理想——人文化成

在儒家,"人文化成"一义,可就个人人格言,亦可就社会政治言。就个人人格言,人文化成,即是以人自身具有的道德理性以化成气质;并相信,经由人自强不息的慎独工夫,即足以达成人各得其所,各正性命的理想。这是人文化成的主观形态。就社会政治言,人文化成,即是以历史文化意义的礼义之统,运用于社会政治的事务上,使达成经国定分,正理平治的理想。这是人文化成的客观形态。孔孟传统侧重前一义:孔子说"克己复礼,则天下归仁";孟子说"一心正而国定","其身正而天下归之"(《离娄》篇),并认为推扩保民如保赤子之心,即足以王天下。荀子则属于后者,所以说"国无礼则不正,礼之所以正国也"(《王霸》篇）；又说"礼者，人主之所以为群臣寸尺寻丈检式也，人伦尽矣"
（《儒效》篇）；又说"礼者，贵贱有等，长幼有差，贫富轻重皆有称者也"
（《富国》篇）。荀子"天生人成"一原则所欲达成的理想在人文化成，而
人文化成的意义，是属客观形态的。此即表示荀子与孔孟达成理想的
途径有差别。这差别并不是说他们之间不能相容；相反地，他们的理想
实都以礼为主要线索，荀子不过比孔孟在客观上多转进一步罢了。

在前一章中，一开头我们就曾经说过："就先秦儒家所担负的时代
使命言，孔、孟、荀实可说有一共同的理想，此理想即欲以周文为型范而
重建一秩序。"可是，实现此理想的途径，孔孟是内转而重主体；荀子则
外转而重客体。内转重主体，故以礼义本于人之性情，礼义之教即性情
之教，目的在圣贤人格的完成。在这途径中，治道亦落在圣德之功化上
说。孔子曰："为政以德，譬如北辰，居其所而众星拱之。"（《论语·为
政》）朱注引范氏的解释："为政以德，则不动而化，不言而信，无为而成。
所守者至简，而能御烦；所处者至静，而能制动；所务者至寡，而能服
众。"此即由圣德之功化上以见化成之效，重点惟是在修身立德，德立身
修可至天下平。在这里，礼治与德治合一，礼义悉收缩在至简至易无为
的德化中，而不能尽其在社会政治一面的效用。这是主观的道德形态。
主观之意义是它自始至终扣紧个体的人格说话。到荀子，他的问题，惟
是一客观问题，故外转而重客观之礼义。在荀子，性情属自然本能，故
礼义不从性情出，而生于圣人之伪。其目的不在人格之完成，而在明分
使群。在这途径中，治道不落在圣德之功化上说，而惟是就礼义之效用
言。"天生人成"一原则的构造，就是要从礼义的功能上，以见化成之
效，重点惟在隆礼义，知统类；能知能隆，则天下治。在这里，礼治与德
治分离，礼义乃能彰显在社会政治一面的效用。这是客观的礼义形态。
客观的意义是它自始至终扣紧作为群治基础的礼义说话。

基于以上的分析，荀子人文化成一理想，惟是基于对社会政治事务
的关切；圣人所欲达成的，也就是这些社会政治的事务。

　　人之生不能无群，群而无分则争、争则乱、乱则穷矣。故无分
者，人之大害也，有分者，天下之本利也。……百姓之力，待之而后
功；百姓之群，待之而后和；百姓之财，待之而后聚；百姓之埶，待之
而后安；百姓之寿，待之而后长；父子不得不亲，兄弟不得不顺，男
女不得不欢；少者以长，老者以养。故曰：天地生之，圣人成之，此
之谓也。(《富国》篇)

"分"即礼义的客观形式。力之功，群之和，财之聚，埶（位）之安，寿之
长，父子之亲，兄弟之顺，男女之欢，少得其长，老获其养，这都是偏重社
会政治事务方面的，这一切事务，皆由分而得其成，此即人成之极致，亦
即人文化成一理想的具体内容。孔子尝自言其志："老者安之，朋友信
之，少者怀之"；此有类于荀子之理想。不过此理想在孔子乃由圣德之
功化中彰显；在功化中显，只表示此理想必为圣德功化所涵摄，并无具
体实现此理想的真实途径。而荀子客观礼义的形态，却正代表实现此
理想的真实途径。在这一义上，荀子的客观系统，确是代表孔子精神的
一步发展。这一步发展，虽未达到近代法律政治的客观形态，但在问题
的方向上，精神的途辙上，总是比较相应的。

董仲舒推动尊儒运动的背景、真相及其影响[①]

董仲舒于《贤良对策》中所提"独尊儒术、罢黜百家"的主张,已成为学术史上一大公案,此一公案主要是由两种极端相反的看法而形成:一种看法认为仲舒的主张,加上孔子诛少正卯及孟子辟杨、墨,攻异端的儒家传统,曾使"儒教专制统(合)一,中国学术扫地"[②]!另一种看法认为孔子在中国历史文化中有崇高地位,决不可依"五四"以来流行的观念来说:孔子初不过诸子之一,只因帝王的崇信,或因汉武帝尝罢黜百家、独尊孔子,才有崇高的地位。孔子地位的形成,乃初由孔子原为一上承六艺之学、下开诸子之学者,其人格直接感召其弟子[③]。以上两种看法,其争执的焦点是在:前者认定儒家支持专制;后者认为前一种看法是"侮辱孔子",孔子在历史上享有崇高地位,与专制帝王是否提倡,没有关系。这两种看法都可以获得部分的史实来支持,但历史现象是很复杂的,撇开主观的成见,这两种见解都未必能切合历史真相,基本上他们表达了两种对立的意识形态,并非从历史观点探讨问题。在这一章里,不可能全面检讨这一公案,仅以仲舒《对策》为中心,并涉及其主张的历史背景与影响,尽可能在这一范围之内,把此一公案的真相呈现出来。

---

① 编注:本文选自韦政通先生著《董仲舒》,台北,东大图书公司,1985 年,第九章,原题无"董仲舒推动"五字。
② 吴虞《吴虞文录》旧版,第 78—79 页。
③ 唐君毅《孔子在中国历史文化的地位之形成》,见《中国史学论文选集》第二辑,台北,幼狮文化公司,1977 年,第 39、71 页。

一　汉初学术的特性及儒者三类型

武帝时尊儒运动的兴起，与汉初六七十年间整个学术的发展是分不开的。要了解汉初的学术，首先应知这时期的各家思想本身都起了重大变化，非复先秦旧观，这变化主要是由于两个原因：一是"蜂出并作，各引一端，崇其所善，以此驰说，取合诸侯"①的先秦诸子学，因国家的统一，丧失了客观发展的环境；一是相应于政治的大一统，在专制体制下，学术思想的折衷、调和与混合，并为思想的统一做准备，已是大势所趋。因此，汉初所谓的道家、阴阳家、法家、儒家等，无一不是在不同程度上具有上述这些思想的特色。

大家都知道汉初实行的是黄老之术，这个时期的黄老又叫做道家②，《史记》太史公自序中所谓的道家是"其为术也，因阴阳之大顺，采儒、墨之善，撮名、法之要，与时迁移，应物变化"。正是典型的大混合，与先秦的老学有绝大的不同。

阴阳家的创始人邹衍，有人说他是儒家，也有人说他是道家，这都是各引一端各执所见的说法。《汉书·艺文志》中所见阴阳家言的书目，有兵家阴阳十六家，二四九篇，图十卷，又有术数之五行三十一家，六五二卷。此外，天文、历谱、杂占、形法、医经、房中，都和阴阳五行有很密切的关系。《吕氏春秋》、《淮南子》、《礼记》也都含有丰富的阴阳家思想，阴阳家在秦、汉之际实为最风行的显学，对帝王或学者，都具有相当大的吸引力。

至于法家，因在先秦诸子中最为晚起，所以早就有人指出，公元前 4 世纪与 3 世纪之间的法家，乃三百年哲学思想的混合产物，如"法"的观念，从"模范"的意义演变为齐一人民的法度，是墨家的贡献；法家注意

---

① 《汉书·艺文志》。

② 如《史记·魏其武安候传》："太后好黄、老之言，而魏其、武安、赵绾、王臧等务隆推儒术，贬道家言。""黄老"与"道家"即同义词。

正名责实,便和孔门的正名主义和墨家的名学都有关系;法家主张人君无为,是老子以下无为主义的影响。人物方面,慎到是老、庄一系的思想家,尹文的正名近儒,非攻偃兵近墨,韩非本是儒学大师荀卿的弟子①。由于法家本身思想的混合与主张专制的特性,所以在各家中最能适应秦、汉统一帝国的需要。汉初表面上实行的是黄老,其间帝王谁不喜好刑名法术? 离开法家根本无法了解秦、汉专制的本质。

在这个时代,思想上愈趋于混合的,其适应力也愈强,即使在诸子中最保守最能坚持原则的儒家也不例外。如果《礼记·儒行》能代表这时代为儒者塑造的理想典范,性格上显然已混杂了墨、道两家的成分②,这时代的所谓儒者,在现实上所表现的,较之先秦不但起了重大变化,彼此之间也有很大差异。

下面一段是《汉书·儒林传》叙说汉初学术概况的:

> 及高皇帝诛项籍,引兵围鲁,鲁中诸儒尚讲诵习礼,弦歌之音不绝,岂非圣人遗化好学之国哉! 于是诸儒始得修其经学,讲习大射乡饮之礼。叔孙通作汉礼仪,因为奉常,诸弟子共定者,成为选首,然后喟然兴于学,然尚有干戈,平定四海,亦未皇庠序之事也。孝惠、高后时,公卿皆武力功臣。孝文时颇登用,然孝文本好刑名之言。及至孝景,不任儒,窦太后又好黄老术,故诸博士具官待问,未有进者。③

从这段文字使我们知道,汉初在皇帝、太后喜好刑名、黄老的情形下,儒家虽处于劣势,但依然有重要的表现。据引文所提供的线索,当时的儒家大抵可分为三种类型:

---

① 胡适《中古思想史长编》,台北,胡适纪念馆,1971 年,第 14—16 页。
② 参看韦政通《儒家与现代中国》,东大图书公司,1984 年,第 31 页。
③ 见《汉书·儒林传》。

（一）经学之儒

秦火之后，西汉初年，五经皆由口耳相传，遂产生所谓今文经学，《儒林传》共列八家，即言《易》者有田生，淄川（属山东省）人；言《书》者有伏生，济南人；言《诗》者有申培公，鲁人，辕固生，齐人，韩婴，燕人；言《礼》者有高堂生，鲁人；言《春秋》者有胡毋生，齐人，董仲舒，赵人①。这些人物，有的曾为秦博士，如伏生，有的曾为汉文帝、景帝博士，如韩婴、辕固生，古文化的大传统于秦始皇时严重受挫以后，他们在大传统的传承上，扮演着极重要的角色。

（二）事功之儒

这一类型的代表人物，前有叔孙通，后有公孙弘，两人皆为正派儒生所轻视，但在西汉前期皆曾居高位，事功方面又颇有表现。根据儒家建立的"内圣外王"的理想模型，内圣基本上是为了外王，外王才是儒家终极的关怀，因此儒家十分重视事功②。但先秦儒家所说的一套治国平天下的事功，只有尧、舜、禹、汤、文、武、周公等圣王才能完成。汉的统一，乃平民为天子，这是旷古未有的新局面，从此专制帝王成为现实上的"圣王"，儒者的外王理想必须落实到专制帝王的身上，而专制帝王最关心的，是如何建立政治秩序，以巩固其政权，因此儒者的事功，只有在这个目标下才能有其表现。无论你对叔孙通、公孙弘的评价如何，都不能不承认他们是在专制政体下，为"事功之儒"塑造了新的典型。

叔孙通，鲁人，秦、汉两代皆为博士，官拜太常。从他答秦二世言陈胜只是盗而非反，以及脱去儒服，换上汉王家乡的楚服这两件事来看，他为人不但机警，且极能迎合其主的心理。他率领弟子百余人降汉，过了几年，仍未进用，弟子们不免抱怨，他望诸生耐心等待。汉王定天下

---

① 《汉书·儒林传》。
② 到了宋明时代的新儒家，这方面的观念起了基本的变化，有关的讨论见韦政通《传统与现代化》，台北，水牛出版社，1968年，第18—21页。

后，诸侯共尊为皇帝，是时"群臣饮酒争功，醉或妄呼，拔剑击柱，高帝患之"。叔孙通等待的机会终于来了，他建议高帝，"愿征鲁诸生，与臣弟子共起朝仪"。高帝同意，于是起程赴鲁，征得诸生三十余人，另有"两生不肯行"，且用话奚落他："公所事者且十主，皆面谀以得亲贵。今天下初定，死者未葬，伤者未起，又欲起礼乐？礼乐所由起，积德百年而后可兴也！吾不忍为公所为。公所为不合古，吾不行。公往矣，无污我！"①这两位儒生所以轻视叔孙通，是因他对主子无所选择，又擅于逢迎，是正派儒生所不屑为的。其次又认为，一个新的朝代要兴礼乐，必先积百年之德。这两位儒生脑子里所想的，也许只有像主张"王公不致敬尽礼，则不得亟见之"②和"格君心之非"③的孟子，才配称为儒者，只有像周公那样的圣王，才能制礼作乐，如果是根据这个标准，自然会觉得"公所为不合古"。这番话叔孙通听了感觉完全不同，他笑答道："若真鄙儒也，不知时变！"能知时变，正是专制体制下事功之儒性格的主要特征。他制定朝仪，从此"自诸侯王以下莫不振恐肃敬"，"竟朝置酒，无敢讙哗失礼者"。就事论事，这不能不说是儒者一大贡献，虽然这贡献主要为了刘氏基业，太史公评论叔孙通"卒为汉家儒宗"，"汉家"两字，恐怕也有这个涵义。

公孙弘，齐人，《史记·儒林传》说他"以《春秋》白衣为天子三公，封以平津侯，天下之学士靡然乡风矣"④。他早年贫贱，晚年得志，武帝元光五年（前130）拜为博士，年已七十，六年后为丞相，三年后（前121）卒于位，相当能获得武帝的厚遇。据《史记·平津侯传》所载，他所以能获得武帝的厚遇，是因：(1)生活节俭，不重视财物，虽位极人臣，而"家无所余"。(2)在天子之前表现得极为谦让，汲黯告发他"位在三公，奉禄甚多，然为布被，此诈也"。武帝以此问弘，他坦然承认其言"诚中弘之

---

① 上均见《汉书·叔孙通传》。
② 《孟子·尽心上》。
③ 《孟子·离娄上》。
④ 见《史记·儒林传》。

病"。(3)他实际上行的是法家那一套,而又巧妙地以儒家做招牌,所谓"习文法吏事,而又缘饰以儒术"也。(4)叔孙通曾说"人主无过举",公孙弘颇能身体力行,故"每朝会议",从"不肯面折庭争"。在朝会上汲黯说他"齐人多诈而无情实,始与臣等建此议,今皆倍之,不忠"。上问弘,弘答:"夫知臣者以臣为忠,不知臣者以臣为不忠。"汲黯不了解忠于自己与忠于皇上之间常常是冲突的,专制帝王所要求的是绝对顺从的"忠",所以要做个忠臣常常要贬损自己的人格,出卖自己的良知,在这个角色上,公孙弘也塑造了一个典型。太史公以"外宽内深"形容其性格,可谓深知其人,这种人工于心机,表面上却显得宽厚,"谦让"多半是伪装的。但也只有这种人在专制体制里才有机会爬上高位,在事功方面有所表现。公孙弘为丞相后,由于他的建议,始为博士置弟子五十人,武帝并下令天下郡国皆立学校之官,"自此以来,则公卿大夫士吏斌斌多文学之士矣"。由此开所谓"士人政府"之风,在中国史上不能不说是一件大事。

(三)思想家之儒

这一类型的代表人物,前有贾谊,后有董仲舒。与经学之儒相比,他们不守一经一家之言,而是在儒家的基础上兼通诸子百家之书,这是他们能成为思想家的基本条件。与事功之儒之相较,他们虽肯定大一统的专制,但有理想守原则,文帝起初很赏识贾谊的才华和见解,后为功臣集团所忌,终"不用其议",因而"意不自得"[1],只好渡湘水、吊屈原,作赋以明其志。武帝也很欣赏董仲舒的《贤良对策》,毕竟未获重用,"公孙弘治《春秋》不如董仲舒"[2],但仲舒却被公孙弘"阴报其祸"[3],于是外放,终于"疾免居家"。后世这一型的儒者,能立言、立德,事功方面很少有表现的。

---

[1] 《史记·贾生传》。

[2] 《史记·儒林传》。

[3] 《史记·平津侯传》。

　　贾谊,洛阳人,文帝召为博士时,才二十多岁。汉兴之后,内乱不休,法律和制度多承袭秦制,他是第一个主张"更化"和"改制"的儒者,所谓"更化"即"悉更秦之法"①,注入政治、社会一种德教的新精神②;改制是"改正朔、易服色、制法度、定官名、典礼乐"③。这个主张于半世纪后,经董仲舒等人的相继倡议,终于部分实现。他在著名的《过秦论》中,很深刻地检讨了秦之速亡,是因在取天下后,"其道不易,其政不改",以及始皇对太子胡亥的教育教之不以其道。他所提的历史教训,对汉初虽未发挥立即的影响,但对皇太子教育的反省,对中国政治却具有极为深远的意义。

　　他对新王朝最重要的贡献,是为求长治久安之道而上的《治安策》④,有人称之为汉朝"建国的蓝图"⑤。《治安策》有五个要点,即制诸侯,攘匈奴,变风俗,傅太子,最后崇礼义德教、兼及礼貌大臣⑥,"其中除了对付匈奴一项有点不切实际外,其他各项莫不由后来的史实证明其正确性"⑦。他虽肯定大一统的专制,"但在他的官制中,却从道德、政治原则、才能、法制等方面,把政权安放在集体的有机体中去运行,决不许人君以个人的意志随意加以干犯"⑧。在这一点上,他就实际政制注入儒者理想的一套想法中,比董仲舒迎合专制的程度较浅。

二　尊儒运动的经过

　　作为思想家之儒,仲舒的思想比贾谊复杂多了,除了《春秋》学成一

①　《史记·贾生传》。
②　傅乐成《汉唐史论集》,台北,联经出版公司,1977年,第12页。
③　《史记·贾生传》。
④　见《汉书·贾谊传》。
⑤　傅乐成《汉唐史论集》,第11—12页。
⑥　戴君仁《论贾谊的学术及其前后学者》,台北《大陆杂志》史学丛书第三辑第二册,《秦汉中古史研究论集》,第69页。
⑦　傅乐成《汉唐史论集》,第12页。
⑧　徐复观《两汉思想史》卷二,台湾学生书局,1976年,第133页。

家之言外,他所发展的思想系统,对汉初各家而言,确有百川归海的气势,成为西汉最具代表性的人物,也因为如此,到了近世,有人把他看作"独尊儒术"的功臣,也有人把他视为"罢黜百家"的罪人,可谓毁誉集于一身。这两种看法虽非毫无根据,但未免过分简化,与历史真相颇有距离。

　　要了解武帝时尊儒运动的经过,须先推定仲舒《贤良对策》的年代。据《汉书·武帝纪》,《对策》在元光元年(前 134),《资治通鉴》改为建元元年(前 140)。应从《武帝纪》,因《对策》中有云:"今临政而愿治七十余岁矣",刘邦称汉王是在公元前 206 年,即汉元年,过七十年是公元前 136 年,即武帝建元五年,再过两年,即公元前 134 年,亦即武帝元光元年,正是汉七十余岁。王先谦(1842—1917)《汉书补注》说:"仲舒《对策》有'夜郎康居,殊方万里,说德归谊'之语,《西南夷传》:夜郎之通在建元六年大行王恢击东粤后,次年即为元光元年,是《汉书》载仲舒《对策》于元光元年,并不失之太后。……至《通鉴》之误,更不足辨。"由《对策》内容,也可知它不是建元元年写的。《汉书·董仲舒传》说:"武帝即位,举贤良文学之士,前后百数,而仲舒以贤良对策焉",也表明仲舒《对策》不是在武帝即位的元年[①]。

　　我们大抵推定了仲舒《对策》的年代之后,还应了解尊儒运动虽在武帝时推动,而这个运动的动因,早起于贾谊的时代。贾谊改制、更化的主张,足以代表当时许多儒生的共同见解,这个主张最大的意义,是在汉兴之后,它可以解决如何与亡秦划清界线的问题,这个问题解决了,才能使汉朝的立国在广大人民心目中有一鲜明的标记。但从惠帝到景帝,由于内部权力结构不稳,急需整顿,消耗了他们大部分的精力;草莽出身的功臣集团,只知保护自己的利益,他们的文化素养,还不懂得"缘饰以儒术"的意义;再加上这一时期是以黄老作为政策的指导原则,黄老之术既可以收到"与民休息"的效果,又可以使统治阶层满足长生、迷信等需要。基于这些复杂的原因,使上述的问题一直悬而未决。

---

① 崧高书社编辑部《中国哲学史史料学》,台北,崧高书社,1985 年,第 130—131 页。

到武帝时,解决这个问题的客观条件已具备,时机也渐成熟:

> 至武帝之初七十年间,国家无事,非遇水旱,则民人给家足,都鄙廪庾尽满,而府库余财,京师之钱,累百巨万,……太仓之粟,陈陈相因,……众庶街巷有马,阡陌之间成群。①

国库富裕,人民生活无虑,权力结构不稳的现象,经景帝平定吴、楚七国谋反(前154),大抵算已解决,这几点提供了使汉朝走向"文治"的客观条件。武帝为太子时,曾受儒术的教育,大臣中也颇有几位倡议儒术的,当然,当时君臣提倡儒术的动机并不单纯,但至少有一点是因儒家的文化资源较其他各家为丰富,儒家"以古非今"的保守性格虽与武帝好大喜功的性格不合,但"儒家丰富的知识及其王道的政治理想,颇能抬高君主的身价,也颇能合乎有文采而好虚名的君主的心意"②。

武帝登基的当年(前140),即"诏丞相、御史、列侯、中二千石、二千石、诸侯相举贤良方正直言极谏之士。丞相绾(卫绾)奏:'所举贤良,或治申、商、韩非、苏秦、张仪之言,乱国政,请皆罢'。奏可"。卫绾上奏,首先揭开"罢黜百家"的序幕,奏文中既未排斥黄老,也未明言欲尊儒术,只是试探性的,因其时黄老的大护法窦太后仍在,不敢造次。

同一年,卫绾因病免相,由窦太后的堂侄窦婴继任,又任王太后的同母弟田蚡为太尉,史载:

> 婴、蚡俱好儒术,推毂赵绾为御史大夫,王臧为郎中令,迎鲁申公,欲设明堂,令列侯就国,除关,以礼为服制,以兴太平。举谪诸窦宗室无行者,除其属籍。诸外家为列侯,列侯多尚公主,皆不欲就国,以故,毁日至窦太后。太后好黄老言,而婴、蚡、赵绾等务隆

---

① 《汉书·食货志》。
② 傅乐成《汉唐史论集》,第45页。

推儒术,贬道家言,是以窦太后滋(益)不悦①。

窦婴、田蚡推荐的赵绾、王臧都是鲁国经学大师申公的弟子,申公是荀卿弟子浮邱伯的传人,他们得意之后,就想把老师请出来,并获得武帝的同意。是时申公已八十多岁,经过长途跋涉,在两位弟子的陪伴下到了京师,见到年轻的皇帝,武帝询以治乱之道,申公说:"为治者不在多言,顾力行何如耳",武帝听了沉默不语,"然已招致,即以为太中大夫,舍鲁邸,议明堂事"②。

这班人在朝廷,一面"隆推儒术",同时又"直言极谏",招惹窦氏宗亲,已弄得窦太后很不高兴,大概是为了顾全皇帝的颜面,一时间并未发作。相反地,赵绾以为获得皇帝的支持,于是有进一步的行动:

> 二年(前139),御史大夫赵绾请毋奏事东官,窦太后大怒,曰:"此欲复为新垣平耶?"乃罢逐赵绾、王臧,而免丞相婴、太尉蚡③。

又据《史记·儒林传》、《汉书·武帝纪》,赵、王二氏在此番因尊儒而起的宫廷斗争中,不只是被"罢逐",最后的命运是"皆下狱,自杀","申公亦疾免以归",尊儒运动的第一波,因悲剧而暂告一段落。

直到武帝建元六年(前135)窦太后去世,消除了尊儒运动的最大障碍,同时附于儒家的田蚡复出为丞相,自然使这个运动更能顺利推展:

> 及窦太后崩,武安侯田蚡为丞相,绌黄老、刑名百家之言,延文学儒者数百人,而公孙弘以《春秋》白衣为天子三公,封以平津侯,天下之学士靡然乡风矣④。

----

① 《汉书·窦田灌韩传》。
② 《史记·儒林传》。
③ 《汉书·窦田灌韩传》。
④ 《史记·儒林传》,《汉书·窦田灌韩传》。

这段文字是《史记·儒林传》的记载,另据《汉书·武帝纪》,田蚡为丞相的次年(前134)"五月,诏贤良……于是董仲舒、公孙弘等出焉"。照这个说法,他们两人应该是应同一策问,可是载于《董仲舒传》的诏策不但长达三篇,内容也与此处的诏策不同,因此可以推断,他们不是同时受策的。根据王先谦所举的证据,可以确定仲舒《对策》不在建元元年(前140),但究竟该在何年,是至今仍无法断定的①。仲舒受策既不在建元元年,那么《董仲舒传》所说"及仲舒对册,推明孔氏,抑黜百家,立学校之官,州郡举茂材孝廉,皆自仲舒发之",其中"皆自仲舒发之"一语,显然是与事实不符。依照上文所引史料,这个运动的"发之"者是卫绾,热心推动的人物,武帝之外,有窦婴、田蚡、赵绾、王臧,赵、王且因此牺牲性命,最后使这个运动成功的是田蚡。当然,田蚡是因受武帝重用,才有此机会。从运动的经过来看,仲舒《对策》最早也应在田蚡为丞相之后,因此他在运动中扮演的角色,并不如后世想象的那样重要。

董仲舒的历史,司马迁比班固更有资格做见证,《史记》不但没有为仲舒立传,其生平附《儒林传》中,不过五百多字,虽推崇他的为学与做人,根本未提《贤良对策》,似乎在司马迁的心目中,这件事在尊儒的历史上并没有多大价值。今天我们仍要感激班固,他在《董仲舒传》里保留下这篇与贾谊《治安策》同样重要的儒家文献。它在一般通史里也许并不重要,在思想史中却意义重大,因为从这里我们可以看出一代大儒如何在专制体制下纵谈他的理想与现实,以及像武帝这样一位向往儒术的君主,对儒家道理所能接受的程度。武帝虽觉得仲舒说得有道理,但终究未能重用他。武帝真正欣赏的是公孙弘之流的儒生,而公孙弘在仲舒看来不过是一个"谀儒"。《贤良对策》在近代最受重视的是最后提出"独尊儒术,罢黜百家"的一小节,这在当时,或许"只是暗合于

---

① 戴君仁《汉武帝抑黜百家非发自董仲舒考》,台湾,《孔孟学报》第16期,第174页。

实施的政策"①而已。这一小节文字,在思想史上仍具代表性,因为它把这个运动所要表达的理念,最清楚最完整地表现出来。

三　董仲舒《对策》的分析

仲舒的《贤良对策》涉及文化、政治、社会、教育等各方面的问题,可代表他儒家思想的一个纲要,内容虽受策问形式的限制,其所应答多有越出策问的范围。《对策》三问三答,篇幅都很长,这可以说明仲舒所陈述的一套古今治国的大道理,很能满足武帝"夸大而多欲"的心理,因此引起他很高的兴趣。前文说过"儒家丰富的知识及其王道的政治理想,颇能抬高君主的身价,也颇能合乎有文采而好虚名的君主的心意",在这场冗长的问答中,可以得到验证。

1. 武帝于第一次策问中,提出下列几个问题:(1)从前五帝三王因实行改制作乐之道,使天下太平,后世的君主想效法五帝三王的很多,为什么都失败了呢? 失败的原因,是因这些君主所作所为不当呢,还是天命另有所属?(2)那些"务法上古"的君主,是否无益于实际? 三代受命的圣王,其受命的符验是什么? 灾异之变,又因何而起?(3)有关性命、夭寿、仁鄙的道理是什么?(4)要怎样才能实现"德润四海"、"延及群生"的先王之道呢?

策问劈头就说:"朕获承至尊休德,传之无穷,而施之罔极,任大而守重,是以夙夜不皇康宁,永惟(思)万世之统,犹惧有阙。"可知武帝最关心的是上述第一个问题——如何长保刘氏的基业,不过他用历史来掩饰。仲舒当然了解皇帝的心意,所以说"夫人君莫不欲安存而恶危亡,然而政乱国危者甚众,所任者非其人,而所繇(由)者非其道"。如何才能使所任者得其人呢?"故为人君者,正心以正朝廷,正朝廷以正百官,正百官以正万民,正万民以正四方。"如何才能使所由合于道呢?"道者,所繇适于治

---

① 戴君仁《汉武帝抑黜百家非发自董仲舒考》,台湾《孔孟学报》第16期,第176页。

之路也,仁义礼乐皆其具也。故圣王已没,而子孙长久安宁数百岁,此皆礼乐教化之功也。"所以长治久安之道,是在国家的领导者必须成为道德的典范,同时又能实行礼乐教化,依照儒家的逻辑,前者乃后者力量的泉源。衡诸孔、孟的传统,仲舒所言,可说是标准答案。

关于受命的符验,仲舒认为"天下之人同心归之,若归父母,故天瑞应诚而至",也就是说必须先使"人归",然后才能获得"天与",所以"受命之符","皆积善集德之效"。"及至后世,淫佚衰微,不能统理群生,诸侯背畔,残贼良民以争壤土,废德教而任刑罚",是回答"后世人君想效法五帝三王,为何都失败"之问的,"刑罚不中,则生邪气;邪气积于下,怨恶蓄于上,上下不和,则阴阳缪戾而妖孽生矣,此灾异所缘而起也",这是说灾异是因人祸而起。

针对第三个问题,所谓性命之情,仲舒答道:"臣闻命者天之令也,性者生之质也,情者人之欲也。"关于夭寿、仁鄙,仲舒说:"或夭或寿,或仁或鄙,陶冶而成之,不能粹美,有治乱之所生,故不齐也。……故尧、舜行德则民仁、寿,桀纣行暴则民鄙、夭。"夭寿是命的问题,仁鄙是性的问题,要修性而正命,在仲舒看来,是取决于政治的行德或行暴。"今废先王德教之官,而独任执法之吏治民",在"虐政用于下"的现况下,欲仁、寿,而去夭、鄙,这怎么可能呢? 仲舒念兹在兹,就是要以儒家德教的精神,改变秦一条鞭的酷法之治,所以在回答上述第四个问题时,不但抨击秦是"以乱济乱,大败天下之民",也批评了武帝当时的政治受了秦的"遗毒","使习俗薄恶,人民嚣顽","虽欲善治之,无可奈何"! 因而继贾谊之后,再度提出更化的理想,希望武帝能推行礼乐教化,因为这是唯一"适于治之路"。

2. 武帝的第二次策问,是就儒家所宣说的历史上,有两种不同的统治类型,都同样获得天下太平的效果,其一是虞舜的"垂拱无为",其二是"周文王至于日昃不暇食"。武帝认为历史上的帝王之道,应该是"同条共贯"的,为何有一劳一逸的不同? 所以他怀疑"帝王之道岂异旨哉"? 假如真是这样,那么法先王之道,究竟要效法哪一种呢? 其次,武帝自认为已做到"夙寤晨兴,惟前帝王之宪","劝孝弟,崇有德","问勤劳,恤孤独,尽思极神",而实际上却未收到效果,这又是为什么呢?

仲舒对前面一个问题的答复是:所谓虞舜"垂拱无为,而天下太平",并不是仅靠"垂拱无为"就能达到的,而是尧受命后,即"务求贤圣,是以得舜、禹、稷……众圣辅德,贤能佐职",于是"教化大行,天下和洽"。后来传位给舜,"以禹为相",又是继尧的统业,才能做到"垂拱无为而天下治"。文王不同,当天下百姓"去殷而从周"时,"纣尚在上,尊卑昏乱,百姓散亡,故文王悼痛而欲安之,是以日昃而不暇食也"。文王也是"师用贤圣",才获得"天下归之"。由此看来,帝王的条贯是相同的,而所以一劳一逸,是因所遭遇的时代以及客观的环境不同所致。对后面一个问题,因涉及事实和皇帝的尊严,不能不先赞美几句:"今陛下并有天下,海内莫不率服,广览兼听,极群下之知,尽天下之美,至德昭然。"语气一转:"然而功不加于百姓者,殆王心未加焉。"因此"愿陛下因用所闻,设诚于内而致行之",这是说作为一个人君,在了解先王之道后,最重要的是做到诚于内而力行于外,可见仲舒仍以圣君期待于武帝。然而治平天下之事,至多至杂,在上的人君纵然"夙寤晨兴,忧劳万民",仍无济于事,必须有好的吏治来贯彻良法美意,可是"今吏既无教训于下,或不承用主上之法,暴虐百姓,与奸为市,贫穷孤弱,冤苦失职,甚不称陛下之意"。如此腐败的吏治必须改革,改革之道,又必须从养士着手,先养士而后有贤可求。如何才能养士呢?"故养士之大者,莫大虖太学,太学者,贤士之所关(由)也,教化之本原也。……臣愿陛下兴太学,置明师,以养天下之士,数考问以尽其材,则英俊宜可得矣。"除建议太学养士之外,选吏的制度也要改变,他指出当时选吏制度的缺点是:"长吏多出于郎中、中郎,吏二千石子弟选郎吏,又以富訾,未必贤也。"储备长吏既出于高官富豪之家,是与皇上求贤的宗旨不合的,因此建议"使诸列侯、郡守、二千石各择其吏民之贤者,岁贡各二人以给宿卫(即郎吏),且以观大臣之能,所贡贤者有赏,所贡不肖者有罚。夫如是,诸侯、吏二千石皆尽心于求贤,天下之士可得而官使也"。改革的重点有二：一是广开贤路；二是加强考核，如此可避免特权阶级垄断吏治。

3. 武帝第三策也包括两个问题。(1)他希望从天人之应、阴阳之化的角度，更有系统更完整地了解历史兴亡之道及先圣之业。(2)有人说道是永恒不变的，三王之教当然是表现道的，但各家祖述的有所不同，且皆有所失，哪一种说法是对的呢？这两种说法用意难道有不同吗？

关于(1)，武帝策问一开始便说："善言天者必有征于人，善言古者必有验于今"，假如言天道不能由人事上验证，言先王之道不能由当前的政务中来实现，那末言天言古有什么意义？武帝之问是包含着这种疑惑的。这个问题触及仲舒的基本信念：奉天法古。为何必须奉天？天人之际又如何验证？仲舒说："天者群物之祖也，故遍覆包函而无所殊，建日月风雨以和之，经阴阳寒暑以成之。故圣人法天而立道，亦溥爱而无私，布德施仁以厚之，设谊立礼以导之。春者天之所以生也，仁者君之所以爱也；夏者天之所以长也，德者君之所以养也；霜者天之所以杀也，刑者君之所以罚也。繇此言之，天人之征，古今之道也。"为何又必须法古？"古者修教训之官，务以德善化民，民已大化之后，天下常无一人之狱矣。今世废而不修，无以化民，民以故弃行谊而死财利，是以犯法而罪多，一岁之狱以万千数。以此见古之不可不用也。"在这个意义下的圣人之业又如何？"天令之谓命，命非圣人不行；质朴之谓性，性非教化不成；人欲之谓情，情非度制不节。是故王者上谨于承天意，以顺命也；下务明教化民，以成性也；正法度之宜，别上下之序，以防欲也；修此三者，而大本举矣。"至于尧、舜所以兴，是因"尧兢兢日行其道，而舜业业日致其孝，善积而名显，德章而身尊，此其寖明寖昌之道也"。桀、纣之所以亡，是因"桀、纣暴慢，谗贼并进，贤知隐伏，恶日显，国日乱，晏然自以如日在天，终陵夷而大坏，……此其寖微寖灭之道也"。

关于(2)，仲舒答道："夫乐而不乱复而不厌者谓之道；道者万世之弊，弊者道之失也。先王之道必有偏而不起之处，故政有眊(不明)而不行，举其偏者以补其弊而已矣。三王之道所祖不同，非其相反，将以捄(救)溢扶衰，所遭之变然也。"仲舒因言及道，所以趁机提出"王者有改制之名,无变道之实"的观念,"道之大原出于天,天不变,道亦不变",而正朔、服色等是可以改的。

仲舒的答问,到"今汉继大乱之后,若宜少损周之文致,用夏之忠者",应该是结束了,以下约一千二百字左右,越出武帝所问的范围,尤其是引起近人争议的最后一段:

> 《春秋》大一统者,天地之常经,古今之通义也。今师异道,人异论,百家殊方,旨意不同,是上无以持一统;法制数变,下不知所守。臣愚以为诸不在六艺之科、孔子之术者,皆绝其道,勿使并进。邪辟之说灭息,然后统纪可一,而法度可明,民知所从矣。

这一段文字的内容,与三次策问的问题都没有直接的关系,除非有证据证明这一段话不是仲舒说的(附带一提:《春秋繁露》里并无类似的观念),否则我们就只能了解为仲舒把握了这难得的机会,向皇帝推销他蓄之已久的想法,虽然类此的想法,并非第一次提出,因在仲舒《对策》之前,田蚡为丞相时,已开始推行"绌黄老、刑名百家之言,延文学儒者数百人"的政策。

但因仲舒在西汉思想史上居于代表性的地位,因此在近世的反儒家运动中,逐将这一部分言论,从历史的脉络中抽离出来,成为攻击的焦点之一。攻击的理由是因他主张统一思想,同时又要禁绝异端邪说,因而与李斯的禁书奏议相提并论①。就思想的层次而言,儒家纵然有一

---

① 《史记·秦始皇本纪》:"丞相臣斯昧死言:古者天下散乱,莫之能一,是以诸侯并作,语皆道古以害今,饰虚言以乱实,人善其所私学,以非上之所建立。今皇帝并有天下,别黑白而定一尊。私学而相与非法教,人闻令下,则各以其学议之,入则心非,出则巷议,夸主以为名,异取以为高,率群下以造谤。如此弗禁,则主势降乎上,党与成乎下。禁之便。臣请史官非秦记皆烧之,非博士官所职,天下敢有藏《诗》《书》、百家语者,悉诣守、尉杂烧之。有敢偶语《诗》《书》者弃市,以古非今者族,吏见知不举者与同罪。令下三十日不烧,黥为城旦。所不去者,医药卜筮种树之书。若欲有学法令,以吏为师。"把李斯禁书议与董仲舒罢黜百家议相提并论的,如胡适《中古思想史长编》,第689页,另第197—202页可参考。言二者之异同的,有余英时《历史与思想》,台北,联经出版事业公司,1976年,第38页。

百个理由应享有独尊的地位①，然因此而主张统一思想，总是可议的。如果就历史的层次来看，一个儒者既然肯定了大一统的专制，那么提出这种主张就毫不足怪，这种主张纵然不由田蚡、董仲舒提出来，也必定有其他的人建议，因官方要求统一的思想，与专制体制的形成和稳定是分不开的②。

　　总起来看，《天人三策》的内容，毫无疑问是坚守着儒家的立场，措词虽比贾谊《治安策》委婉，仍能表现思想家之儒的气概。贾谊是以时事为立论的依据，仲舒虽一再评及现实政治，他主要的立论依据仍是儒家的道统，在这一点上，他比贾谊更能表现儒家的理想和精神。如果说贾谊是为汉朝设计了一幅建国的蓝图，那么仲舒是希望切实把汉朝建设为一个"儒吏之国"。

四　独尊儒术的真相

　　根据前文二、三两节，我们已知道尊儒运动的经过，也分析了董仲舒《贤良对策》的内容，接下去我们要揭开所谓"独尊儒术"的真相。近世反儒家及责难董仲舒的人，只注意到儒家经由董仲舒对专制的支持，并没有进一步探讨儒家在武帝朝并没有受到真正尊重这个史实，即使在表面上能受到尊重与重用的，也只是前文说过的那种"事功之儒"，而非思想家之儒。

　　在武帝朝中，第一个胆敢当面揭穿其以儒术为缘饰的假面具的，当推列于九卿之位的汲黯，史载："黯为人性倨，少礼，面折，不能容人之过。合己者善待之，不合己者不能忍见，士亦以此不附焉。然好学、游

---

①　关于儒家所以能独尊的原因，可参看韦政通《中国思想史》上册，大林出版社，1979 年，第 457—459 页。

②　董仲舒要求统一思想功过的检讨，可参看徐复观《两汉思想史》卷二，台湾学生书局，1976 年，第 427—428 页。

侠、任气节,内行修絜,好直谏,数犯主之颜色。"①其"犯主"最著名的一个例子,是当"天子方招文学儒者",不禁得意忘形地说,他要如何施仁义,这位"不能容人之过"的大臣,毫不客气地指责他:"陛下内多欲而外施仁义,奈何欲效唐、虞之治乎!"这种话即使普通人也受不了,何况天子之尊?因既言施仁义,总不能当面发作,使自己更难堪,只好带着怒色罢朝。事后,武帝告左右:"甚矣,汲黯之戆(愚)也",可见在他心目中,只有公孙弘之流的"谀儒"才是够聪明的。朝中同僚都责难汲黯,也为他的安全担心,汲黯却说:"天子置公卿辅弼之臣,宁令从谀承意,陷主于不义乎?且已在其位,纵爱身,奈辱朝廷何!"②史书上说他学黄老之言,但在上述言行中所表现的强烈道德感,颇有《儒行》所说"身可危也,而志不可夺"的儒者之风。"内多欲"道出武帝好大喜功的人性根源,"外施仁义"说明其不过是以儒术作为专制的包装,此言对武帝的性格不但一语中的,可谓千古定评。

武帝既挂着尊儒的招牌,又要施仁义,朝中自然不能不用一些儒生,像公孙弘可以说是"缘饰以儒术"的最佳样板,也只是给他高官厚禄,并不重视他的议论。如弘"为内史数年,迁御史大夫。时又东置苍海、北筑朔方之郡。弘数谏,以为罢弊中国以奉无用之地,愿罢之。于是上(武帝)乃使朱买臣等难弘置朔方之便。发十策,弘不得一,弘乃谢曰:'山东鄙人,不知其便若是,愿罢西南夷、苍海,专奉朔方。'上乃许之"③。在公孙弘与朱买臣之间,武帝宁取朱买臣,公孙弘虽贵为御史大夫,竟为朱买臣鼠辈所摧辱。

另一例子发生在博士狄山与法吏张汤之间。匈奴向汉要求和亲,在御前会议上,狄山主张接受匈奴的要求,武帝要他说出理由,狄山根据高帝以来的史实,细述用兵与和亲的利弊得失,然后说:"今自陛下兴兵击匈奴,中国以空虚,边大困贫。由是观之,不如和亲。"他的见解大

---

① 《史记·汲黯传》。
② 《史记·汲黯传》。
③ 《汉书·公孙弘传》。

抵能代表一般儒生的看法，无论如何，对这样一个关系到国计民生的大问题，总应该有商量的余地，可是当武帝问张汤的意见时，汤竟然说："此愚儒无知。"这是人身攻击，不是讨论问题，狄山也以牙还牙："臣固愚忠，若御史大夫汤，乃诈忠"，并提起汤治淮南、江都案的往事，有挑拨张汤与武帝之间感情的嫌疑。在这场争论中，武帝明显偏袒张汤，武帝假如重视儒家，张汤如果不是恃宠而骄，他怎敢在御前如此出言伤人。狄山争论的结局，是被迫守边，让匈奴斩去头颅①。

当然，武帝不重用儒生，与儒生不能满足现实政治的需要有很大的关系。由于汉初数十年间，叛乱一直是朝廷最大的隐忧，因此严密防止叛乱遂成为武帝朝的首要之务。此外，因武帝好大喜功，不断向外用兵，为了筹措战费，需尽量开发财源②。这两大任务，都不是坐而论道的儒生能完成的。复因儒者"贵以德而贱用兵"，又不尚功利，甚至对这两大政策持反对态度。能彻底执行两大政策，并满足武帝需要的是法家，因此秦以后一度消沉的法家，此时重又受到重用，于是出现了大批的酷吏与计臣。武帝时代的丞相多用儒家，那只是为了装潢门面，政治实权多操于御史大夫及廷尉之手，如张汤、杜周、桑弘羊曾为御史大夫，赵禹、张汤、杜周曾为廷尉，这些武帝朝的红人，都是法家。他们办事认真，能力高强，不论是理政事、搞特务、管财政，都有很好的成绩。更重要的是，唯皇帝之命是从，虽处处标榜依法从事，他们心目中的法，就是皇帝的命令③。且举一明显的例子：《汉书·杜周传》："客有谓周曰：'君为天下决平，不循三尺法，专以人主意指为狱，狱者固如是乎？'周曰：'三尺安出哉？前主所是著为律，后主所是疏为令，当时为是，何古之法乎！'"④在这种情形下，自然会产生大批酷吏，制造无数冤狱，虽贵为丞相，亦所不免。由此可知，真正能与专制统治水乳交融、交利共存的，是

---

① 《汉书·张汤传》。
② 参看傅乐成《汉唐史论集》，第26、46页。
③ 傅乐成《汉唐史论集》，第26、46页。
④ 《汉书·杜周传》。

法家①。

汉朝的皇帝多用法家,到武帝曾孙宣帝的时代,这情形并没有多大改变,以下是元帝为太子时与宣帝很著名的一席对话:

> 八岁,立为太子,壮大,柔仁好儒,见宣帝所用多文法吏,以刑名绳下,大臣杨恽、盖宽饶等坐刺讥辞语为罪而诛。尝侍燕,从容言:"陛下持刑太深,宜用儒生。"宣帝作色曰:"汉家自有制度,本以霸王道杂之,奈何纯任德教,用周政乎?且俗儒不达时宜,好是古非今,使人眩于名实,不知所守,何足委任!"乃叹曰:"乱我家者,太子也。"②

这一席话已在尊儒运动开始约八九十年之后,对所谓"独尊儒术"之说,真是一大讽刺。宣帝所说"以霸王道杂之",才是接近历史真相的。所谓"杂"还不只是儒、法兼备,而是在汉代稍微有点名望的朝臣中,根本没有纯儒纯法的人物,所以根据"汉家"的历史,有人说儒家法家化,也有人说法家的儒化,皆可言之有据③,这种现象正是前文第一节所说汉初学术特性"实化"于历史的表现。

五　尊儒运动的影响

武帝时代的尊儒运动,主要的作用虽在缘饰,时日一久,仍然产生了不少实际的效果,最主要的原因,是运动中所推崇的儒术,其范围实

---

① 至于儒家与专制的关系,如余英时所说:"我们决不能在先秦儒学与三纲五常之间划等号。先秦儒学一方面虽然为汉代官方的意识形态提供了思想资料,但另一方面也同样为非官方的、批判性的意识形态提供了理论的根据。"(《意识形态与中国近代思想史》,文见《近代中国的变迁与发展会议论文集》,台北,时报文化出版公司,2002 年)董仲舒的《对策》就包涵这两方面,近人批评儒学者,只注意到它对专制支持的一面,而忽略了批判的一面。

② 《汉书·元帝纪》。

③ 言儒学法家化的,见余英时《历史与思想》,第31—46 页。言法家儒化的,见傅乐成《汉唐史论集》,第 60—63 页。

包括古来历史文化的传统,儒者凭藉其丰富的文化资源,足以应付当时政治、社会各方面的需要。对汉而言,更化是历史性的重要任务,统治集团虽不能充分认识它的意义,但崇儒政策推行之后,在人才培养和人才选拔方面,还是起了相当的变化,而变化的大方向是能与更化相应的。对战国以来长期的分裂与战乱而言,社会急需重新整合,黄老之治只是没有办法中的办法,是一过渡现象,法家能巩固君权,却无法提供调整社会结构和使社会长治久安的资源,为了满足这些需要,都必须依赖广义的儒家①。

尊儒运动当然不是为了要自觉地解决这些问题才发动的,但从它的演变及影响来看,却是朝满足这些需要在发展。推动历史的因素很复杂,某种政策一旦推行——如立五经博士、兴太学——就会循着它本身的规律发展下去,由政策而形成制度,这种客观情势的演变,并不是个人意志能控制得了的。

尊儒运动主要的影响有两方面:

第一,教育推广及育才的制度化。尊儒运动中第一项具体的措施,是设立五经博士。博士最早设置于六国之末,与齐稷下学宫虽有渊源上的关系,但至秦设博士乃太常的属官,为官僚系统中之一员,与一面自由讲学一面又自由议政的稷下先生不同②。文帝时承袭秦制,有博士七十余人,他们的专长并非专注于某一家或某一方面,有人称之为"杂学博士"③。五经博士设立时,"初《书》惟有欧阳,《礼》后,《易》田,《春秋》公羊而已"④,可见人数很少。五经博士以教学为主,因此有弟子员,最初五十人,兴太学后,才使师生有固定校舍。兴太学本为贾谊、董仲

---

① 广义的儒家包涵着儒家所承藉的历史文化传统而言;狭义的儒家是指孔、孟所创发的仁义心性的儒学。就前者的特色而言,可称之为经学之儒,就后者的特色而言,可称之为思想家之儒。汉人心目中的儒家比较偏重于前者。
② 关于博士制的演变,请看余英时《中国知识阶层史论》古代篇,台北,联经出版事业公司,1980年,第71—76页。
③ 徐复观《两汉思想史》卷二,第427页。
④ 《汉书·儒林传赞》。

舒的理想,仲舒于《对策》也曾向武帝提出,后来再度提议立学校之官并促其实现的,乃公孙弘为丞相时。这是中国最早的国立大学①。太学终武帝之世,并未扩充,"昭帝时举贤良文学,增博士弟子员满百人,宣帝末增倍之"。元帝好儒,更增至千人,成帝末,有人说孔子布衣尚且有三千弟子,官办太学的人数比较起来实在嫌少,于是也增加弟子员为三千人②。

大学设于京师,未兴太学之前,蜀郡太守文翁已创立学官于成都市中,招收各县子弟为学官弟子,武帝时设太学后,遂将郡国学官推广到全国,从此培育人才有了一定的制度。人才主要的出路是任朝廷命官,普设学校是任官前的制度,此外还有在职中的制度及退任后的制度,合而言之曰文官制度③,学校制度乃文官制度的基础。

这套制度是否已实现仲舒希望的"儒吏之国"呢?五经博士设置后,的确使不少儒生借径于经术,升上政治的高位,这些人物在朝中多半和法家人物一样,为争结帝王之欢而失大臣之风,在实际的贡献上反不及法家人物④,在当时被尊为"儒宗"的,骨子里头很少具儒精神,《汉书·匡张孔马传赞》说:"自孝武兴学,公孙弘以儒相,其后蔡义、韦贤、玄成、匡衡、张禹、翟方进、孔光、平当、马宫及当子晏咸以儒宗居宰相位,服儒衣冠,传先王语,其酝藉可也,然皆持禄保位,被阿谀之讥。彼以古人之迹见绳,乌能胜其任乎!"在专制体制里,儒家内圣外王的理想,根本不可能实现,"古人之迹"成为满足帝王虚荣心的口号,读书人要想平步青云,"被阿谀之讥"是最低的代价,在实际政治中,儒家或儒术只是招牌的作用,汉以来偶有真儒,不是屈居下位,就是寒苦终生。李觏(1009—1059)说:"孔子之言满天子,孔子之道未尝行!……师其

<hr/>

① 胡适《中古思想史长编》,第 695 页。
② 《汉书·儒林传》。
③ 汉代建立的文官制度,可参看萨孟武《中国社会政治史》第一册,台北,三民书局,1961 年,第 255—282 页。
④ 参看傅乐成《汉唐史论集》,第 34 页。

言,不师其道! 故得其言者为富贵,得其道者为饿夫!"①由此了解孔学在历史上的命运,虽不中亦不远矣。

第二,士人宗族逐渐发展。士在周代属于贵族的下层,封建制度解体后,春秋、战国时随着雄霸并峙、社会流动的情势,原属固定阶级的士遂转变为周游列国的游士,所谓诸子百家,大都属于这类人物,他们不单是三代文化的继承者,也是中国文化思想的创新者。秦、汉大一统的局面出现之后,士的处境起了根本的变化,一部分被吸入官僚系统(指秦与汉初的"杂学博士"),另一部分成为贵胄的宾客(如吕不韦与淮南王的门客),从此战国稷下"不治而议论"的风气逐渐烟消云散,据《盐铁论·晁错篇》载:

> 日者淮南、衡山修文学,招四方游士,山东儒、墨咸聚于江淮之间,讲议集论,著书数十篇。然卒于背义不臣,谋叛逆,诛及宗族。

这是武帝宠臣桑弘羊的话,他在未任御史大夫前,主持财政大计,成效卓著,他的话很能代表当道的看法,游士既被看做"背义不臣"、"谋叛逆",他在历史上的命运已经告终。自立五经博士及公孙弘以白衣为天子三公,从此为士开辟了一个新的历程。《汉书·儒林传赞》:

> 自武帝立五经博士,开弟子员,设科射策,劝以官禄,讫于元始,百有余年,传业者寖盛,支叶蕃滋,……大师众至千余人,盖利禄之路然也。

这新的历程即"利禄之路",此路一开,不但太学生人数越来越多,民间私人教学的风气也日渐普遍②,西汉后期像公孙弘那样平步青云的人物

---

① 李觏《李泰伯先生全集·潜书》。
② 余英时《中国知识阶层史论》古代篇,第111—112页。

已不稀奇。士人既在政治上得势，自然会扩充家族的财势，所以自武帝崇儒政策推行后，士人宗族便逐渐发展①，取代了传统封建宗族的势力，形成了一个与专制皇帝共治（或共祸）天下的士大夫阶层②。

---

① 余英时《中国知识阶层史论》古代篇，第114页。
② 皇帝与士大夫共治天下，据李焘《续资治通鉴长编》卷二二一："熙宁四年三月戊子，上召二府对资政殿，文彦博言：'祖宗法制具在，不须更张，以失人心。'上曰：'更张法制，于士大夫诚多不悦，然于百姓何所不便？'彦博曰：'为与士大夫治天下，非与百姓治天下也。'"

朱熹论"经"、"权"[①]

——朱子伦理思想新义的发掘

朱熹对经、权问题的讨论,多见之于师生之间的问答,弟子们所以不断提出这个问题,有两个原因:一是由于《论语·可与共学》章中所讲的"权"字,后儒推衍其义,颇多异说,究竟哪一种说法才是正确的呢?二是孔子以后,论及经权的学者很多[②],他们都认为二者的关系虽密切,但经与权毕竟不同,而程颐(1033—1107)独持异议,以为权就是经,令人不解。

以上两个疑问,起于同一个来源,即孔子所讲的"权",究属何义?《论语集注》乃朱熹一再改订之作,成书时年已四十八,书中对权字的解释以程氏之说为主,但援引孟子"嫂溺援之以手,权也"为例,推想权与经应该是有分别的。在《论语集注》里,朱熹对程氏之说是肯定的,虽有不同的意见,文字上只表示是由孟子之说而推及。在朱熹与弟子有关经权的问答中,态度就不一样,他对程说有很多正面的批评。在二十八条的问答中,有十六次涉及程颐,而有十次是对程说表示不以为然的。程、朱之间的差异是,程颐权即经的主张本是驳斥汉儒以"反经合道为

---

① 编注:本文为韦政通先生向 1982 年 7 月夏威夷"国际朱子学会议"提交的论文,作于 1981 年 12 月,曾发表于台湾《史学评论》第 5 期,后收入《儒家与现代中国》,东大图书公司,1984 年。

② 这方面的资料线索,可参考以下两书:(1)钱锺书《管锥编》,北京,中华书局,1979 年,第 206—209 页《左传》第三十则,成公十五年"部分;(2)韦政通《中国哲学辞典》,台北,大林出版社,1977 年,第 803—805 页"权"字条。

权"的说法①,而朱熹对汉儒的说法则一再表示赞同。当然,朱熹的思想受程颐影响很大,他的内心对程颐始终保持很高的尊敬。因此,一方面为了忠于自己,他不能完全依从程说;另一方面又为了不使弟子们有所误会,因而曾再三为程说辩解。

正由于朱熹把握到孟子"礼"与"权"的区分,所以对汉儒反经之说能有同情的了解,从这里出发,朱熹在问答之际,对经权问题遂反复予以申论,于是形成一个相当有意义的独立论题。本文的目的,就在汇集其相关资料,探讨其意义,赋予这个论题以新的形式和新的解释,希望能把此一古老的论题,重新复活于今日的伦理学中。据我所知,这个问题在当代朱子学的研究中,迄未引起充分的关注,因此我的工作,当可为复杂的朱子思想体系,补入重要的一章。

下文共分四节,除结论外,前两节着重在经权及其相关概念的分析,第三节是从实践上探讨朱熹如何应用及演习他的经权理论。

一　经与权

这一节是要讨论经、权这两个概念的关系。经是经,权是权,经权非一,如依照程颐说权就是经,就应废了那权字,这是朱熹讨论经权问题的基本观念②。正因为权不就是经,才有二者的关系可言,这个关系实表现儒家伦理学一个重要的发展,因在关系的讨论中,不仅在理论上丰富了伦理学的内涵,在实践上也增强了应变的能力。思想史上最先把二者关联起来思考的是孟子,后来虽有许多学者涉及这个问题,但没有一个能像朱熹在此一论题上留下丰硕的成果。

---

① 程子原文是:"汉儒以反经合道为权,故有权变权术之论,皆非也。权,经也,自汉以下无人识权字。"(《论语集注》一引),所谓汉儒盖指:(1)《春秋繁露·玉英》:"夫权虽反经,亦必在可以然之域,……权,谲也,尚归之以奉巨经耳"。(2)《公羊传·桓公十一年》:"权者何? 权者反于经然后有善者也。"(3)赵歧《孟子注》:"权者,反经而善者也。"

② 见《朱子语类》卷三十七,第三册,台北,正中书局,第 1646 页。

朱熹"经权非一"和程颐"权即经"的想法虽不同,但并非敌对。程颐的想法是强调伦理的绝对性。如果朱熹是采取敌对立场,他势必主张伦理的相对性,事实上并非如此,伦理的基本立场,他与程颐完全一致,这也就是他在批评程子的同时,又一再为程子辩解的主要原因。朱子和程子的不同,是因受了孟子的启发,因而注意到人在某一特殊处境中实践伦理时,可能违反明显的规律去做道德决定这一事实,这个启发使他了解到汉儒"反经合道为权"的说法,不仅不与孟子相悖,且是孟子说权最恰当的诠释。因此,朱熹在理论上势必面对一个问题,即如何解除程子与汉儒之间的冲突?细看朱子的相关言论,这个冲突并不难解决:

先看朱熹如何说明经权之间的关系。

朱子说:"经是常行道理,权则是那常理行不得处,不得已而有所通变底道理。"①据这一条说明,朱子把经权的关系转变为常变的关系,"常谓之经,变谓之权",文献上最早出现于《韩诗外传》②,据说是孟子所言。"经是常行道理",例如君仁、臣忠、父慈、子孝③。当这些道理一旦行不通的时候,在不得已的情况下,于是有通变的要求。通变可采取种种不同的策略,如程颐所反对的权术便是其中之一。如果权作为权术,不但程子反对,朱子也必定反对。依照朱子的解释,"变"就是"反",也就是"反经"④经此解释,可以把汉儒反经之说吸纳到经权的关系中来。可是另一方面,朱子又一再强调,经权虽不同,但通变之权,并不因此就与经分离⑤,他甚至说"合于权,便是经在其中"⑥。照这样说,经与权之间的变化,只不过是同质之变,也就是说,形式上虽有变,仍保持实质上不变,如此与反经之说便产生明显的矛盾。反经,不论是形式上或实质上

① 《语类》卷三十七,第三册,第 1639 页。
② 见《汉魏丛书》第一册,第 76 页下。
③ 见《语类》卷三十七,第三册,第 1642 页。
④ 见《语类》卷三十七,第三册,第 1647 页。
⑤ 见《语类》卷三十七,第三册,第 1642 页。
⑥ 见《语类》卷三十七,第三册,第 1639 页。

都是违反了经。以孟子之说为例,男女授受不亲的"礼"代表一种社会规范或习俗,也就是一种"经",现在遭遇到"嫂溺"这一特殊的情况,如仍服从原来的礼,那就是见死不救,与人道的原理不合,"嫂溺援之以手"是根据人道的原理所做的道德决定,这个决定孟子称之为"权",权就明显违反了经(礼)。既允许在通变时可以反经,又以为虽可权而又不离乎经,这矛盾如何克服? 这矛盾和程子与汉儒之间的冲突虽不相同,却可以一并解决。

程子和朱子对汉儒"反经合道为权"之说,所以有不同的反应,盖因程子深恶反经之说,而他所意识到的"经"字的意义,可能与汉儒不同,汉儒意识到的经,相当于男女授受不亲的"礼",而程子所意会的"经"则近乎"道"①,这近乎道的经如何能反? 既说反经(无异反道)又说合道,岂不自相矛盾? 正因为程子主观地认定汉儒"反经"之"经"乃近乎"道",道只是常行之理,因而他连权变权术之论也一并非之,于是在"汉儒以反经合道为权,故有权变权术之论,皆非也"之后接着说"权、经也"②也成为逻辑上必然的推论。

但朱子的了解不同,朱子注意到反经合道之说中的经与道显然不属于同一个层次,他说:"反经合道一句,细思之亦通。缘'权'字与'经'字对说,才说权便是变,却那个须谓之反可也。然虽是反那经,却不悖于道,虽与经不同,而其道一也。"③在另一次问答中,又说:"道是个统体,贯乎经与权。"④所谓统体就是统摄万有的最高本体,是比经与权更高更基本的存有。在儒家,存有不只是纯智性的思考对象,它是即存有即活动的,因此能"贯",道贯于万物,所以成就万物,道贯乎经与权,使经权的活动皆有所依。因道既贯乎经又贯乎权,经与权都同具道的成

---

① 例如程子说:"夫临事之际,称轻重而处之以合于义,是之谓权,岂拂经之道哉!"(《二程全书》,台北,世界书局,第6页上"粹言"一)
② 朱子《论语集注》引。
③ 见《语类》卷三十七,第三册,第1647页。
④ 见《语类》卷三十七,第三册,第1638页。

分,在这个意义上可以说权就是经。又因道与经权不属于同一个层次,所以权虽然反经,却可不悖于道。这样,程子与汉儒之间不但不冲突,经由朱子的解释,实可将孟子、汉儒、程子诸说加以会通。同时由道一观念的引入,在伦理的绝对性这一点上,也可使程、朱的立场趋于一致。由上引朱子"虽是反那经,却不悖于道"之言,可知朱子自身的那个矛盾,并不是思想上真有矛盾,不过是概念上的混淆而已。当朱子说通变时可以反经,是与权对说的经,比道要低一层次;当朱子说虽可权而又不离乎经时,这个经字的意义,已不同于"反经"之"经",而相当于"不悖于道"的"道"。因此,朱子说"权实不离乎经"①的"经"字只要了解为"道",混淆就可以澄清。"经"在朱子的用法,有时称为"大法"②,有时迳称之为"万世常行之道"③,"经"与"道"本来就是不分的。又如朱子说"合于权,便是经在其中"④,可以确定这个"经"就是"道"。

二 权、义、时中

当人面临某一特殊情况,一般的常理行不通,因不得已而行权,行权是要求变通,变通就可能被迫违反常理(社会规范),这不论是对个人或社会都是一个相当严重的问题。为此,汉儒主张在"反经"的同时,还必须以能"合道"为其标的,朱子对这一点更是再三致意。如果反经而不能合道,那么公然允许违反常理的行为,很容易使人流于肆无忌惮,甚至玩弄权术诡诈,还自以为是行权,成为朱子所谓"借权以自饰"⑤,使为非作歹者假藉行权的名义以掩饰其丑行,这当然不是行权的本意,"合道"的要求就能针对这些可能的流弊而有所防范。

---

① 见《语类》卷三十七,第三册,第 1642 页。
② 见《语类》卷三十七,第三册,第 1643 页。
③ 见《语类》卷三十七,第三册,第 1638 页。
④ 见《语类》卷三十七,第三册,第 1639 页。
⑤ 见《语类》卷三十七,第三册,第 1637 页。

现在的问题是:反经又要合道,此如何可能? 义、中或时中等概念的介入,以及由权、义、时中连环而生的一套思想,主要就在解答这个问题。反经是一种脱序的行为,但脱序仅是行权过程的一部分,还没有触及行权的要点,行权的要点是在从被迫脱序之后,针对特殊情况及特殊难题,在解决的过程中,因此而产生新的道德决定,这个道德决定不能与最高的道德原理相悖。所以行权不是为道德开方便之门,而是为了克服伦理的难题,丰富伦理生活的内涵,扩大道德原理的应用,这是一件困难的事,孔子当年视"与权"比"共学"、"适道"、"与立"都要难,大概也就是为了这个原因。

朱子解"可与权"为"遭变事而知其宜"①,言遭遇特殊情况及特殊难题时,须权衡何者为宜,何者为不宜,而宜不宜取决于义。朱子有权"须是合义"之说②,合义即知其宜。变事之来,事起仓促,事先并没有任何准备,义就是在这种情况下做道德决定的唯一依据。作为权衡依据的义,并非客观存在足以取法的规范,义者宜也,这是要诉诸个人良知的,良知表现的恰当与否,要靠个人的修养,所以说非仁精义熟者不能行权。朱子所以坚持非大贤以上之人,不可轻言权,也是这个道理。

义之所以介入于权变之说,是因义本身就具有随应时变的特性。义即是宜,而宜不是一定不易的,同此一事,在此为宜,在彼可以转成不宜,宜不宜要看具体的情况来决定,不顾具体情况而一味拘执,当年孔子即深不以为然,因有"疾固"、"绝固"之说,固就是拘执,即一旦认定为宜便永不改变③。孔子主张对天下事,没有一定专主的(无适),也没有一定反对的(无莫),只要合于义(良知认可)的便可依从("义之与比")④,在这里,与比和与权,二者同须依于义而后可,这就是朱子说权须是合义之所本。

---

① 见《语类》卷三十七,第三册,第 1633 页。
② 见《语类》卷三十七,第三册,第 1638 页。
③ 参考陈大齐《孔子学说论集》,台北,正中书局,1958 年,第 61 页。
④ 见《论语·里仁》。

权与义的关系既明,二者与中的关系又如何?朱子曾以秤为喻加以说明:"以义权之,而后得中。义似秤,权是将这秤去称量,中是物得其平处。"①"权"是在遭遇变事时,还没有做下道德决定之前,正在权衡取舍的心理活动,权衡取舍必有所本,这就是"义",所以说"以义权之"。权衡取舍的心理活动,必须做下最后的决断,行权的过程才算完成,这最后的决断就叫"中","物得其平"是说决断要下得不偏不倚,要合于中道,要做得恰到好处。通权达变的行为如不能达到这样的结果,就不足以言行权,所以朱子说:"权是时中,不中则无以为权。"②

"权是时中",是说在权变的活动中,必须能"随时以处中",时是特殊的,适于此时之中,未必适于彼时之中,所以说"中无定体,随时而在"③。朱子又有权乃"一时之中"之说④,说明不论是行权的活动或行权的结果,都只是对应特殊情况,不得已而产生,可一而不可再,"可暂而不可常"⑤,绝不可任意推广,借权以自饰。"子莫执中",孟子评以"执中无权",就是因子莫以变为常,所以贼道。朱子因此而有"中之活者"与"中之死者"之论⑥。中之死者如子莫对中的拘执,中之活者即随时而处中的时中。

义、中或时中这些概念,在古代典籍中,都有复杂的涵义⑦,朱子把它们结合到经、权问题中来,于是产生了特殊的效果,不但为权变的行为提供了参考架构,且为解决经、权问题提出一种有效的方法。

三 权的实践

朱子在这方面共涉及到三个问题:(1)什么样的人才能行权?(2)

---

① 见《语类》卷三十七,第三册,第 1633 页。
② 见《语类》卷三十七,第三册,第 1637 页。
③ 朱子《中庸章句》之"君子而时中"解。
④ 见《语类》卷三十七,第三册,第 1638 页。
⑤ 见《语类》卷三十七,第三册,第 1640 页。
⑥ 《朱子大全》卷五八,台北,世界书局,第 15 页下,答宋容之第一书。
⑦ 参看韦政通《中国哲学辞典》,第 678、210、512 页"义"、"中"、"时中"各条。

什么情况下才能行权？（3）什么事件才算是权？前两个问题是讨论行权的条件，后一个问题是将权纳入具体事例做实验性的考察，藉以显示这一类行为的特性。

什么样的人才能行权？这个问题本由孔子所引起，孔子以为"与权"比"与立"还要难，因此朱子迳言只有圣人方可与权①，这是个合理的推想。但朱子又说："观圣人此意，毕竟是未许人用权。"②这就未必是孔子之意，因"难"与"未许"并不一样。看朱子"权是不得已而用之"、"终非常行之理"等言③，可以揣想他真正的意思，不是权不可用，而是他对行权这种行为有着高度的戒心，担心一般人为了自己的方便而任意为之，还自以为是行权。

行权为何如此之难？可藉王弼（226—249）的话来说明："权者道之变；变无常体，神而明之，存乎其人，不可豫设，尤至难者也。"④是说在权变之行中没有既成的规律可循，变事之起又是一特殊的情境，事先完全难以逆料，当事者可能必须在一刹那的未来里预测行为的结果，并做下决定，在这情形下，只有依靠个人心灵的妙用。"神而明之，存乎其人"，用朱子的话说，就是"欲其权量精审，是他平日涵养本原，此心虚明，纯一自然"⑤。在这里，朱子是指高水准的道德修养，在王弼，所谓"神而明之"未必有道德的涵义。朱子又说"非见道理之精审透彻纯熟者，不足以语权"⑥，当然也只有具高水准道德修养的圣贤才能做到。用现代人的眼光来看，朱子认为圣人方可行权，无异权不可用，因圣人对现代人而言根本不可期，而经权却是任何人都可能面临的真实问题。如不拘泥于文意，对上面这个问题，朱子似可有这样的结论：好的手段才能衍生好的结果，坏的手段不能实现好的目的，在常态下固应如此，在非常

① 见《语类》卷三十七，第三册，第1634、1638页。
② 见《语类》卷三十七，第三册，第1640页。
③ 见《语类》卷三十七，第三册，第1637、1640页。
④ 皇侃《论语集解义疏》引。
⑤ 见《语类》卷三十七，第三册，第1635页。
⑥ 见《语类》卷三十七，第三册，第1643页。

情形下也不可有例外。

次一个问题是什么情况下才能行权？唐代冯用之说："夫权者，适一时之变，非悠久之用。……圣人知道德有不可为之时，礼义有不可施之时，刑名有不可威之时，由是济之以权也。"[①]如要为这些提示提供实例也不难，因嫂溺而抛弃男女授受不亲之礼，恰符合第二个提示；舜父杀人，孟子主张舜窃负而逃的故事[②]，可作为第三个提示的例子；历史上许多忠孝不能两全的故事[③]，可作为第一个提示的例子。嫂溺援之以手，是行权的佳例，无可争辩。窃负而逃虽也可以说是行权，但其间有私情与国法冲突的问题，可引起争论。忠孝不能两全正是道德的两难问题，无论你选择做忠臣或做孝子，都可能被认为对或错。从后面两个例子看来，在什么情况下才能行权，实在不是一个容易解决的问题。

朱子对这个问题只有原则性的提示，一则曰"经常之道，如何动得其间，有该不尽处，须是用权"[④]，再则曰"事也有那反经底时节"[⑤]，三则曰"事有必不得已处，经所行不得处，也只得反经"[⑥]。三说仅得一义，即"必不得已"，正因为经常之道行不通，才造成不得已的的情况，既不得已，就只得反经。问题是不得已并没有客观的尺度，甲认为是不得已的，乙不一定有相同的认定，如寡妇改嫁，纵然事实上是因生活无依而出于不得已，别人还是可能认为她是失节，对情况认知的不确定性，当也是造成行权困难的一大原因。

第三个问题是什么事件才算是权？这个问题使朱子在前两节所说的"反经合道"及"以义权之而后得中"的理论在实际上面临考验。朱子论及的事件可分两类，一类是以古圣王为行权的范例，一类则是他亲身的经验。这两类都可以看作经权理论的演习。

---

① 冯用之《权论》，《全唐文》卷四〇四。
② 见《孟子·尽心上》。
③ 参看钱锺书《管锥编》第一册，第 134—136 页之解"毛诗正义"第四九则。
④ 《语类》卷三十七，第三册，第 1642 页。
⑤ 《语类》卷三十七，第三册，第 1643 页。
⑥ 《语类》卷三十七，第三册，第 1643 页。

在第一类的事件中,朱子提到尧舜禅让,汤放桀,武王伐纣,伊尹放太甲,周公杀管、蔡等,认为这都是圣人行权的实例。下面引两段作为检讨的依据。

> (1)经是万世常行之道,权是不得已而用之,须是合义也。如汤放桀,武王伐纣,伊尹放太甲,此是权也,若日日时时用之,则成甚世界了?……然禹、舜之后六七百年方有汤,汤之后又六七百年方有武王、权也是难说。①
>
> (2)且如周公诛管、蔡与唐太宗杀建成、元吉,其推刃于同气者虽同,而所以杀之者则异。盖管、蔡与商之遗民谋危王室,此是得罪于天下,得罪于宗庙,盖不得不诛之也。若太宗则分明是争天下。故周公可以谓之权,而太宗不可谓之权。②

臣忠于君是经,臣弑君是反经,汤、武弑君的结果,是战争的胜利及新权力中心的建立,这种权力政治和战争的游戏,是历史上常见的事件,朱子所以独以为是圣人行权的范例,完全是因为在儒家的传统里,汤、武早就被理想化了,所谓"汤、武革命,顺乎天而应乎人"③是也。因为汤、武是被理想化的圣人,所以才说他们的弑君行为乃合义之权。对不采取儒家立场的人,朱子的判断很难使人信服。再从历史的观点看,在上述事件中,成功几乎是唯一的判准,因为任何对成功有所贡献的事就被认为是合理的,如果以为这就是行权,那是因为目的可使手段合理,显然与朱子的理论要求不合。理想化正表示这一类的例子并没有实际的意义。因此,无论是理想化的观点或历史的观点,朱子的经权理论都很难应用到"汤放桀,武王伐纣"这类事件中来,也就是说,这类事件根本无法接受朱子经权理论的考验。

---

① 《语类》卷三十七,第三册,第 1638 页。
② 见《语类》卷三十七,第三册,第 1641 页。
③ 《周易》"革"象辞。

朱子认为唐太宗为争天下而弑兄,不是行权,这个判断符合他理论的要求。周公呢?因周公是圣人,朱子主张惟圣人方能行权,因此周公弑兄不管真实的原因是什么,必须视之为权。周公的情况与汤、武、太宗的确都不同,或许能符合朱子所谓"事有不得已处",但既然弑兄,又视之为权,无论如何都不能避免"目的使手段合理"的缺点。依照朱子的理论,反经的行为大概只能允许违反男女授受不亲之类的礼俗,杀兄这样的罪行绝不可能被允许。如果一般人杀兄是罪行,周公杀兄就是行权,也是说不通的。纵然周公的行为是为安定王室救天下苍生,也只能用另外的标准(如大义灭亲)使他的行为合理化,但这样就必须扩大朱子权论应用范围。

下面再从朱子的亲身经验看他是如何处理经权问题的。

> 问:居丧为尊长强之以酒,当如何?
>
> 答:若不得辞,则勉徇其意亦无害,但不可至沾醉,食已复初可也。[1]

依照古礼,居丧期间不可饮酒,这是"经","尊长强之以酒"是"反经",在此情况下,究竟要遵守古礼不从长者之意呢?还是顺从长者而违反古礼呢?情况虽不严重,但仍是一个道德的两难问题,因当事者必须在守礼与敬老之间做一选择。由朱子的答复,他考虑很周详,"若不得辞",表示强之以酒时,起先宜婉辞,辞显示你知道古礼之当守,固辞不获是不得已,既不得已,不妨从权,"权须是合义",义是随应时变的,"勉徇其意"即暂舍守礼之宜以取敬老之宜,可解当前的难局;但仍有"不可至沾醉"及"食已复初"的限制,因醉了不仅悖礼,也失去敬老之义;"食已复初"是因行权乃出于不得已,以后不可轻易援例而行。

---

[1] 《语类》卷八九,第 3674 页。

> 或问:亲死,遗嘱教用僧道则如何?
>
> 答:便是难处。
>
> 问:也可以不用否?
>
> 答:人子之心有所不忍,这事须仔细商量。①

这个问题的难处,是由于两代间信仰的不同,父亲(或母亲)信僧道,儿子是儒教信徒,本于儒教的立场,当然希望丧礼能依照儒家的礼俗,这样就要违背遗嘱,违背遗嘱又是不孝,所以为难。在儒家,孝是最重要的道德。因此,当事者问"也可以不用否?"朱子回答那样做会使为人子者良心不安,但以朱子的立场,又不能公然主张用僧道之礼,孝与用僧道之礼相纠结,是难住朱子的最大原因。不过照问答的内容推想,当事者如愿从权——遵照遗嘱用僧道,朱子当不致反对。何况这样做也并不与朱子的理论相悖。

> 或问:设如母卒父在,父要循俗制丧服用僧道火化则如何?
>
> 朱子反问:公如何?
>
> 答:只得不从。
>
> 朱子:其他都是皮毛外事,若决如此做,从之也无妨,惟火化则不可。
>
> 或人:火化则是残父母之遗骸。
>
> 朱子:此话若将与丧服浮屠一道说,则是未识轻重在。②

对这个问题朱子所以能立即做下决断,是因在用僧道中出现了丧服和火化两种情况,有助于脱出孝与用僧道相纠结的困境。如父亲坚持要循俗制用僧道,在丧服方面可以从权,理由是服装问题毕竟是"皮

---

① 《语类》卷八九,第3674页。
② 《语类》卷八九,第3674页。

毛外事",本来就是有变化的。但火化则不可从,因火化是"残父母之遗骸",不仅违背儒教的礼俗,实难安人子之心——这个理由当可打动为父者之心。朱子这样处理,既维护了儒家的立场,又可以解除父子间的冲突,可谓情理兼顾。从这个例子,对解决经权问题,朱子已为后人留下一个重要的启示:只要能把握道德的大原则,次要的原则,在遇到困难时,不妨斟酌轻重,暂予舍弃,这就是行权①。

四 结论

中国思想史上的经权问题发端于孔子,孔子以后虽有不少学者涉及此一问题,但一直要到朱子才发展出一个比较成型的理论。

刺激朱子对经权问题做深入思考的主要原因,是因程颐不满汉儒"反经合道为权"之说,朱子既敬重程子,又同情汉儒,因此逼迫他必须面对此一冲突,并寻求一合理的解决。从他对程子反复不定的言论,可以想见这个问题曾使他感到困扰,后来终于在"经"与"道"的区分中找到解决问题的关键。因"经"与"道"都有常行之理的意义,所以很容易混同。程子以为"反经"即"拂经之道",可见他意识中的经是与道混淆了,与汉儒"反经"之经实不同其义。依照朱子的了解,经与权是相对概念,道既超越于经权又内在于经权。就其超越于经权而言,虽反经却不悖于道;就其内在于经权而言,说权即经(因皆同于道)亦无不可。如此朱子不但把程子与汉儒之间的冲突做了合理的解决,且使汉儒之说有了进一步的发展。

汉儒仅说"反经合道为权",朱子进一步追问此如何可能? 解答这个问题,单靠"这是个统体,贯乎经与权",还不足以为权变的行为在理论上提出明确的指导,这方面的理论效果,由于义、中或时中概念的介入,以及与权的关系的讨论中,才逐渐发展出来。这些概念本散见于各

---

① 参考杨慧杰《朱熹伦理学》,台北,牧童出版社,1978 年,第 149 页。

种典籍之中,经朱子的结合,遂成为解决经权问题的核心理论。

经权的理论并不是一套概念的游戏,它须要对权的实践起指导的作用,对特殊境遇中遭到的道德难题的解决,提供实际有效的方法。因此我以朱子的相关言论及其亲身的经验为实例,对他的理论加以考验。考验的结果发现,朱子伦理意义的经权论,并不适合应用于"汤放桀,武王伐纣"这一类的历史事件,这类事件中如果也有它的权宜性,则权宜性的准则应别有所指。同时我也发现,朱子的理论经亲身的演习,对在礼教或礼俗范围之内的道德难题的解决,显然有相当大的效果。

经权问题在伦理学中是一重要问题,由于人类的境遇变动不居,且日趋复杂,因此永远会有新的难题,伦理学在这方面有极大的发展潜力。朱子生于南宋,由于历史和文化背景的影响,他涉及的道德难题,在社会变迁中会自动消失,但他的理论和启示确已触及现代处境伦理中的若干核心问题。如何让朱子的理论接受现代的考验,并以新的经验、新的知识去充实或重建这方面的理论,是这时代的伦理学者面临的新挑战。

革新研究中国文化的方法[①]

讲革新,必须先对以往的研究情形作一回顾,并指出以往研究工作的缺陷。我的回顾,无法穷尽以往一切的研究情形,只能举出我认为比较有代表性的例子。同样,所揭示的一些缺陷,也只是根据我的了解。但是,无论过去研究的情形多么复杂,就革新的意义来说,绝少能符合这一标准的。我所讲的革新,是一个尝试。希望提倡中国文化和研究中国文化的人士,对研究方法重做一番检讨,早日把我们研究中国文化的工作推向现代化。

一 近世研究方法的回顾

清末以来,中国的文化、社会,在西潮的冲击下,从表到里,从浅到深,一层一层都在逐渐起变化,研究学问的方法也不例外。严格地说,中国文化中没有独立的方法学,因为中国文化中缺乏逻辑的传统。没有独立的方法学,并不能即说中国文化中没有方法。中国文化中有属于自己的方法,这种方法不是来自思辨的训练,是得自学习的需要,和工作经验的累积。自汉至清,两千余年,中国士人从事学问的方法,大致可概括在"考据"和"义理"两个方法里面。清代两百多年,学术思想方面最大的论争,是考据和义理的方法之争,这个论争把汉宋都牵扯其

---

① 编注:本文选自韦政通先生著《中国哲学思想批判》,台北,大林出版社,1968年。

中,从历史的背景看,这无异就是汉宋之争。究竟是考据的方法好?还
是义理的方法好?不属于本文的论域;我这里要追问的是:考据是做的
哪些工作?义理又是做的哪些工作?

就清代学者所表现的看,在考据范围内所做的工作颇多,如史学,
经学,方志学,地理学,音韵学等。但工作成绩最大,参与工作的学者最
多的,有三个方面:(1)校注经、子。主要的工作是训诂、校勘、注释。
(2)辨识伪书。主要是考证人物和著作的年代。(3)搜辑佚书。

清代的"义理之学"是比较贫乏的。秦汉以后,义理之学最兴盛的
是宋代。陆象山根据论语"君子喻于义,小人喻于利"十个字,就可以大
讲儒家的"义利之辨";二程则喜在"孔颜乐处"上做文章;《中庸》里的中
和之说,朱熹可以根据它讲出许多繁复的大道理来。这就是义理之学。
直到现在仍有人讲古典是用什么"通释",什么"释义",就是沿用了这个
老方法。要为这方面的成绩,在历史上找几个代表性的例子并不难,较
早的有王弼的《老子》,向秀和郭象的《庄子》;宋代有朱熹的《四书集
注》;较晚的有戴东原的《孟子字义疏证》。他们都是把本属于自己的思
想,却要依附着古人表达出来;既曲解了古人,也委屈了自己。这就是
传统的义理之学。考据之学,重材料,重证据;义理之学靠颖悟,靠玄
思。这是两种颇不相同的方法。

清末迄今,学者的工作,凡是属于前述考据范围的,我统称之为"考
据旧法"。清末迄今,学者的工作,凡是近似前述义理之学的,我统称之
为"义理旧法"。

对应着考据旧法的,有"考据新法";对应着义理旧法的,有"义理新
法"。五四运动以后,胡适之、顾颉刚等人提倡的治学的科学方法,应属
于"考据新法"。新之所以为新,是他们运用了较浅的西洋逻辑知识;尤
其重要的,是他们学到近代西方人的大胆的怀疑精神。胡适之提倡科
学方法,从效果方面看是失败的。但他是现代中国第一个重视科学方
法的人,此功不可抹煞。胡适之运用他的科学方法,虽然仍是走前人的
老路子,工作的成绩却不坏,一是由于他方法训练远比旧式士人强,一

是来自他的苦功。他一生最服膺朱熹"宁繁毋略，宁下毋高，宁近毋远，宁拙毋巧"的话，就他对中国几部旧小说所下的考证功夫看，他真做到了其中第一、四两句。顾颉刚的《古史辨》是一个有规模的工作，在短短的十多年中，《古史辨》能收获那样多的成绩，显然是受怀疑精神的鼓荡。不过，胡适虽会教人怀疑，可是却不能教人较好的释疑、证疑的知识、技巧。我常想，假如顾颉刚能多点人类学和社会学的知识，像他治学那样勤奋，辨古史的工作，可能有另一番的成就。

然在古史辨工作展开的同一个时期，已有较多学哲学的留学生回到国内来。他们学到了一些西洋的逻辑、知识论、形上学，他们就凭借这一基础的知识、技巧，去研究中国思想。我称这一风气下所做工作的方法为"义理新法"。新之所以为新，是他们在文字表达上，有新的语法和结构；尤其重要的是，他们带来许多新的名词和概念的分析技巧，不论是内容和形式，都令人一醒耳目。在这一风气下，有人借逻辑的知识来诠释并整理先秦的名学；有人用西方形上学的架子架在《易传》、《庄子》的体系上；有人用功利主义去解释《墨子》；有的用培根戡天主义去傅会《荀子》的天论；有的把《孔子》看成苏格拉底；有的要凭邵康节的易学，弄一套宇宙论的体系出来；有的把王船山比作黑格尔；极尽比附之能事。其中有的是可以帮助我们有一个对照的了解，有的则制造迷糊。这一步工作，有一点积极贡献的地方是从传统那种讲义理的简陋结构中挣脱出来，树立了理论架构的榜样。以前士人做几千字的文章相当吃力，现在用同样的气力，可以写几万字。就学术现代化而言，"义理新法"比"义理旧法"要进步许多。

可是，又几十年了，我们似乎停顿在"考据新法"和"义理新法"上；"考据旧法"和"义理旧法"仍普遍被应用。这并不是毫无成就，但不能满足我们的需要。为什么不能满足我们的需要？因为不论是新法或旧法，都含有不少缺陷。

二　近世研究方法的缺陷

研究方法的缺陷，常常造成整个工作的缺陷。我这里指陈的缺陷，是包括这两方面的。

(1)孤立的研究。孤立的研究并非完全是缺陷，它是学问要窄而深必经的一个步骤。朱熹教人读书，要先立下一定格目，"格目之内，当切存心；格目之外，不要妄想"。这就是孤立的研究法。旧日的士人，无论是做考据，或是讲义理，大都知道这方法的重要。这方法的缺陷是：溺于琐碎，不能贯通大意。所以有人对一字一句考得很精确，但对一章一篇的大义却讲不出一个条理。也有人能把古籍的单句片段说得头头是道，但对全书的基本思路和主要精神，却又甚茫然。这是旧时代的学人们常犯的毛病。他们把学问必经的一个步骤，当作学问的终站了。要想越过这一步，必须从窄而深的专精中转出来，再求广而高。从一个人了解一个时代，再从一个时代返照一个人。从当时的社会文化透视一个人的思想，再从一个人的思想推想当时的社会文化。从一章一篇通观全书，再从全书返证一章一篇的大意。然后能做到虽精而不窄，这才不是孤立的研究。经过这一步，然后能通观人物思想的大体。

(2)主观的爱好。当人在学问的途程中起步时，兴趣是一股原始的推动力。当兴趣落到阅读的对象上时，常常会发生主观的爱好现象。没有主观的爱好，学问研究是否能开始，是有问题的。人不能偏好每一家思想，犹之乎人不能偏恶每一家思想。人为什么好这一家不好那一家？取决于人的气质、性向、天资——这是决定一个人所好内容的根据。在学问上，人有主观的爱好，是事实，但主观的爱好，多半只能满足个人的感情，不一定能满足个人的理性。要满足个人的理性必须从爱好的心进为要求真是真非的心。到这一步，人做学问就已不单是为了兴趣，而是为了真理。做学问有无进境，要从这里观察。人做学问如没有进境，始终限于主观的爱好，则情绪的语言必多，很难做到客观的理解,客观的叙述。这种人每讲一家思想,不知不觉就喜欢过分夸大这家思想的效果。限于主观爱好的心境不是平衡的心境。以前和现在,许多讲义理的学者,常陷于这种自囿的境地;他们所表现的,正是《庄子·天下》篇所说"一察焉以自好"的偏蔽。

(3)牵强傅会。牵强傅会有两种情形,一种是前面提到过的,把西洋哲学的概念,硬与中国古人的思想相比附;或是把西洋哲学的架子,硬套到中国的思想家身上来。这种比附,有缺陷也有它的价值。另一种是本于"你有,我也有"的争胜心理,比如民主自由的问题,近代意义的民主与自由,是中国文化所不具备的;不具备是因社会文化的条件,尚不足以促其出现。这个缺陷并不能由少数古人来负责,更不必要为了维护几个古人的权威,就不承认这些事实。他们要把古人的贵民爱民等思想,证明我们不缺乏民主;他们要把古人一层一面的自由意义,去包容涵摄各层各面的自由意义。结果,造成思想的混乱,对古人的了解,对新思潮的吸收,都做不到。凡是善作牵强傅会,不敢面对事实的人,"是什么就是什么"的认知原则,在他们的心中是没有地位的。

(4)默守成规。这是中国文化很深的弊病之一。造成这弊病的原因是由于不变是"经"、变是"权",不变是好、变是坏等价值观念已被普遍接受。这弊病表现在传统的学问方法上十分明显。中国文化中表现思想的主要方式是注疏体,古代注疏家有所谓"疏不犯注"之说。疏不犯注,是说做疏文的人,必要依据注,只能衍申它的涵义,不能批评它的得失。疏不犯注,是因注依据的是传,传依据是经,经是常道,是绝不可转移的权威,对它,你就只有信不可疑。经传注疏无异是大权威与小权威的累积。在大小权威的面前,愈能默守成规的人愈符合要求。隋唐以来的科举制度,更助长人的趋旧逃新,更加深了这方面的弊病。中国思想的贫乏,中国士人的只知因袭不知创造,大部分的原因在此。至今,无论是采用考据旧法、考据新法、义理旧法、义理新法,都或多或少地犯着这个老毛病,它使我们的学术界,充满着腐朽之气。他们的工作,多半只有量的累积,缺乏质的扩张;功力是有的,创造则嫌不足。

(5)复古意识太浓。一切的复古意识都必包含我族中心的偏见,所以复古意识是感情的产物,没有理性的根据。照理,思想取舍的标准,与出现时间的早或晚不相干。我们认为一个观念是否有价值,与它是或不是属于古人无关。现代中国却有些知识分子,总认为古代圣贤的智慧,足可以使我们在这个世界继续活下去;甚至坚信只有这种智慧才能使我们生活有意义。因此,他们的文化工作,重点就落在"怎样恢复古圣贤之道"一问题上。他们的缺陷是,没有照顾到我们现实人生不断出现的新问题。现实生活是一个动态的历程,任谁不能预知未来的历程中将发生什么新的问题,任谁也不敢担保他有足够的智慧处理一切新的问题。新的病,必须经过新的诊断,并开出新的药方。"万灵丹"毕竟只是广告的术语。一些被复古意识所驱使的知识分子,却不懂得这些,也不肯承认这些。他们只一心夸大古人,一心虚构大理想,以满足空虚、失望和挫折中的民族情绪;对充满现实人生中活生生的小问题,却盈目不视,充耳不闻。

(6)缺乏理智的批评。就学术的领域来说,情感的因素,常颠倒是非;理智的态度,才足以明辨得失。胡适之于1919年时写《新思潮的意义》一文,主张用"评判的态度"整理国故,他揭示了四点:(一)条理系统的整理。(二)寻出每种学术思想发生的原因和它的影响、效果。(三)要用科学的方法,把古人的意义弄得明白清楚。(四)综合前三步的研究,各家还他一个真面目。胡适的第四点,就是我这里所说的"理智的批评"。"还他一个真面目",做考据的人,只要证据可靠,比较容易做到。讲义理的,要做到这点就很难。难的原因,一半是因情感在作祟,一半是由于思考训练的不足。章太炎和梁启超叫出"整理国故"的口号以后,半世纪来,国故的真优点、真缺点究竟在那里,有明确答案的似乎很少。为什么会这样? 主要就是缺乏理智的批评。这步工作,就现有学术工作的实情看,仍还是我们要继续追求的理想。

(7)不能关联上我们生存的时代。做学问,就古人生息的时代背景和社会文化的条件了解古人,是一层;把古人的思想拉到我们的生活中来,用现代的学术标准去衡断它,又是一层。不经过前一层,不能使我们对古人有同情的认识;不经过后一层,不能使我们重估古人的价值。五四以来,从事古思想研究者,多半只能部分地做到第一层。后一层做得更少。他们似乎不十分了解一切古人的思想必须关联上我们生存的时代的重要性,研究古人的思想如不能关联上我们的时代,则研究的都是死东西。研究古人思想真正的要求,不应该只像保存古玩的古董商,应做一个淘沙存金的工程师。否则一个历史悠久的文化,留给后人的将不是适应需要的人生智慧,而是汗牛充栋的文化垃圾。文化垃圾无论量有多少,开不出一朵鲜花。许多年来,我们的社会一直有很多人热心提倡固有道德,但他们从不曾告诉我们所谓固有道德究竟指的是些什么? 它的范围如何? 他的概念内容又如何? 其次,即是已确知固有道德是指些什么,进一步,这些固有道德是否仍能适应我们现代生活的需要? 这些基本问题不先解决,提倡固有道德就只有流于口号和发泄情绪。提倡固有道德的人,为什么有这种缺陷? 就是因为他们提倡的目的,只知盲目地复古,不知道把古人的思想关联着我们的时代去考虑。要把古人的思想关连着我们的时代去考虑,考虑者必须具备一些条件,这些条件是什么? 下一节我们将予讨论。

三　一个革新的方法

我这里所提到的革新方法,不是一句口号,不是一个公式,而是现代人治学必须经过的一个学习程序。事实上,一个方法,必包括一套学习程序,否则学者无法充分运用。我提出的学习程序,有两个部分:

(1)是逻辑技术的训练。要使一个国家现代化,必须有大量符合现代化标准的人才;要成为一个符合现代化标准的人才,必须先具备现代化的头脑;要有现代化的头脑,逻辑技术的训练,是一个必要的条件。直到目前,我们的高等学府里,除了哲学系的部分学生,能具备这方面的训练以外,文学院其他各系的学生,普遍地学不好应有的逻辑知识。

一方面的原因,是因得不到够水准的师资;另一个原因,则是因为读文科的学生尚不知这种训练在治学上的重要性。这是我们高等教育方面的严重缺陷。这缺陷使我们的学术工作不够现代化。旧日的学人,主要的工夫都花在搜集资料和阅读资料上,所谓学术的工作,多半只是排比资料,很少能依据旧资料,推陈出新,组合出新的观念,开辟出新的境界。之所以如此,主要是由于思想技术的不足。思想技术不足,治学只有靠天赋。一个天赋高的人,常比较容易发现问题,掌握问题;但进一步解决问题时,就显得力不从心。这是天赋的限制,也就显出思想技术的重要。

对逻辑技术,迄今未能引起我们知识界的普遍重视,除上节已提到的两个理由以外,还有一个文化上的理由,即我们祖先留下来的文化遗产里,缺乏逻辑知识的传统,因此读中国古人的书,这方面得不到一点启导。这使我们的知识分子,在研读逻辑的时候,多有陌生之感,甚至格格不入。这个缺点,我们应该先觉察到,觉察到这个缺点以后,然后知道要通过这一关,需要多下困勉的工夫。

(2)基本社会科学的学习。在 19 世纪以前,心理学、社会学、人类学,还只是哲学的一部分。在最近这几十年,这些学科已经发展为较严格的经验科学。在今天,我们无论是研究社会科学,或人文学科,这几种学科的最新成就,已是学者们共同而又必要知识基础。以研究中国文化为例,中国哲学思想的源头,是一个颇令人迷惘的问题。民国以来,治中国思想史的人,只能从先秦诸子讲起。中国文化号称有四五千年的历史,可是在孔子、老子以前思想的源流,我们就很不容易勾划出一个清新的图象。如果我们具备文化人类学的知识,原始史料虽不够丰富,但要解决这个问题,似乎不难着手。因为我们缺乏人类学上的比较资料,使我们研究中国思想起源很重要的一部典籍——《易经》——对它的地位就无法做适当的安置。一般哲学史,就只能提一提其中《易传》的部分。有人讥笑我们只有断头的哲学史。要为断头的哲学史补上一个头,到目前为止,运用文化人类学的方法,显然是一条捷径。其次,我们研究中国的人性论,或是心性之学,如果具备各种心理学的知识,就比较容易照察出其中的问题,对原有许多不成熟的观念,也可以减去不必要的迷执。在以往,我们因为相信儒家在历史文化中的正统地位,常不免忽视道家与佛教对中国社会文化的影响力。儒家的伦教是支配中国人生活的主力之一,这无问题。但在各阶层中,其支配是否都是如此,显然有问题。要了解铸成中国传统社会的复杂因子,通过社会学的方法,显然比较容易着手。现在我们讲科学民主,在传统文化中,我们为什么没有发展出近代意义的科学思想、民主政制?在过去六七十年的现代化努力中,民主科学又为什么没有能达到预期的效果?通过社会学的知识,就不难寻到大部分的原因。这是我随便举的几个例子。就在这几个例子中,已不难看出,假如我们具备这几种学科的知识,就可以使我们对中国文化的研究别开生面。

逻辑技术的训练有助于我们的头脑现代化;基本社会科学的学习,可以使我们的知识现代化。头脑的现代化,加上知识的现代化,等于思想的现代化。我的革新方法,主要就是要把中国文化的研究工作,与思想现代化的工作相结合。这结合,可以有两方面的效果:

一是消极方面的。在消极方面,可以使上节指陈的那些缺陷得到弥补。一个头脑现代化的人,研究古人的思想,不会只止于主观的爱好,他比较容易跳出感情的樊笼,不断开发他的兴趣,牵强博会的病也会相对地减少。因为学者们所以牵强傅会的原因之一,是因缺乏精细的思辨能力。也不会毫无限制地去崇拜古人。一个现代人,是不盲目地服从权威的。对一切事物的态度,服膺理智,而不是听任情感,更是头脑现代化的人努力追求的人生境界。一个具备现代化知识的人,思想的领域比较辽阔,对古人的成绩也容易看到他的限制,因此,不会再默守成规。具备现代化知识的人,知道从不同的角度去透视一个思想系统和一个人物,不会流于过分的孤立和琐碎。古人的智慧,对我们这时代是否有效,衡断的方法之一,是看它能否通过现代知识的考验。所以具备现代化知识的人,面对古人,总要把他关连上我们生存的时代来考虑。也只有一个思想能现代化的人，才真有能力去考虑古人，批判其得失。

二是积极方面的。在积极方面有两个效果：（一）把整理古文化的工作，推向现代化，使其成为中国现代化工作的一部分，这样才能够逐渐解答一个重要的问题：中国古文化中，究竟还有多少智慧，贡献给未来的人类？解答这个问题，是我们这一代的责任。我族中心的夸张，或对古人过分的贬抑，都不是解答这问题的适当态度。唯有把紧"是什么就说什么"的原则，对这问题才能着手。（二）真正达到对古文化重新估价的目的。一时代有一时代的问题，解决新的问题，必须新的思想。要产生新的思想，对旧思想价值的重估，就成为必须的工作。一个现代化的知识分子，所以必要具备批评社会，批评既定价值标准的能力，其故在此。

要使这样一个革新的方法，被我们的知识分子普遍接受，必须透过教育的功能。目前我们的高等教育，是否能培养出大量具备现代化思想的青年，是值得教育当局和负责教导青年的学者们虚心检讨的。

对中国思想史的几点认识[①]

一 为什么要研读思想史?

一部好的思想史,对所有具备相当知识的人,都可以是开卷有益的;因为思想史不限于某一家或少数几家的思想,而是包括二三千年中最重要和次要的思想家的心灵或观念的活动。思想史也不比专家哲学的研究,后者可只讨论理论性的问题,这些问题仅为少数哲学专业者所关心;思想史除了理论之外,还要了解哲学家这个人,将涉及他的具体生活、际遇、意识活动、以及他如何面对种种的困境,甚至连他们的悲伤和喜悦,我们也能亲切地感受到。思想家一旦进入思想史中,就都成为一个个活生生的历史人物,他们有各自独特的性格、习惯及偏好,你可任意挑选一个,随时和他展开对话。更重要的是,每一个思想家,都有他独特的奋斗经验、人生意义、以及他走过的人生道路;你也许不喜欢他们的理想,也可以不赞同他们的主张,但是,他们追求的热情和丰富的经验,对我们每一个人,都多少可给予一点激励和启发。

当然,一本思想史这样的书,它主要的对象,是那些知识性的专业工作者。这可分为两类,一类是专攻哲学的,对一个立志要探究哲学的人来说,研读思想史属于基础训练的一部分,从它那里不仅可以吸取

①　编注:本文为韦政通先生著《中国思想史》绪论,该书 1979 年由台北大林出版社出版。

必要的营养,以扩展自己的能力,更重要的是,在不同性格和理路的亲近与跟随中,可以测知自己可能发展的趋向。思想史就像一所活动而开放的哲学教室,任何人都可以在这里自由来往,或质疑,或问难,对每一个人都是公平相待,且具有无限的宽容;他们在助成你心智的成长,却永不会索取任何酬报。另一类是哲学之外人文学科和社会科学的学者们。在近代知识分化以后,不同的学科已有了各自独立的知识领域,思想史所能提供的,主要是各个学科思想的原型或母体;一旦涉及传统的理论或解释的时候,这些思想的原型或母体,可以提供重要的观点和解答问题的线索。社会科学在我们的社会已日渐受到重视,学者们所受的基础训练,多半来自另外的文化,一个中国的社会科学者,在接受了必要的理论和方法的训练之后,他必须能站在本国文化社会的立场,并掌握母体文化传统的文献知识,从我们自己的问题和观点出发,去重验那些理论的假设和效果,才可能有机会建立新说。当学者们有此自觉,并准备朝这个方向努力的时候,思想史无异是一本知识的导游手册。

有人说:"历史乃生命之师。"在许多不同的历史写作中,大概思想史是最接近这个理想的。历史并不能完全决定我们的未来,但由于历史的教训,的确可以使我们走向茫然的未来时,减少许多不必要的错误和浪费。研究思想史的心情,应该和游览博物馆不同,陈列在博物馆里的古董,可使你神游上古,对古人巧夺天工的技艺赞叹不已,但限于实物,却不容易激起我们的共感和共鸣;思想的表达就不同,历史上许多思想家所处理过的问题和遭遇过的难题,依然是我们正面临的问题和难题。历史的特殊事件不会重演,但人类却一直被一些基本的问题和共同的难题困扰着、挑战着。在这个意义上,所以一位哲人说,古代的预言家和哲学家,在我们的心灵世界里,与现代最有领悟力的作家一样,都是同时代的人。他甚至认为,有些古代作家,比现代畅销书更能搔到我们的经验与情境的痒处①。要使历史产生这样的效果,有赖于历

---

① 阿德勒著、周勋男译《西方的智慧》,台北,幼狮文化公司,1974 年,第 125 页。

史作家能重新发现并复活传统的智慧和经验。

罗素在《西方哲学史》的导论中,列举了若干哲学问题,然后说:我们为什么要白费许多时间,来研究这些不能解决的问题? 照罗素的意思,所有确定了的知识,就属于科学,不再属于哲学。哲学在我们这时代,所做的一件重要的事,就是教人如何不需要确定而生活,而又不致为犹豫所麻痹①。大多数的人,都需要某些确定的信仰或事实,才能安稳地生活,哲学家却要不断地在不确定中从事探究,以保持对那些永远不能彻底解决的问题思考的热情,这才是真正追求真理的心境,人类学家杜宾姬说:"那些喜欢绝对确定事实的人,是不会喜爱真理的",这与我们的伟大哲人所说的"有终身之忧,无一朝之患"的话,是颇能相通的。一个富有哲学才具的青年,在思想史的研读中,学习到一种自行探究的精神,比获得具体的知识要重要得多。

对一个决心以哲学工作为终身职志的青年,我愿意引介存在主义哲学家雅斯贝尔斯的忠告。他曾以三条康德的"命令"为基础,来说明如何能从哲学史的研究中,去把以往的哲学变成我们自己的。这三条命令是:

(1)为你自己而想。

(2)在你的思维中,把自己摆在每一个其他人的位置上(去想)。

(3)与自己目的一致地去想②。

雅氏认为以上这些"命令"都是永无止境的工作。这也是研读思想史的最高理想。第一条的着重点,是在引发读者主观的兴趣,如不能踏

---

① 罗素著、钟建闳译《西方哲学史》,台北,中华文化出版事业委员会,1955 年,第 2—3 页。罗素列举的哲学问题,如(1)世界是不是分为心与物呢? 如果是,什么是心,什么是物呢? (2)宇宙是否有统一性或目的呢? 宇宙是不是向一个目标演进呢? (3)自然界是不是真有法则,抑因为我们爱好秩序,乃信其为有呢? (4)我们是不是有一种生活方式是高尚的,另一种生活方式是卑下的? 抑或所有的生活方式,都是废料呢? 如果有一种高尚的生活方式,它所包含的又是什么? 我们又怎样才能达到呢? 这些问题,其中(1)(2)(3)显然不是中国哲学主要的问题,中国哲人也教人要有一种不确定感,那是道德范围的事,如要人常常"反求诸己"便是一例。

② 雅斯贝尔斯著、周行之译《智慧之路》,台北,志文出版社,1969 年,第 200 页。

出第一步，就无法展开漫长的心灵之旅。第二条是要培养客观的认知和同情的了解，这是要训练研究和跟随的能力，哲学工作者不具备这种能力，就不能立下既广又深的基础。第三条是要养成判断和评价的能力，这必须经由前面的两个步骤才能培养出来，这一步将决定你是否能成为一个哲学家。第二条是"为学日益"的过程，第三条与"为道日损"的境界有些相似，只是这里所"损"的，是别人的思想，以便把自己的见解在损除的过程中逐渐凸别出来。哲学工作者到达这一步，可以独自奋斗自己的前程。

二　治中国思想史的方法和难处

治学要有点或懂点方法，这话是对的，但过分迷信方法，以为只要有一套方法的训练，就有把握弄好一种学问，这是把治学过程，以及和它相关的因素，过分简化了的一种想法。就治思想史而言，史家所面对的，是许多不同性格、不同时代、不同思想类型和系统的对象，谁能为我们设计一套放诸四海而皆准的方法呢？任何人都不能。

近年阅读所及，我觉得布罗诺斯基的《西方思想传统》，在思想史的方法上，是一个值得参考的例子。此书一个重要的特色，是着重不同思想领域的交互作用和思想发展的环境，所以写出来的内容面貌和一般哲学史很不一样。一般西方哲学史的作家，一向都是把哲学思想当做一个孤立的过程来处理；这种方法运用于西方，依然能获得相当好的效果，因西方哲学纯知性的活动成分很高，哲学家们在历史上所扮演的角色，和中国哲学家是大不相同的。像在儒家传统里，一个思想性的人物，支持他生活的一个最强烈的因素，不是思想本身的探索，而是历史文化的使命和社会风教的责任。如能得君行道，那才是儒者最高愿望的实现，著书立说只不过是人生余事。对这样一个思想传统，史家如只注意其思想本身的活动，很难充分了解他们的历史意义。美国治中国思想史的学者史华慈，他的话对我们这里所讨论的问题似乎特别有用，他说:"在历史领域之内,思想的发展,就像所有其他历史研究一样,必须看做是整个存在复合体的一部分,我们可以专心注意于某一部分,但是也必须敏锐地感觉到所有其他部分的存在。"①这是在社会科学蓬勃发展影响下,治思想史者产生的新认识。这个认识同样可适用于传统的思想史。基于这个了解,史氏对那种把思想史当做一种单单只与思想本身发生关系的自主过程,根本不牵涉到它与其他学科关系的研究,表示反对。如果他所说的思想自主过程,是指思想史的内在发展②,我认为并没有反对的必要。因为能把这一面的问题彻底弄清,也极关重要,它本来就是思想史的主体,如能辅之以其他领域的知识和观点,可以使主体部分的问题看得更清楚,但毕竟不能代替主体,一部接近理想的思想史,最好是做到内外兼顾,尽可能充分注意二者之间的互动关系。这种理想如只处理一个断代的研究,比较容易达到,用来处理几千年的思想史,就一定难以做得圆满。

与方法密切相关,又常不被自觉,即使自觉了又深感牵连甚广的一个问题,是从事历史工作究竟要如何运用解释?资料是历史工作的基础,但不经由适当的解释,不但不能使散置的资料之间建立一种关系,也根本无法显示出它的意义。怎样的解释才算是适当的?余英时先生曾根据近代历史哲学的发展,指出两种不同的解释,一是玄学派的解释,在英文中是 interpretation,一是批评派的解释,则当是 explanation。后者的作用是将许多孤立的史实的真正关系找出来,使历史事件成为可以理解的。前者则是人所加以历史事实的一种主观看法③。当我们寻求历史真相时,后一种解释是重要的。但思想史的写作目的,我不以为仅止于寻求史实,所以这两种解释并非完全对立。卡尔在《什么是历

---

① 张永堂、段昌国、刘纫尼编译《中国思想与制度论集》,台北,联经出版事业公司,1976 年,第 3 页。
② 关于这一点,读者可参看余英时《历史与思想》,台北,联经出版事业公司,1976 年,第 124—125 页。
③ 余英时《历史与思想》,第 170 页。

史》一书中,也曾多次讨论到解释问题,其中有一条说:"在解释工作上,历史家也需要一个标准——也就是他客观性的标准——来衡量什么是重要的,什么是不重要,这标准也必须和眼前的目的有关。"①我们很难想像史学家的工作,能完全避开"眼前目的",那么,对眼前目的的认定,总有见仁见智之差,很难再是客观的。卡尔又曾强调,历史家对所讨论人物的心境和他们行动背后的思想应具富有想象的了解,如和所写的人物在心灵不能有所沟通的话,历史学者是不能写一本历史的②。要做到这一点,显然是要依靠主观的条件。

　　说到治中国思想史的难处,出身于现代高等教育里的哲学学者,多半偏向于西方哲学,中国哲学在课程表上所占的时数虽不算少,事实上它很难提供学习者一种必要的基础训练,所以不容易一开始就从这方面下手,去发展自己的思路。等到一旦已习惯了西方哲学的思考方式,想回到中国哲学上来,在短期间又很难培养出一种相应的心情和亲和之感。因中国哲学中系统严整、条理分明的作品不多,再加上文字上多少会有些隔阂,所以读起来格格不入的感觉总难避免。这方面的困难,如果下决心,浸润久了,还是比较容易克服的。进一步的困难,是像徐复观先生所说的:"今日治思想史者之责任,乃在显发古人思想中所潜在之逻辑性,使其具备与内容相适应之理论结构。"③中国哲学既能称之为哲学,当然有它的逻辑性和理论性。问题在中国的哲人,他们奋斗的目标并不在使自己成为一个什么哲学家,因此他们并不自觉地要求在这方面表现自己,所以我们说他们有逻辑和理论性,是隐藏在简略的文字之间,现代治思想史的人,必须把它发现并表达出来,难处就在这里。首先,你自己必须有理论架构的能力,这是从西方哲学可以学到的;真正之难,在你的理论架构,还得要和中国哲学的内容相应。中国哲学家纯由理论层面去发展思想的,毕竟很少,多半他们的理论或思想,是发

---

① 卡尔著、王任光译《历史论集》,台北,幼狮文化事业公司,1968年,第111页。
② 卡尔著、王任光译《历史论集》,第17、18页。
③ 徐复观《重印名相通释序》,熊十力著《佛家名相通释》,台北,广文书局,1961年。

之于反躬自省的体验或觉悟的基础之上,如果这方面没有一点体验,有时候就很难深刻地了解他们的理论或思想。例如王阳明的致良知,主要并不是从逻辑的演绎和抽象的思辨中获得,他自称是由千死万难的困境和工夫中得来,他的后辈因缺乏类似的经历,于是讥之为"现成良知",只能把它当做光景、当做话题说说而已。自然,中国哲学并不都是如此,但这种情形的确存在,如依照西方哲学的思考习惯,去处理这类问题,岂不总有点隔靴搔痒之感? 在治中国哲学史的老一辈中,冯友兰是有点西方哲学训练的,他竟把良知看做假设,熊十力先生曾纠正他,告诉他良知不是假设,而是呈现。这就是有体验和无体验的差别,对道德生活没有一点反躬的体验,怎么把握良知的意义? 相应于中国哲学主要特性,徐复观说的"须以思辨之力,推广其体验之功,使二者兼资互进",的确是今日治思想史者努力的一个目标。

三　哲学思想在历史发展中的地位

这是一个议论分歧的问题,从一百多年来社会科学家们涉及到这个问题的复杂争论就可以知道。站在思想史家的立场,这个问题所以引起他们的关注,主要是来自两方面的刺激:一是历史决定论,采用这种论调的人,不承认思想在历史发展中的主导作用,不承认任何个人主观的努力能左右历史的命运。另一种论调是近代知识分化,社会科学蓬勃发展以后,它的成果的实用价值和效果比较明显,而哲学的功用根本无法和它相比拟。像许多现代化的国家,不论是政策的决定,或是一个社区的发展,都常借重社会科学家,很少听说会用到哲学家。在大众传媒里常出现的,也是社会科学家,很难发现哲学家的踪影。由这种印象所及,知识分子和一般大众,都不知不觉低估了哲学的地位。针对这两种论调蔓延的情况,哲学工作者的确有对这个问题重新加以检讨的必要,以了解思想在历史中的角色,以及它的真正作用。

一个哲学家,他本身专业性的工作,可以不必考虑当前一时的需要。《当代欧洲哲学》的作者波亨斯基说，"任何过理性生活的人，不管他的哲学信仰为何，只须从哲学能超越此时此地而不受当前行动的拘束这一事实就可知道，那是使我们保有人性，使我们更加人性化，而不沦于野蛮的最有力因素"①。但是哲学家的工作，并不必然限于这一个层次，他除了专业性工作之外，同时仍可以扮演知识分子的角色，对国家社会当前的需要表示关切。不兼有知识分子角色的哲学家，虽不必有损于哲学本身的价值，但其社会贡献和效果，毕竟较为逊色。依照中国传统的标准，兼具此二角色者，显然远胜于不兼有者。

依照中国传统的标准，人格的价值又胜于思想。"天不生仲尼，万古如长夜"，弟子对孔子的崇敬，正当时，显然主要在孔子的人格，但后代人得以了解孔子者，或多或少仍能感应到他人格的光焰，则仍靠他留下来的思想。陆象山说："且道天地间有个朱元晦、陆子静，便添得些子，无了后便减得些子?"②言下似乎把自己和朱熹的思想成就，全不放在心上。这颇似禅宗式的遮拨境界。人能抱有如此想法，会顿觉眼前天地开阔，但我们今天仍能勉强体会到这种境界，全靠他的思想。我们还可以很有把握地说，历史上如果没有朱、陆的思想，不但哲学方面的发展，不是那个样子，就是社会文化方面的发展，也一定有所不同。思想在历史进程中具有一定程度的主导作用，本来就是不成问题的事实。

问题来自形形色色的决定论。稍具现代社会科学知识的人，都知道人的思想和行为，在许多情况下，在一定的范围之内，的确是被环境的复杂因素所决定的；人大部分的思想，都是他所处环境的反应。但是相同的客观环境，却不一定就能导致齐一的反应，事实往往正相反，说明在任何环境里，自作主宰的抉择仍属可能，历史上屡屡被陷于流行意见者判为异端的那些特立之士，足以传达出这方面的讯息。任何一种决定论，都只代表一偏之见，它所根据的事实，也只限于某一方

---

① 波亨斯基著、郭博文译《当代欧洲哲学》，台北，协志出版公司，1969年，自序。
② 黄宗羲《宋元学案·象山学案》。

面,那些为了和经济决定论对立起来而提倡观念决定论的社会学家们,其缺点也正相同。影响历史发展的因素太复杂,因素与因素之间的交互作用和互动关系,我们已经了解的部分远少于未能了解的部分。因此,这方面问题的争论,仍将持续,如果历史家们肯谦虚一点,任何一种见解,包括我们自己所认定的,都不是最后的答案。但有一点我们已确实知道,经由决定论的挑激,使我们在这个问题的检讨上,已获得重大的进展。

四 历史的主观性与客观性

看了前三节的人,大抵可以看出,我对这个问题会有怎样的一个看法,本可不必再有进一步的讨论;但因想及民国以来的史学界,曾长期受科学主义的影响,认为史学必须完全客观化,结果弄史限于史料学①。这个风气近来虽已遭到不满并予批评②,但它的影响并未曾过去。

这个风气,对治思想史的人,显然已产生过影响,曾使这类作品,大部分是堆砌或摘录资料,缺乏消化和解释,使人有掩饰偷懒的好理由。如有人肯下工夫搜集,注释资料,并做适当的编排,对做思想史的人是有用的,也有一定的学术价值,但与写思想史,毕竟是两种性质迥异的工作。思想史家的工作,除了消化与解释之外,还要能赋予一个现代的形式和理论的架子。这些工作是否能做得比较客观,第一步当然是靠是否能真正把握资料的原义,更重要的则在你抱什么态度去了解,是认知的态度呢? 还是非认知的,尽管史学的认知不能全同于科学,但这种态度是值得强调的,否则在没有审视资料之前,就先抱着价值判断或偏见作出发点,就很难避免做某种程度的曲解。

---

① 提倡这种史学的一篇代表性文字,是傅斯年的《历史语言研究所工作之旨趣》,见《傅斯年选集》第三册,台北,文星书店,1967年。
② 且举两个例子,一见于王尔敏《史学方法》,台北,东华书局,1977年,第191—192页;一见于余英时《历史与思想》,自序。

　　要求史学完全客观化,主要是受到 19 世纪科学的冲击。等到科学的信仰衰退了,这种偏向就容易被另一批史家改正过来。为什么在西方这种信仰已衰退之际,反而在中国又当令了几十年? 一方面可能是因为我们当年的留学生,还没有能力把西方史学的大势弄清楚;另外一个更重要的原因,是因为在 20 世纪 20 年代末傅斯年等人想建立中国新史学时,新文化运动以来的反传统思潮仍在延续中,史学内部又正值古史辨热潮的后期,所以只有"科学的史学"的主张,才能配合这一发展。往后的事实证明,这一发展不仅与中国的史学传统脱了节,对西方现代史学的丰硕成果,也未能完整吸收,有的人搞历史,竟成了一种消闲的学问。以褒贬为重的传统史学,未免负担过重,只重史料的现代史学,又不免负担过轻了。

　　史学的客观性和主观性是相对的。当学者们主张史学要完全客观化的时候,难道就不曾想到史料除少数实物处,绝大部分是文字记载的,任何经由文字记载的东西,就已不可能完全客观化了,因记载必经选择,选择的标准必具有主观的成分。实物是客观的东西,但是单单陈列实物,并不能成为史学,实物的意义,以及它与历史的关系,是要靠史学家赋予和发现的。当然史学家无权任意赋予实物及史料的意义,它不能越出它可能呈现的范围之外,训练有素的史家会谨慎地守住这个范围。当一件史实发现了它的新意义的时候,史家就应该重新考虑原来的看法,甚至因此影响到整个问题的处理,亦在所不惜。这情形正如卡尔所说,历史工作主观与客观是互相影响的。在这里,也许有人会问,究竟是主观对客观影响大,还是客观对主观影响大? 这问题不容易回答,大抵说,那些抱经世致用态度的学人,主观性会强些,强调客观性重要的人则相反。史学史告诉我们,不论古今,一些影响广大深远的史家,多半具有某种强烈的信念,一方面这种信念是他工作的动力,另一方面也是他史学所要达成的目的。

　　历史的价值主要在它的意义,思想史尤其如此。历史的意义,都多少和现在有关,否则我们就无法重验它。哲学家兼历史家柯林伍德说:

"历史家研究的过去,并不是一个已死的过去,而是在某种意义下还生活于现在的过去。"①这话是对的,意大利哲学家克罗齐说:"一切历史都是当代史",卡尔传述它的意思是:"历史原是用现代的眼光,依照现在的问题,来观察过去;历史家的主要任务不在记录,而在评价,否则,他就无从知道该记录些什么。"②如果传述不误,那么克氏只说到历史意义的一部分,我们固然要用现在的眼光、问题观察过去,同时也要借过去的眼光、问题来了解现在。除此之外,未来的观点,也同样会影响到我们的历史工作。

五　中国哲学的特质及其限制

要了解中国哲学的特质,多少要凭藉一点其他哲学的了解作为比较和探讨的背景。罗素曾对哲学的价值做过简要的剖析——无疑的,他所说的哲学,当然是指西方的——为了讨论的方便,我们就暂以他的见解为代表。他谈的虽是哲学的价值,但哲学特质的探讨,一定要以哲学的价值为基础,从这个基础加以抽离或凝缩,也就可以看出它的特质。罗素认为西方哲学的价值有下列各点:

(1)哲学的主要目标是知识。此种知识是指给科学之整体赋予一致知系统,此种知识得自我们对各种信念、偏见和信仰的基础,加以批评的考察。

(2)哲学家尝试解答宇宙、意识、善与恶等问题,但所提出的解答无一可被证明为真。哲学的要务之一是继续讨论这些问题,使我们明白其重要性,并检视各种解答的途径,长保宇宙内思考之兴趣,使它不致因我们限制于确定所得之知识而丧失了。

(3)哲学之价值大抵须在其不确定之中寻求,以长保我们存疑之

---

① 转引自卡尔著、王任光译《历史论集》,第15页。

② 卡尔著、王任光译《历史论集》,第14页。

感性。

(4)哲学的另一价值,是因思考的结果,足以解脱狭隘的私人的目标,哲学的思考不仅可以扩展我们思想的对象,并且可以扩展我们行为和情感的对象,使人们成为宇宙的公民和构成最高善的宇宙结合①。

根据以上这几点,可知西方哲学的特质,是在纯智问题的探究,其最高的价值在深究的过程,不在其所得的成果,而这方面正是中国哲学最弱的一环。纯知的表现,在先秦时代,有过萌芽的阶段,后来两千多年,本土哲学在这方面很少有进一步的发展。佛教带进来的因明学,几乎没有受到本土哲学家的重视。佛教对宋明儒学曾产生过不小的影响,这方面的影响多来自以"直指本心,不立文字"为标榜的禅宗,佛教中哲学意味较重的唯识宗、天台宗、华严宗,对后起的新儒学,并没有给予多少影响。明末以后,虽有所谓智识主义的兴起与发展②,那只是儒家内部的争论;所谓智识,仍是以古代儒家的经典为主,并没有发展出以经验为主或纯知的哲学系统。

这些事实说明中国哲学的特质另有所钟。被称为中国哲学的黄金时代的先秦,不论是儒、墨显学,或是战国诸子,现代我们称他们是哲学家,但他们主要的任务,并不是想建立一个哲学系统,且以学问传世的。支持他们生活最强烈的因素是用世,是直接参与政治并影响社会,他们对政治社会有强烈的责任感,使命感,能遇明主采纳他们的意见、实现他们的抱负,才是人生最大的愿望。这些人物,有的也重视修养问题,有的则重视学术问题的思考;重视前者,是因德性修养被认为是实现社会理想的根基,重视后者,不过是将其当做达成外显目标的工具。等到这方面的努力失败或受挫以后,才退而求其次,或教授门徒,或修身养性,以求安心立命之道。用孟子的话说,就是"穷则独善其身,达则善兼善天下",一是内圣,一是外王,在先秦儒家,二者是互相贯通的。由于

---

① 罗素《哲学问题》第十五章。
② 关于这个问题,可参看余英时《历史与思想》中《清代思想史的一个新解释》一文,及《论戴震与章学诚》中内篇第三节:《儒家智识主义的兴趣——从清初到戴东原》。

客观的种种因素,早期儒者较能在外王方面求表现。秦、汉政治统一以后,在专制帝王统治下,外王问题转成出仕问题,儒者仅能"怀忠信以待举,力行以待取"①了。下降及宋代,北宋儒者客观方面的要求较强,至南宋,政局日非,多半趋向心性一路,客观环境中虽不允许有所表现,依然承担着社会教化的责任。心性一路,实肇端于孟子,是一条"逆之则成圣成贤"的逆反之路,是一条心灵开拓和精神升进之路,亦是一条无止境的奋斗历程。这方面的开辟,可使儒者进退皆可从容而不失据,不论是客观或主观的奋斗,对人生都同样有积极的意义,儒学的精华,就在表达这两面的意义,知识的作用主要在辅助达成这两方面的实践。对实践精神的重视,确立了儒家哲学的宗教性,其不同于其他宗教的地方,是在其他宗教经由信仰所能达到的效果,儒家则经由人文主义或理性主义也同样能达到。从这种特质看道家,它所要求达到的目标,以及如何达到的方法,虽与儒家不同,但强调两面的实践,这一点是相当一致的。透过罗素对西方哲学的了解,它关联到具体的个人和现实的社会政治,在哲学领域内,那是次级的问题;可是在中国,却正是哲学问题的重心所在。认清这一点,在处理中国哲学时,如径以西方形上学和知识论为准,或仅抽象地讨论一些零星的概念,都可能只搜罗了中国哲学的糟粕,不足以显出它的精彩。

在中西对比下,中国哲学的限制,已然可见。由于特别强调实践和实用,所以纯智性的活动缺乏独立性,理论的分析与系统化多不讲求,不容易从中学会自行从事哲学推究的能力。不论是心灵开拓的一面,或是政治社会的一面,都不足以培养出戡天役物的动机。前一面的终极归趋是天人合一,天人合一中的自然不同于科学中的自然,自然已被道德化,所以与人的本性是同质的;后一面的终极理想,是民胞物与、天下一家。这两方面所依据的,是同一个感情的原理:和谐。在这个原理的笼罩下,很难培育出数学演绎的心态和科学实验的动机,缺乏这方面

---

① 《礼记·儒行》。

的成就,就不能使历史产生里程碑的变化,哲学所探讨的,老是在古典问题中循环。纯智性的探求和实验精神,不如西方;心灵的开发和对生命的体验,又不如佛教。中国哲学的独特灵魂,在求内外兼顾,主客统一,是人文主义的一个典型。

中国思想史方法论的检讨[①]

黄俊杰博士在《思想史方法论的两个侧面》一文的结尾说："如何就吾国学问之传统以转成一适当可行之思想史方法论？此实为吾人今日所面临之问题,亦为吾人所应努力以赴之挑战"[②]当我们朝这个目标努力的时候,把前人这方面的经验与见解加以整理并做一番检讨,实是一必要的步骤。

根据我搜集和阅读所及的二十篇文章。给我的印象是:

(一)在过去的六十年中,国内从事思想史或哲学史的工作者,涉及方法论的文字,一半是属于有关著作的序言和绪论,这些文字涉及的问题很广,其中有一部分是个人工作的经验。个别的经验虽不足以形成系统化的方法论理论,但方法论理论的建立,却不能不重视这些经验。

①　编注:本文作于 1980 年 10 月,选自韦政通先生编《中国思想史方法论文选集》,台北,大林出版社,1981 年。该文集收录的思想史方法论论文,除韦政通本人的《我对中国思想史的几点认识》一篇之外,另二十篇分别是:胡适的《中国古代哲学史导言》,梁启超的《道术(哲学)史的做法》,冯友兰的《中国哲学史绪论》,罗根泽的《中国学术思想史计划》,唐君毅的《略论作中国哲学史应持之态度及其分期》和《中国哲学研究之一新方向》,吴康的《论哲学史》,徐复观的《研究中国思想史的方法与态度问题》、《治古代思想史方法——答辅仁大学历史学会问》和《中国思想史工作中的考据问题》,劳思光的《论中国哲学史之方法》,刘述先的《研究中国史学与哲学的方法与态度》,余英时的《〈历史与思想〉自序》,李弘祺的《试论思想史的历史研究》,王尔敏的《近代中国思想研究及其问题之发掘》,史华慈的《关于中国思想史的若干初步考察》,傅斯年的《论性命说之语学及史学的研究》,萧公权的《中国政治思想史之起点与分期》,唐君毅的《〈原性篇〉论述之方式、态度与方法》,以及傅伟勋的《中国哲学的方法论建构问题》。

②　此文原载《台湾大学历史学报》第 4 期,后收入《史学方法论文选集》,台北,华世出版社,1979 年。

（二）从事思想史或哲学史工作的前辈,很少注意同时代的西方有关方法论理论的进展,他们对于方法论的见解,有的来自独立的思考,有的来自工作经验以及对这些经验的反省。晚近从事思想史工作的学者,不但注意当代西方的方法论,且有扼要的评介,受西方方法论影响的论著也已不断出现,这说明中国思想史的研究,已进入一个新的阶段。虽然新观念的引入在中国思想史上应用的成效如何,犹待时间的考验,但有一点是可以肯定的,新观念的介入和方法论意识的提高,必然可以为中国思想史带来新的精神与面貌,并加速中国思想的现代化。

（三）前辈学人大多有单打独斗的气概,成一家之言的抱负,但研究精神不足,封闭、独断兼而有之,对同时代学人的工作经验与研究成果,很少有同情的了解,因此门户之见较深,同于己者则互相标榜,异于己者,往往不免意气之争。在这种学风下,很难讲究谨严的治学方法,也不足以为学术树立典范。年轻一代的学者,这方面已有显著的改进,他们已感受到学术工作正面临着世界性的酷烈竞争,多知力争上游,不论传统和现代,也不论新旧和中西,已逐渐培养出一种稳健持平的态度,做审慎的抉择与评价,假以时日,必能为中国的学术研究开辟新境,为中国的学术独立奠定坚实的基础。

下文共分五节:（一）思想史的目的与理想。（二）处理思想史的方法与态度。（三）思想史中的解释问题。（四）中国思想史的分期。（五）由思想特性带来的困难。

一　思想史的目的与理想

无论是思想史的作者和读者,在他写和读这类著作时,都可能有"思想史的目的与理想是什么"这样的问题。一种学问要成为一门独立的科目,必须有不可取代的目的,也必须有值得永远努力以赴的理想。这目的与理想究竟是什么?　当胡适在 1919 年出版第一部用现代形式撰述的《中国哲学史》（卷上）时,就已注意到这个问题。他提到哲学的内容包括：

    （1）天地万物怎样来的？（宇宙论）

    （2）知识思想的范围，作用及方法。（名学及知识论）

    （3）人生在世应该如何行为？（人生哲学，旧称伦理学）

    （4）怎样才可使人有知识，能思想，行善去恶呢？（教育哲学）

    （5）社会国家应该如何组织，如何管理？（政治哲学）

    （6）人生究竟有何归宿？（宗教哲学）。

    胡先生认为哲学史的工作，就是要把以上"种种哲学问题的种种研究法和种种解决的方法，都依着年代的先后和学派的系统，一一记叙下来"①。此外胡氏又就方法的观点指出哲学史有三个目的：（1）明变。（2）求因。（3）评判②。胡先生的这些见解，在今天已没有必要做深细的检讨，更没有必要做任何讥刺性的批评，须知一件工作的肇始是很困难的。为了和以后的发展有个比较，我只指出两点：第一，当先生写这部开创性的著作时，显然还没有哲学史和思想史区别的概念，就该书的内容看，只能算做思想史。第二，他所说的哲学史的工作或目的是一般性的，还没有注意到中国哲学史或思想史的特殊性。

    1931 年冯友兰《中国哲学史》上册出版（下册是 1934 年），绪论一开头就说："今欲讲中国哲学史，其主要工作之一，即就中国历史上各种学问中，将其可以西洋所谓哲学名之者，选出而叙述之。"所谓西洋哲学，包含三大部：

    （1）宇宙论——目的在求一"对于世界之道理"。

    （2）人生论——目的在求一"对于人生之道理"。

    （3）知识论——目的在求一"对于知识之道理"③。

    以西洋哲学为准来看中国哲学，从类目上中国哲学虽然也包括这三个部分，但就其内容，尤其是思考方式看，至多只能发现中国哲学的

① 胡适《中国哲学史大纲》（卷上），上海商务印书馆，1919 年，第 2 页。

② 胡适《中国哲学史大纲》（卷上），上海商务印书馆，1919 年，第 3—4 页。

③ 冯友兰《中国哲学史》，第 3 页。

粗陋部分。站在西洋哲学的立场,以为中国根本没有哲学,至今仍是西方汉学界一个很流行的看法,冯氏以这样的观点写中国哲学史,如何能了解中国哲学的特征与精华?事实上冯先生并没有完全照他的观点去写,他讲到经学,甚至以为由汉至清都属于经学时代,试问经学属于西洋哲学的哪一部门?新文化运动中的反传统潮流,使中国人在思想上丧失了自主,冯氏处理中国哲学史的观点,乃一典型的例子。冯书比胡晚出十二年,对哲学史和思想史之间仍缺乏清晰的概念。

　　冯书出版后将近半个世纪,劳思光出版了《中国哲学史》第一卷(1968年)这是第一部名副其实的中国哲学史论著,书首有《论中国哲学史之方法》(代序)。讲到哲学史的任务,必须满足三个条件:

　　(1)事实记述的真实性;

　　(2)理论阐述的系统性;

　　(3)全面判断的统一性[①]。

　　(1)、(2)两个要求原则上没有问题,但这两种能力直接从中传统的典籍中并不容易学到,所以要真正做到并不是件简单的事,而这主要涉及思想史的"解释"问题,下文将有专节讨论。关于第三个条件,劳氏的解释是:"就第三点说,哲学史要统观人类心灵之发展,智慧之成长,所以必须有一贯的判断原则,一定的理论设准,以使所下的判断表现一定的识见,一定的尺度。"[②]相应于哲学史而言,这个条件的提出,是一合理的观念。劳氏对西方哲学有相当的了解,他这个观念可能得之于钻研西方哲学传统的经验,在西方哲学传统里,显然可以找到一定的理论设准和一贯的判断原则,否则怀德海说柏拉图以后的哲学都不过是柏拉图思想的注脚就难以理解了。要把这个观念应用到中国哲学的传统,就有很大的限制。

　　中国哲学传统有儒、道、释三条主流,大抵说来,他们重视行为的实

――――――――――――

①　劳思光《中国哲学史》第一卷,香港,中文大学崇基书院,1968年,第15页。

②　劳思光《中国哲学史》第一卷,第16页。

践层次远胜于理论建构,三家对人生问题见解的分歧也远大于西方哲学家在知识论和形上学上的歧异。要由各家内部发现一定的理论设准和一贯的判断原则,这是可能的,隋、唐时代佛家的判教,就很近似这样的工作。但要由儒、道之间或儒、释之间,寻找这样的原则和设准,虽非不可能,然根据它所下判断的效果如何,犹待事实的验证,不能光靠凭空设想。还有,试问这样的原则和设准又如何建立,是得之于经验的抽离或归纳?还是仅根据主现的印象所做的设定? 如是经由前者,当我们真的尝试这样去做的时候,很可能最后会证明所谓一贯的判断原则,一定的理论设准,不过是一个臆测罢了;如果是后者,那就很难避免由自己哲学立场而带来的偏见,罗素的《西万哲学史》,就是一显例。如果哲学史必须有这样的原则与设准,那只能如科学的假设一样,它不是得之于经验的抽离或归纳,但必须在经验的检证程序中不断地加以修正,一个有效验的判断原则和理论设准,必须经由这样的程序才能获得,而且这样的程序是无止境的。

在过去的三十年,治中国思想史者,肯向原典投下惊人精力,在一定范围之内,做彻底整理工作的是徐复观。徐先生谈方法大多是长期艰辛工作中得来的经验之谈,很少凭空臆测之言。他在《研究中国思想史的方法与态度》一文中,也讲到研究思想史者的任务,他说:"中国的思想家,很少是意识地以有组织的文章结构来表达他们思想的结构,而常是把他们的中心论点,分散在许多文字单元中去,……中国的思想家,系出自内外生活的体验,因而具体性多于抽象性。但生活体验经过反省与提炼而将其说出时,也常会澄汰其冲突矛盾的成分,而显出一个合于逻辑的结构。……但这种结构,在中国的思想家中,都是以潜伏的状态而存在。因此,把中国思想家的这种潜伏着的结构,如实地显现出来,这便是今日研究思想史的任务。"①

怎样才能做到这一步? 徐先生提示,在仔细读完一部书,必须加以

---

① 徐复观《中国思想史论集》,台中,东海大学,1959 年,第 2 页。

摘抄,加以条理,加以分析,使义理前后贯通,再左右比较,"我最多的工夫,常常是花费在这一层面上"①,这是最笨的工夫,却是最踏实而有效的工夫,看来很平常,做起来却烦琐而辛苦。这种方法和其他方法一样,甲用之有效者,并不能保证乙用之能有同样效果。因这牵涉到个人的才具,还关联到个人思想的基本立场、态度与训练,而这些多半不是方法所能为力的。

刘述先在《研究中国史学与哲学的方法与态度》一文中②,强调"还出本来面目,这是哲学史家所要实现的第一责任,也是今日研究中国哲学史所要求的终极理想"③。要做到这一点,首先必须有深刻的同情的了解。同情的了解要靠相应的才具,狄尔泰说,"只有一个诗人的心灵才能了解诗。同样,只有一个哲学的心灵才能够了解哲学观念的意义"④。有了这样的才具,才能"探讨哲学思想的真相,来龙去脉,以及它对人生的实存关系,并批评地探讨该思想本身逻辑融通一致与智慧上的成果"⑤。这也就是刘先生所说的"内在的探讨",对佛学与理学,内在的探讨还要包括"内在的体验","如果缺乏体验,根本就看不出这些东西的意义"⑥。胡、冯二氏的中国哲学史,最严重的一个缺点,就是缺乏这种体验。既能具备传统思想家那样的体验,又能具备西方式的系统化的能力,然后去"显发古人思想中所潜在之逻辑性,使其具备与内容相适应之理论结构"⑦,乃今后治中国思想史者努力的一大目标。

西方现代的思想史方法论有很大的进展,其中历史法研究,就是很值得注意的一种。这种研究法不但要了解一个思想家的思想如何形

① 徐复观《中国思想史工作中的考据问题》,氏著《两汉思想史》卷三,台湾学生书局,1979年,代序,第4页。
② 此文原载1968年1月16—18日《中央日报》副刊,后收入《史学方法论文选集》,台北,华世出版社,1979年。
③ 见《史学方法论文选集》,第243页。
④ 《史学方法论文选集》,第239页。
⑤ 《史学方法论文选集》,第373页。
⑥ 《史学方法论文选集》,第242页。
⑦ 徐复观《重印名相通释序》。熊十力著《佛家名相通释》,台北,广文书局,1961年。

成,并进而要研究他如何用他的思想去认识他生存的时代与环境,以及如何决定他对环境所生的反应。这种研究法可以帮助我们在历史研究中发现另一个重要的园地,因历史研究除探索政治、经济及社会的现象之外,还应该去追究个人在参与这历史活动时心境的运作,构想和各种决定行动的动机①。这种研究法在现有的条件与水平来看,未免悬格太高,因为它不但需要通史的充分知识,还需行为科学的技巧,在一生中需要很长时间去做准备,而实际的研究工作却只能在较小的范围内运用。但方法论不能不由一切的可能性方面去设想,从事思想史工作的人,脑中可能性的预设越多,则运用资料的效果也必越大。

在这一节的最后部分,我们不能不郑重推荐史华慈《关于中国思想史的若干初步考察》一文②,照我个人的看法,它是我们搜集的二十篇文章中最重要的一篇,他的方法是针对中国思想史谈的,而他又具备治中国近代思想史的经验,因此特别值得我们重视。因他察觉到"思想史"一直是人文研究中特别模糊不清的领域,所以他企图建立"一个思想史的概念",他从两个问题出发:(1)我们如何界定思想史的范围与局限?(2)我们如何理解思想史与其他学科之间的关系?对这两个问题经过精辟的讨论之后,他为思想史的概念,建立了四点基本假设③:

(1)思想史的重点并不仅仅限于一般所谓的"自主过程"的思想领域内,它主要着重在人类对他所处的生活环境的意识反应。

(2)思想史的理想是希望对于自己研究的人物的思想尽可能达到完全的了解,他并不是一开始就想用一些假设性的起因来"解释"他们的思想,相反地他还承认在这个领域中人类有相当限度的自由。他也对于一些起因假设发生兴趣,但必须对于他所研究的人物的思想背景有真正的帮助。

(3)把人类的意识反应看做是整个人类行为的动因之一,因此对于

---

① 见李弘祺《试论思想史的历史研究》,《史学方法论文选集》,第 370 页。
② 此文为张永堂所译,见《中国思想与制度论集》,联经出版事业公司。1976 年。
③ 《中国思想与制度论集》,联经出版事业公司,1976 年,第 14 页。

观念与人类其他活动领域的关系也有兴趣。

（4）当他把在研究过程中，对于自己所遇到的思想是否有效的问题，能完全不参与这种幻想放弃以后，他仍然企图把自己的判断，以及所想了解的别人的思想划清界限。

以上第一个假设被史氏认为是思想史的中心课题。第二个假设中所谓"达到完全的了解"，是指思想史家要设法了解被研究的人物的环境，正如他们自己所了解的一样；设法了解他们的观念，正如他们自己所了解的一样。史氏也深知这对思想史家实是一种遥远的理想，"然而朝着这个遥远的理想去努力，却正是思想史家主要的存在理由"[①]。第三个假设是对第一个假设的一个补充，而主要是在界定思想史的范围与局限。最后一点是关系到研究思想的主观性与客观性问题，其中蕴涵思想史家要避免把自己的判断当做对别人思想的了解。

二　治思想史的方法与态度

在这个问题上，每一位从事思想史的工作者，都会遇到很大的困难，因为每一种有点效验的方法，都是根据别人的经验经由苦思和探索所得，因此没有一种方法是可以依样画葫芦地拿来应用的，你如果想建立一种适合自己应用的方法，必须靠自己辛苦地摸索。所以下面简介的一些方法，都只能在极有限的范围之内有参考的价值，假如自己没有研究思想史的丰富经验，连有限的参考价值也不容易获得。

早期胡、冯二先生哲学史方法的概念是很粗略的，他们谈史料审定和整理史料的方法，这些当然不是不重要，尤其在初步摸索的阶段，不过这些工作都还只是写思想史的预备工作。胡氏的书大部分的篇幅都在做这种工作，冯氏的书虽摆脱了这个限制，但在方法上依旧没有留下什么重要的启示。倒是有一点仍有必要提出来加以检讨，此即有关冯

[①] 《中国思想与制度论集》，联经出版事业公司，1976年，第18页。

氏对"叙述式的哲学史与选录式的哲学史"的见解。他以叙述式的哲学史，使读者不能与原来史料相接触，易为哲学史家的见解所蔽；而选录式的哲学史又使史家的见地不易有系统地表现，读者也不易获知其所见。因此，冯氏主张"兼用上述两种方式，或者可得较完善之结果"[1]。事实上他应用的结果，不但不完善，而且为这类著作留下一个恶例，一直到今天，仍有人在同类的书中，大量征引资料，引这些资料究竟是何作用，作者自己究竟懂不懂，使读者莫名其妙。选录只是整理资料，做得好可以提供读者一些方便，但这纯是资料性的工作，不属于著作的范围，所以根本无所谓"选录式的哲学史"，如果在今日仍袭用这种方式，我们认为那不过是作者无能和偷懒的遁词罢了。

前辈学者中，值得一提的是罗根泽的《中国学术思想史的计划》[2]，他详细列举了从人的研究、书的研究到学说的研究的细目，并予以简要的说明。这是一个天罗地网式的研究计划，绝不是一个人的能力所能负担的，他的构想也未必尽能切合实际，但在那个年代（1933年）确可以给有志于这方面工作的人，提示几个研究的方向，并可由此而知道如何下手之方。罗氏的研究计划中，特别令人敬佩的一点是，他在那个年代，已觉悟到要"建立中国哲学之独立的事业"[3]，他的觉悟显然表示他对胡、冯二先生的书以及当时一般研究中国哲学的风气，有过批判式的反省，他称这种工作是"使中国哲学家披上西洋的外衣"，是"中货西装的把戏"[4]。这个中国哲学独立的要求，至今仍是我们应该努力的一个目标。要做到这一点，基本上必须要重建精神上的自尊与自信。那些一味歌颂传统文化和抱着一厢情愿的文化优越感的人不足论，因为那只是长期受挫意识的反应；即使那些一生为中国文化而奋斗，并具有高度真诚的新传统主义者，也未必具备充分的自尊与自信，因为他们论及

① 冯友兰《中国哲学史》，第22页。
② 这个计划见于罗氏编的《古史辨》第四册，罗氏的序言中。
③ 罗根泽编《古史辨》第四册，台北，明伦出版社，1970年，第13页。
④ 罗根泽编《古史辨》第四册，第12页。

中西文化时,往往是以中国好的去比西方的坏的,以中国文化的理想去比西方文化的现实,对西方近代文明也相当缺乏平视的眼光和理智的判断。

在当代中国哲学史家中,第一个提出他自己的方法论,并应用于写作的,是劳思光。任何一种方法,在实务中由于一些条件(如资料)的限制,很难予以充分有效的应用,但方法意识的提升,已表示作者的工作是希望能在一定的设准控制下进行,并明显地表示出作者的定见,实际的效果如何,已属次要问题,能严格地问自己提出这样的要求,至少在写作态度上,在同类著作中已是一大进步。劳氏在批评了哲学史的系统研究法、发生研究法、解析研究法后,提出他处理中国哲学史的所谓"基源问题研究法"。对这个研究法的大意,在《中国哲学史》第二卷的"后记"中,有简要的说明:

> 任何一个理论,都是对某一个或某一组问题的解答,因此,当我们想了解一个已成的理论时,我们必须先弄清楚立论者所要面对的是什么问题。又因为建立理论的人,并不常常很清楚地说明他要解决的问题是:一,二,三……等等,因此,我们就得从代表这个理论的著作(或文件)中清理出它所关涉的问题;更重要的是:一个理论每每牵涉多层的问题,而立论者又不一定提纲列目地摆出来,因此,我们每每在努力了解一个理论的时候,发现它所关涉的问题竟有许多,于是我们须作进一步的工夫,从这些问题的'理论关联'着眼,将它们组织起来,看看是否大部或全部问题,可以一步步地系归某一个或某几个最根本的问题。这样,我们就是在揭示这个理论的内部结构。我们所发现的最根本的问题,即是在理论意义上最能统摄其他问题的'基源问题'了。……这样,我们从事了解已成的学说时,就常常可以通过'理论的还原',而找出这个学说的'基源问题',依此展示其理论结构,再补上旁枝论点,便可以显出一个学说的真面目了。

很显然,如果用这个方法研究一家的哲学,是可以很有效的。这不是什么新的方法,凡是探讨专家哲学的人,在不同的程度上都会用到这个方法,至于效果如何,这已不是方法本身的问题。如果用这个方法去处理几千年的哲学史,它的限制也是很明显的。因为哲学史上有许多哲学家和许多不同的学派,哲学家与哲学家之间的思想可能完全对立,学派与学派之间可能有完全不同的假设与前提,在这种情形下,如何了解他们之间经由互相刺激互相论辩,以促进思想史的发展,也是哲学史家的重要工作,这就不是基源问题研究法能完全处理得了的。

劳先生在第二卷的"后记"中又说:"第二卷的写法基本上仍和第一卷相同;唯一的差异是我不曾处处明显地标出各家或各派的'基源问题'——尽管我所用的方法并无大改变。"为什么不再处处标明了?可能是在实际的工作中,感觉到这种方法的限制,当一种方法反而使自己束手束脚,而又无法有效处理复杂问题时,自不能不有所更张了。处理哲学史或思想史这样复杂的问题,不能不讲究方法,但绝无定法,每一种适合自己运作的方法,都必须靠自己积累的经验去构想出来,但也只能是一个大抵的观念,随处遇到不同的问题,都需要表现出史家的匠心独运,墨守任何一种方法,无异是为自己预设陷阱。

唐君毅在《中国哲学研究之一新方向》[1]中,企图为中国哲学研究建立"一更完善的客观研究态度",他列出顺序而进的八个步骤,一至七是辞义、义涵、义系、义旨、义趣、义用、义比之研究,最后一步是"诸哲学在历史中相续出现,而相承、或相反、或相融、或分化之迹象,及其中所表现之哲学精神之生长转易、凝聚与开辟之迹。此为真正之哲学史,或黑格尔所谓大字写之哲学——此可简名为'义通'或'义贯'之研究"[2]。唐先生七大册《中国哲学原论》,大抵是采用这种方法写成。这种方法他又称之为"即哲学史以言哲学"[3]。他主要的目的是以传统哲学为原料,

[1] 此文见唐君毅著《中华人文与当今世界》(上),台湾学生书局,1975年。
[2] 唐君毅《中华人文与当今世界》(上),第387页。
[3] 唐君毅《中国哲学原论》"原性篇",香港新亚研究所,1968年,自序,第4页。

重建中国的哲学,其中究竟哪些是古人的思想,哪些是作者自己的哲学见解,大部分很难分辨,虽然也具有哲学史的意义,但绝不同于一般的哲学史,它是一家言的哲学史,这种方法别人是学不来的。

治中国思想史在注重思想理论的内在探讨之余,又如何兼顾思想理论与文化其他诸领域活动的关系,是每一位从事这一工作者,必须思考的问题。唐君毅在四十年前就说过,"述中国哲学史,则自始即难将其与其他学术文化之交互关系存而不论",原因是"中国哲人的立言,罕有如西方哲人之一以纯粹真理为鹄的者,恒系为应付当时之社会文化之问题,救偏补弊,为求真而求真"①。事实上的确是如此,在今日的问题是,这种交互关系仍待我们去发现,我们又究竟能以怎样的问题去处理这种关系? 在这个问题上,罗素的《西方哲学史》是一个很值得参考的例子,他在序言中说:"哲学家既是因也是果;他们是当时社会环境及政治、制度的结果,也是(如果他们够幸运的话)形成后代政治、制度之信仰的原因。"李弘祺认为罗素这个见解提出了一个比传统哲学史家更进一步的向度,那就是在"文化影响哲学思维"之外,加上了"哲学思想影响历史文化及社会"的观念。罗素根据这个观念,使他的书中"引进大量社会史,以说明各时代政治社会的状况与当时代哲学思想的相互影响"②、罗素的例子似乎特别适用于中国的思想史,因中国历史上的杰出儒者,他们与社会文化之间的因果关系极为显著。

在中国思想中,哲学思想与政治的关系特为深切,要了解这种关系相当不容易,如徐复观所指出的,新文化运动以来,儒家思想动辄被斥为专制政治的维护者,徐先生认为这种颠倒之见,已成为今日研究思想史的一人障碍;据徐氏的了解,"从历史上看,学术思想若与现实的政治处于分离状态,则其影响力常系局部的,缓慢的。若与现实政治处于对立状态,复无有力之社会力量加以支持,以改变当时之现实政治,则现

---

① 唐君毅《中西哲学思想之比较研究集》,台北,正中书局,1943 年,第 349 页。
② 见《史学方法论文选集》,第 377 页。

实政治之影响于学术思想者,将远过于学术思想之影响于现实政治。若在本质上系于现实政治相对立,而在形势上又须有某程度之合作时,则现实政治对学术思想之歪曲,常大过于学术思想对现实政治之修正"①。这个了解,至少为我们提供了一个有用的工作假设。在传统的历史条件之下,观念影响现实政治,必经过现实政治的过滤,屈就与曲解是无可避免的事,不认清这一点即无法对古人的处境有同情的理解。史华慈在前引之文中,对观念与现实政治之间关系的把握,也有很具体的提示,他主张不要用简单的公式来处理这种关系,"我们所需要的还是具体地研究特殊的观念本身,如何适时的与特殊的政治人物发生关系的各种实际情形"②。

中国思想史的研究,老一辈倾向于传统,中年一代与年轻一辈的则比较对近代感兴趣。中国近代思想史对今后的学者,势必具有更大的诱惑力,但其困难的程度,实远过于治传统思想史,最主要的原因,是19世纪中叶以后,中国的思想与世界潮流息息相关,尤其在新文化运动以后,中国简直是世界思潮的战场,每一个思想人物的思想来源不但复杂,而且多变,要追究其思想渊源和发展之迹,皆牵涉甚广,正如王尔敏所说:"由是则须合并古今中外之思想文化与当代时势能通熟了解,始可获得正确之认识,而作较有把握之探讨。"③所以在目前,要写一部比较完整的中国近代思想史的时机似尚未成熟,一个人穷毕生之力能做好几个专题,已大非易事。

本节关于近代思想史的方法问题,只选了两篇文章,一篇是史华慈的,前面已有介绍;另一篇是王尔敏的《近代中国思想研究及其问题之发掘》,这两篇代表两种不同的研究方法,前者接近历史法思想史,后者属于观念史。王先生介绍他的方法:"就是以单一概念为中心题旨的著作形式,个人的著作完全代表这种写作形式的尝试,并且自信是处理现

---

① 徐复观《中国思想史论集》,第7—8页。
② 见《中国思想与制度论集》,联经出版事业公司,1976年,第11页。
③ 王尔敏《中国近代思想史论》,1977年自印本,华世出版社总经销,第520页。

代思想问题一项更有效的方法。很显然我的做法是希望完成一个时代的观念的历史,而不像前人是用人物分别代表时代,并为时代思想的骨干。我是希望做到更清楚地用观念本身的发生演变代表这一时代思想史的发展,人物只是环绕着概念而随时提及。"①王氏的观念史研究,已取得相当的成果,已为这方面的工作开辟了一个新的方向,对思想概念厘清之功很大,是进一步有效处理中国近代思想史不可或缺的基础。

三 思想史中的解释问题

每一个写思想史的人,都不可避免地在使用解释,但有几个人能自觉到自己所使用的解释是哪一种意义? 至于使用解释又如何使它恰当而有效,更是一个困难的问题。

一开始胡适就认为"我们若想贯通整理中国哲学史的史料,不可不借用别系的哲学,作一种解释演述的工具"②。我们都知道,胡先生借用的哲学主要是杜威的实用主义,后来冯氏的哲学史又借用新实在论,他们解释的效果如何,且看刘述先的批评:"但是这书(指胡先生的《中国哲学史》)从后来的眼光看来,缺点也是非常明显的,正像金岳霖在冯友兰《中国哲学史》的审查报告中说的,读胡适的《中国哲学史》像是一个美国人写的中国哲学史,不像是一个中国人写的中国哲学史。这是因为胡适的立场根据是杜威的实用主义,不免把许多现代的观念运用到中国古代哲学材料的解释上去。……可是有趣的是,冯友兰也犯了和胡适相类似的毛病,他又把新实在论的观点运用到史料的解释之中,这未必与中国哲学的精神相应。……这种外在的论点都是我们在今后必须要避免的陷阱。"③

这里关涉的一个问题是:讲中国哲学,应不应该或能不能用外国的

---

① 王尔敏《中国近代思想史论》,华世出版社总经销,1977 年自印本,第 522—523 页。

② 胡适《中国哲学史大纲》(卷上),上海,商务印书馆,1919 年,第 32 页。

③ 见《史学方法论文选集》,第 239 页。

哲学或方法？我们认为绝对应该，而能不能则是一事实问题，即在事实上能不能做有效地运用。所谓"有效"的第一条件即精神上必须相应，要做到这一点，又必须对所要解释的中国哲学以及借用的西方哲学，都有深切的了解。胡、冯二氏解释之不当，不是说他们不该借用西方哲学，而是他们对中国哲学本身大部分缺乏相应的心态和相应的精神，因此对究竟该引用哪些西方的理论来解释中国哲学相当的部分，就无法做适当的选择，结果只成了用外在的论点做外在的解释，就不免为罗根泽所讥讽的所谓"中货西装的把戏"了。

引用西方理论来解释中国的思想，近几十年来一直有人在尝试，较近的两个例子是余英时和傅伟勋。余先生引用英人柏林"狐狸"与"刺猬"的分类，以分析章实斋与戴东原的异同，并兼及朱、陆的异同①；傅先生则援用现代美国哲学的方法论，来解析孟子的性善学说及其与告子的辩论②，其成效皆甚显著，尤其是余氏之作，已为传统思想史的研究，提供了一个范例。由这两个例子，可知把现代的观念运用到中国古代思想材料中去解释，不但应该，而且必要，问题在如何做恰当的运用。

关于对"解释"本身的区分，我于《我对中国思想史的几点认识》（《中国思想史》绪论）一文，曾简介余英时的分法。余先生根据近代历史哲学的发展，指出两种不同意义的解释，一是玄学派的解释，在英文中是 interpretation；一是批评派的解释，则当是 explanation。后者的作用是将许多孤立的史实的真正关系找出来，使历史事件成为可以理解的。这种解释乃是历史事实的一部分，决不容分割。前者则是人所加予历史事实的一种主观的看法。中国传统的历史哲学，显然是属于玄学派的成分居多，运用的解释也是玄学派的解释。这个传统的思考的习惯，可以帮助我们了解，为什么西方玄学派的历史哲学，如黑格尔，斯宾格勒及汤因比的历史思想，都曾在中国引起广泛的注意，而批评的历

---

① 见余英时《论戴震与章学诚》，华世出版社，1977 年。

② 傅伟勋《美国近年来的哲学研究与中国哲学重建问题》，见高希均主编之《现代美国行为及社会科学论文集》，台北，学生书局，1973 年。

史哲学却很少有人研究的部分原因。

在中国思想史家中，对解释问题有高度的自觉，并对自己所运用的"解释"有很清楚的说明的，是徐复观。他以治思想史的丰富经验，认为"任何解释，一定会比原文献上的范围说得较宽、较深，因而常把原文献可能含有，但不曾明白说出来的，也把它说了出来。不如此，便不能尽到解释的责任。……并且没有一点解释的纯叙述，事实上是不可能的。对古人的古典的思想，常是通过某一解释者的时代经验，某一解释者的个性思想，而只能发现其全内涵中的某一面，某一部分；所以任何人的解释，不能说是完全，也不能说没有错误。但所谓解释，首先是从原文献中抽象出来的。某种解释提出来以后，依然要回到原文献中去接受考验，即须对于一条一条的原文献，在一个共同概念下，要做到与字句的文义相符。这中间，不仅是经过了研究者舍象、抽象的细密工作，且须经过很细密地处理材料的反复手续"[1]。徐先生所说的解释，很接近批评派的解释，但并不完全排斥主观的参与，在史学上纯客观的解释，亦如没有一点解释的纯叙述，事实上都是不可能的。在罗根泽的思想史方法中，提到"通释"的方法，并以胡适《诗三百篇言字解》和黎劭西《三百篇之"之"》，为这种方法应用之例，这也可以说是批评派解释的一种应用，如能扩大到思想概念的研究，实都可以为思想史的研究做好奠基的工作。

当我们对怎样的解释才是有效的问题有了初步的认识之后，不妨再了解一下，哪些解释是不当的？关于这个问题，前面已检讨过胡、冯的例子，此外，在我们搜集的论文中，史华慈之文一再讨论一般对"起因"解释的不当，例如杜威把柏拉图和亚里士多德的哲学认定为奴隶社会的产物。史华慈说："像这样草率地用'起因'来把柏拉图与亚里士多德思想一笔抹煞，并不只是因为缺乏'解释'他们的思想的热忱，事实上

––––––––––––––

① 徐复观《中国思想史论集》，第 3 页。

是由于心理上根本觉得他们的思想错误。"①在中国也不乏其例,如把五胡乱华视为起因于魏、晋清谈,将明之覆亡以为起因于空谈心性之类。起因的解释,有时候根本只是作者所假想的,即使不是假想的,单线的起因说,对我们所研究的对象的了解,也没有多大的帮助。"我们所不敢信赖起因的解释,是我们认为人类对于他们所处的环境所产生的意识反应,并不仅仅就是整个历史环境的结果,或是任何起因解释所能提供的原因的结果。"②史氏指出,在人类意识的反应中,他们还有一些有限的创造力。本诸这个了解,似乎可以拿来批评民初以来对"儒"之起源的种种解说,这些解说多半只是作者所假想的起因③,连带着那些喜欢以社会史观点作解说的人,都不免忽视了儒本身在一定限度内的创造力。

四 中国思想史的分期

思想史的分期与思想史家对思想史的整体的了解不可分,因此,恐怕很难有所谓客观妥当的分期法,盖所有的分期,都不过是处理史料的一种方便。我这样说,并不表示中国思想史的分期可任意为之,也不是说所有的分期都同样适当,其中的问题仍值得做点检讨。

当第一部中国哲学史出现时,胡适把它区分为三个时期:

(1)古代哲学——自老子至韩非。

(2)中世哲学——自汉至北宋。

(3)近世哲学——自南宋至清。

他的古代部分从老子讲起,后来曾遭到许多非议,似乎也不再有人跟着他这样去讲过。所有关于老子其人与其书的考证,虽然还难说已得到多少定论,至少有一点是可以确定的,老子的《道德经》这本书,不

---

① 见《中国思想与制度论集》,第 12 页。

② 见《中国思想与制度论集》,第 8 页。

③ 如:(1)胡适《说儒》;(2)冯友兰《原儒墨》;(3)钱穆《驳胡适之说儒》;(4)饶宗颐《释儒》。

能早于孔子,不管历史上曾有几位名字叫老子的人,我们讲老子的哲学
却不能不依据《道德经》。当胡氏写此书时,恐怕对中国思想史还不能
形成一整体性的观念,因此在分期上只能袭用西方史之成例,分为古
代、中世与近世。三世的区分在西方有明显的特性作为其区分的依据,
即使如此,也并非可以一成不变,近代杰出的西方哲学史家文德尔班就
未沿用这个方法,他把西方哲学分为七个部分(阶段):(1)希腊哲学。
(2)罗马哲学。(3)中世纪哲学。(4)文艺复兴哲学。(5)启蒙哲学。
(6)日耳曼哲学。(7)19世纪哲学。胡适套用西方分法于中国,又将北
宋哲学划入中世,实有悖于常识。至于中国的近世,究竟始于何时,更
是众说纷纭,莫衷一是,胡先生以南宋为近世之始,很难有充分理由支
持其说。劳思光极不满于胡书,但于分期也只是把胡氏分法稍加调整
而变其说,而以先秦为初期,汉至隋、唐为中期,宋至清为晚期。把两
汉、魏、晋、隋、唐统划入中期,很容易忽视由西汉到东汉到魏、晋到隋、
唐,在思想上一波一波的重大变化,在这些不同段落中他们思想的基本
特色也有很大的差异。劳氏把这一千一百多年的思想,统称之为“衰乱
期”,即“中国文化之衰落及哲学思想之混乱”[①];就哲学史而言,这是极
为表象的观察,有极浓的主观判断。“中期”如只当做时代的划分,倒无
所谓,经这一解释反而有问题了。“衰乱期”之说,很像西方有些史家视
中古为黑暗时代,这样的了解对史事的探讨毫无裨益,史家宜尽量避
免。今后中国的史家如仍坚持要中世、近世的分法,也必须从中国历史
发展的轨迹中去寻找其意义,中国的中世不同于西方的中世,宋以后的
儒学复兴与西方的文艺复兴也大异其趣。

　　梁仟公于1926、1927年间在《中国历史研究法补编》的讲稿中,把
中国的道术史(即哲学史)分为三类,即主系、闰系和旁系。主系指由中
国人自己创发者,如先秦、宋、元、明;闰系是继承主系做整理解释的工
作,如汉朝到唐初对于先秦的学术,清朝对于宋、明;旁系是外国思想输

---

① 劳思光《中国哲学史》第二卷,香港,中文大学崇基书院,1971年,第9页。

入以后,经由消纳变成自己的,乃至演成第二回主系的思想,此最主要是指六朝、隋、唐的佛学①。这是一种粗略的分法,问题很多。第一,如把先秦和宋、元、明都看做主系,如何区分他们之间的不同? 照梁氏所界定的主系,只有先秦可以当之。第二,把汉至唐初的学术视之为对先秦的整理与解释,如仅由经学方面看,还可以说;如就哲学思想方面看,就不够周延了,因其间的王充和阮籍、嵇康,对先秦儒家不但有批评,甚至有强烈的反对。第三,把清代思想视之为对宋、明的整理与解释,虽有一部分事实做依据,但这样去了解,不仅看不到清代思想与宋、明立异的部分,更看不到这一代思想的大趋向。

在所有的中国思想史分期之说中,以冯友兰之说最为特别,也是最不可取的。说它特别是指他把自孔子到康有为仅分为两个时代,自孔子至淮南王为子学时代;自董仲舒至康有为为经学时代。为何叫经学时代? 因为"在经学时代中,诸哲学家无论有无新见,皆须依傍古代即子学时代哲学家之名,大部分依傍经学之名,以发布其所见。其所见亦多以古代即子学时代之哲学中之术语表出之。此时诸哲学家所酿之酒,无论新旧,皆装于古代哲学,大部分为经学之旧瓶内。而此旧瓶直至最近始破焉。由此方面言之,则在中国哲学史中,自董仲舒至康有为,皆中古哲学"②。他这样的分期对不对,以今日研究中国思想史的水平,已没有批驳的必要,至少这代表他自己的见解,他也有权这样去处理,如果说他的那部《中国哲学史》有不少缺点,大概与分期的见解也没有太大的关系。我们说他的分期最不可取的,是他认为中国哲学史没有近代,这完全是就西方看中国,代表中国哲学家丧失自主性的反应。说中国哲学史没有近代固然不对,另外一种说法,因清代与宋、明的思想有某种程度的对立,往往喜用考据的观念去概括它而加以贬抑,这也是今后治思想史者应当避免的独断态度。清代思想经过好几个段落的

---

① 梁启超《中国历史研究法补编》,商务印书馆,1933 年,第 206 页。
② 冯友兰《中国哲学史》,第 492 页。

演变,它的内涵比一般想象的要复杂得多,它在思想史上的地位与价值
比之宋、明如何,现在恐怕还不容易下一断然的结沧。

　　唐君毅于 1940 年有篇《略论作中国哲学史应持之态度及其分期》,
唐先生认为中国哲学史的分期,当注意哲学与其他文化之关系及哲学
潮流中所表现之精神①,这表示他的分期说有一定的观念为准。他把中
国哲学史分为五期:

　　(1)自上古至孔子——在此孕育期中,哲学与政治及其他社会文化
三者,盖融而为一,恒即事以言理;

　　(2)由孔子至两汉——自孔子散学于民间,于是官帅分、政教离,哲
学自原始三者之胚胎中脱颖而出,独立于政治之外。由孔子演为诸子
之学,乃一本而分殊之势;由吕览、淮南而董仲舒,乃由分而合之势。

　　(3)由魏、晋至唐——魏、晋乃老庄之学,隋、唐为佛学盛世,皆与政
治若绝缘,但有社会文化之影响。玄学足以拓展文学艺术的境界,佛学
则夺中国哲学之席而成为中国哲学的主流。

　　(4)自宋至明——宋、明讲学之士,与在上之统治者立于反对之地
位,讲学以诏世,直接影响于社会之道德及风俗,复夺回佛教夺去之席。

　　(5)由明、清之际迄近代——此期学术复求与政治合,希望学术能
影响政治,其间虽经乾嘉之考据,至晚清终达改造政治的目的②。

　　以上的分期,分期本身没有大问题。说孔子以前为中国哲学的孕
育期,是很正确的见解,只是以目前研究的成果,还很难为这一期描述
出一个完整的面貌。注意中国哲学史与政治的关系,这一点很重要,但
其间的关系绝不如此简单,例如说孔子以后的儒家,谓其思想相当程度
地独立于现实的政治,此犹可说,但在政治理想方面却仍有强烈的要
求。墨家、道家于现实政治都有强烈的反应,法家根本只是一套政术。
西汉儒者与政治的关系,尤其是对政治的态度,又大不同于孔、孟、荀,

---

① 唐君毅《中西哲学思想之比较研究集》,第 350 页。
② 唐君毅《中西哲学思想之比较研究集》,第 351—357 页。

秦以后的道家盖已失去老、庄式的抗议精神。若谓唐代佛学与现实政治绝缘绝非事实,其间关系的密切,比之西汉儒家或又过之。谓宋、明儒者与统治者立于反对之地位,亦不尽然,此期儒者与先秦孟、荀相比,盖多已失去对现实政治批评的精神,因其所处之政治环境远非昔日可比。思想史的现象十分复杂,必须尽量摒除成见方能尽其曲折,把一个个局部的现象弄清楚,才可以观其大抵趋向。

罗根泽于中国思想史的分期,其着眼点与以上诸家之说都不同,他特注重外来思想的关系:自上古至东汉末,虽然已和印度佛教发生了一些关系,但学术思想并未受多大影响,他称之为"纯中国学时期";自魏初至五代末为"中国学与印度学之交争时期";自宋初至清中世为"中国学与印度学之混合时期",也叫"新中国学时期";自清中世至现在(1933年),为"新中国学与西洋学之交争时期"①。这样的着眼点最大的缺陷,是把汉以后的思想史仅看做是受外来思想刺激反应的过程。以表象代本质,如何能深入中国思想史的真相,又如何能发现思想的自主过程?当然,这个观点确也接触到思想史的一部分现象,有参考的价值。

以上对中国思想史分期的种种说法,有的是因为对中国思想丧失了自主,有的是因没有把中国的思想看做一自主的过程,如能把这些缺点改正,这问题就比较容易解决。另外一个困难的原因,是中国思想史缺乏界际明晰的概念,有的用学术史,有的用哲学史,有的用思想史,尽管它们的内容有很大的重叠部分,但重点和涉及的面以及处理的方法应该有所不同,但因我们对这些都缺乏明晰的概念,所以有人干脆用学术思想史或哲学思想史,其用心或许是想弥补其内容的混淆,事实上反表明其缺乏重心,概念之不够明晰,显然影响到分期问题的解决。如果我们把思想史确定在某一领域,这些分歧之见就可大为减少,如萧公权对中国政治思想史的分期②,可能引起的争论就不大。萧先生对中国政

---

① 罗根泽编《古史辨》第四册,台北,明伦出版社,1970年,序言,第2—3页。
② 萧公权《中国政治思想史之起点与分期》,见《迹园文存》,大西洋图书分司,1970年,第96—111页。

治思想史提出两种分法：

（甲）按思想演变之大势，可分为下列四大段落：

（1）创造时期。自孔子至始皇统一，即先秦时代。

（2）因袭时期。自秦、汉至宋、元。

（3）转变时期。自明初到清末。

（4）成熟时期。自三民主义之成立以迄于今。

（乙）按思想之背景，又可划分为下列三时期：

（1）封建天下之思想。与上述创造时期相当。

（2）专制天下之思想。与上述"因袭时期"及"转变时期"之前大部分相当。

（3）近代国家之思想。包括戊戌维新及辛亥革命以迄今日，与"转变时期"之后部及"成熟时期"相当。

以上这两种分法虽都可用，但前一种分法要比后一种为优，原因是"封建"、"专制"、"近代"在现代一般人的意识中，已染上浓厚的价值色彩，以追求客观了解为职志的思想史家不得不避免。萧氏的《中国政治思想史》虽混合标示，实际是采用前一种分期法。这个分法当然不适用于哲学史或思想史，因就哲学史或思想史看，秦、汉至宋、元既非"因袭"，明、清的思想也不是仅能由"转变"获得其解，清末以降的思想更谈不上"成熟"。但从这个例子，如果我们对思想史有清晰的概念，分期的问题就不难解决。

五　由思想特性带来的困难

这一节要讨论的，就方法论的观点言，属于一很特殊的层面，也是治中国思想史独有的困难，这个困难之存在，与中国传统思想的特性有关。以往的思想史家在不同的程度上接触过这个问题，下面把他们的意见罗聚起来，作为我们讨论的依据。

　　冯友兰曾提到中国哲学的若干弱点：(1)论证不足；(2)不重知识；(3)逻辑不发达；(4)对宇宙论的研究甚简略。弱点之外，他认为中国哲学注重"内圣"之道，故所讲修养之方法，极为详尽，这方面中国实极有贡献①。重视内圣之道，乃中国哲学重要特征之一，上述诸弱点之形成，正与此特征密切相关，所以弱点从另一方面看也正是中国哲学的特点。劳思光也提到中国哲学中"既没有逻辑研究，也没有知识论"②。刘述先则谓"中国连印度因明的三支论式都没有发展出来，遑论西方形式逻辑的规条与现代符号逻辑的成就"③。另一方面刘先生也指出"中国哲学的用心是在内圣外王"④，内圣问题牵涉到内在的体验，"如果缺乏体验，根本就看不出这些东西的意义"⑤。徐复观也有相似的看法："中国思想家，系出自内外生活的体验，因而具体性多于抽象性。"⑥

　　这些见解，有相当的一致性，即中国哲学重体验，因而相对于西方的哲学传统而言，中国缺乏逻辑和知识论，因缺乏逻辑和知识论，使哲学的表现只有简单而粗陋的形式，这个形式，现代的哲学学者必须打破。可是创造新形式的能力，仅由自己的传统却学不到，这就必须借资于西方。一个习惯于中国传统思考习惯的人，想进入西方的哲学传统，是一件极其困难的事，我们学习西方的哲学至少也有大半个世纪的历史，而成功的例子极为少见，少数有点西方哲学训练的人，一旦讲到中国的传统，仍然表现出传统思想习惯的例子，却比比皆是。这又是什么原因呢？傅伟勋抱怨当今继承以及发挥中国传统哲学的著作："论述或疏解中国传统哲学思想，为何仍要使用两千多年来无甚变化的语言表达？为何永远脱离不了大量地引经据典？假如从这类著作去掉经典引句，剩下多少著者本人真正的观点或创见？为什么在这类著作很少看

---

① 冯友兰《中国哲学史》，第 8—11 页。
② 劳思光《中国哲学史》第一卷，第 19 页。
③ 《史学方法论文选集》，第 240 页。
④ 《史学方法论文选集》，第 241 页。
⑤ 《史学方法论文选集》，第 242 页。
⑥ 徐复观《中国思想史论集》，第 2 页。

到一种具有锐利的批评精神？尤其在儒家系统，为何多半的现代学者只能做到申论孔孟思想的伟大，而不愿平心静气地探讨所谓儒家圣人的思想功过之两面？"①一连串提出四个问题，其中第一个问题，要中国的哲学语言有更大的变化，哲学学者必须熟悉另一种语言的表达，尤其要纯熟另一种语法结构和思考习惯。这种变化目前正在加广加深，假以时日可以不成问题。第二个问题，基本上是关涉到理解、理论架构及独立思考等能力的问题，要解决这个问题，有待于这些能力的提高。第三、第四是一个问题，即批判精神的缺乏，要解决这个问题，必须培养合理的怀疑态度和同情的了解及客观研究的能力，还要具备中国哲学以外的广泛知识。有了合理怀疑态度，才能发现问题；有了同情的了解的能力及客观研究的成果，才能提供批判的基础；具备广泛的知识，不仅可能发现中国哲学内涵的限制，同时也有助于发现原有哲学的新的意义。

以上种种能力的培养，都需要从另一个传统中去吸取，这方面只能渐进，短期间很难解决。我们的问题还不止于此，我们的真正困难是在谨严的理论之中，如何仍能保存传统哲学的体验？谨严的理论可以使概念明晰，令人耳目一新，若不能保存体验，岂不丧失了传统哲学的精神？徐复观所说："以思辨之力，推扩其体验之功，使二者能兼资互进"②，确是今日治中国思想史者努力的一个目标，而实际的情况是，愈有思辨能力的人，可能离体验愈远，在这个连人格都被市场化的时代，又如何能唤起中国学者道德实践的愿望？缺乏这种愿望又如何去体验传统的内圣之道？在西方，思辨与体验可以分道而行，而现代中国却要求使二者融而为一，这是由于中国传统思想的特性带来的困难，如何克服这个困难，是对中国哲人智慧的一大考验。

① 傅伟勋《美国近年来的哲学研究与中国哲学重建问题》，见高希均主编之《现代美国行为及社会科学论文集》，台北，学生书局，1973 年，第 324—325 页。
② 徐复观《重印名相通释序》，载熊十力著《佛家名相通释》，台北，广文书局，1961 年。

传统思想的现代转化

中国传统思想及其更新之道[①]

《大同》杂志主编指定约我写"中国人的思想"这个题目。在一篇短文中，要想对这个题目所涵的内容及其流变做个鸟瞰式的了解都不容易，更不用说做深细的分析。因为我不久前刚写完《中国思想史》，现在就以此书做主要参考，对中国传统思想的精义及其流变的主要脉络，做个简要的提纲，最后则对中国人的思想如何更新这个问题，提出一点个人的见解。

一 中国思想的黄金时代

中国思想的黄金时代在先秦。先秦的思想，从孔、墨的显学到战国的诸子，它表现最大的特色，是思想的多元性发展，无论是思想的形式和内容，几乎个个都不同，即使同属一个学派，也绝少陈陈相因的迹象，都有他自己独特的创见。

先秦时代的思想，史称诸子百家，但具有比较完整的史料和思想体系，并对后世有持续影响的，不过儒、墨、道、法四家；而对秦、汉以降两千年的中国文化具有定型作用，并对中国文化各领域都产生广泛而又深远影响的，只有儒、道二家：儒家在社会、政治方面影响较大，道家对

---

① 编注：本文作于 1980 年 10 月，原载台湾《大同》半月刊第 62 卷 20 期，曾收入韦政通先生著《中国思想传统的现代转化》，台北，洪叶文化公司，2000 年。原标题为"中国人的思想——兼谈思想更新之道"。

文学、艺术方面影响较深。二家都是人本主义，对超自然的兴趣都很淡薄。

不论老子是生于孔子之前或孔子之后，诸子思想的开创性起点是在孔子而非老子，现在我们能看到的《道德经》，它的内容对儒家思想有明显的批评，所以著作《道德经》的老子，不可能在孔子之前。孔子所以能居于诸子思想开创性起点地位，因诸子当中没有一个人思想与传统之间能像他那样有深密的关系，他继承了传统，更重要的是他把传统做了创造性的变革。例如他把原始宗教中的天神，转化为道德意义的天命或是天道，由下学而上达的自我实现过程中，开出天人合德的境界，使原来祈求膜拜的心理，转化为自主性的奋斗和自我的成长；又如由传统仁的德目，发展出一套仁学。孔子的仁不只是一个规范，它是所有规范在人性中的基础，也是宇宙生成的原理。他的仁学为中国发展出一个道德的宇宙，因而也形成了一个以道德为中心的文化。孔子深知道德自我的成长与智性的成长分不开，他不但具有丰富的传统经典知识，且有高度运用古典知识的能力。他运用这些知识教人，也运用这些知识为自己的文化目标服务，并赋予这些知识以新的生命和新的意义。

文化是为人生的目的服务的，人生目的有很多，但最重要的是要能发展人的潜能。一个好的思想体系，必须为发展人的潜能提供途径和方法，孔子的仁学满足了这个要求。春秋末期的中国，面临两大问题：一是社会秩序的重建，其中包括政治领导中心的重振和社会的贫富问题；一是个人内心的调理，其中包括道德规范的确立和社会秩序在人性中的基础。仁学的体系即针对这两大问题而展开，他不但为政治确立为政以德的标准，也为社会经济提供了合乎于人道的均平理想。在促进自我实现方面，其他民族用宗教方式所能完成的，仁学使人靠自身的力量也同样可以完成，这就是儒家人本主义的精神，后来成为中国文化最基本的特性之一。

如果说孔子要到西汉靠政治的力量才成为中国文化思想的中心，那是不正确的。孔子在他前后的人物中，早就是最具代表性的一个，他不但对当时的问题认识很深,也没有一个人能像他关心全面性的问题,晚于他的诸子,不论赞成他或反对他,也没有一个不受到他的影响,赞同与责难,都把焦点集中于孔子,这就足以证明他在先秦时代就已居于思想史的中心地位,并成为文化思想的代表。

孔子儒学所涉及的范围,概括地说是内圣与外王。孔子二位杰出的继承者和发扬者孟子和荀子,一个偏向于内圣,一个偏向于外王,孟子就心性问题做了较大的发扬,荀子在社会政治思想方面有较多的建树,必须把二人的思想合观,才能看出先秦儒学整个发展的轮廓。

分开来看,孟、荀各有一套完整的思想体系。孟子对儒学最大的贡献,是建立了心性之学,为儒家的道德理想提供了一套理论,这套理论的特色,在强调仁义内在,认为人具有普遍而又具体的内在理性。由于内在理性世界的发现,才使儒家的人文思想以及儒家推动的人文运动,找到真正的依据和动力。孟子心性之学的另一特色,是重视道德实践的修养工夫,这是儒学的精髓所在。这方面的儒学,既是哲学的又是宗教的,说它是哲学,因为它有一套实践的理论;说它是宗教,因为它要求改变我们实际的生活。说儒家是宗教,又与其他的宗教不同,其他的宗教强调信仰,儒家是要经由心性的修养工夫,去完成一般宗教所要完成的人生大业,它为人类开启了一条独特的精神奋斗之路。

孝道的提倡,是孔、孟道德思想的又一特色。孝道在孔子,主要是维持长幼之序的准则,它的功能限于伦理的范围之内;孟子扩大了孝道的功能,孝不仅是王道的一个条件,甚至说"尧、舜之道,孝弟而已矣"。这是所谓的以孝治天下,为泛孝主义思想的先河。孟子塑造的两个孝子的典型——曾参与大舜,对传统中国的社会产生极为深远的影响,元人郭居敬曾将他们列入"二十四孝"。

民本思想是中国政治思想的重要传统。这种思想在孔子以前已有很长的历史。周人立国之初强烈的道德意识和厉王以后多次人民推翻暴政的事件,为这种思想的发芽滋长,提供了有利的背景与环境。孔子继承了这个传统,孟子又把它发扬光大。民本思想以亲民爱民重视民意为主,至孟子又有"民贵君轻"之说,秦、汉专制政体形成以后,帝王中爱民亲民者少,"视天下为莫大之产业","屠毒天下之肝脑,离散天下之子女"(黄梨洲语)者多,因此,儒者就民本立场攻击专制君主的言论历代都有,黄梨洲是其中最猛烈的一个。民本思想是一种民主的理念,但中国传统始终没有进一步发展出宪法、议会、选举、人权等民主政治的要件,因此对私有天下与一治一乱等根本的政治问题也不能解决。

孟子心性之学含藏的一个问题,是他没有注意到经验知识在道德实践工夫中应占怎样的一个地位,这个问题严重影响到后世儒学的发展,也伏下宋以后儒家内部长期争论的因子。孟子的偏向为荀子预留了发展天地。荀子则重视经验知识,探讨知行问题、人性问题都采取经验的观点。就前一问题,他主张"知明而行无过",这是知识优先的成德论,与孟子主张人之成德必须内发于道德的心性根本不同。就后一个问题,他认为人的善行乃教化所致,根据经验的观察,他发现性恶。他攻击孟子性善说,是因不了解二人之间有观点上的差异,二人所说的人性是在不同层次上具有不同意义的人性。后人一直以为荀子主张性本恶,也是误解。荀子重知识和理智主义的倾向,使他在知识论和逻辑的概念方面,都有相当成就,后世儒者在孟子的影响下,很少对这方面的问题感兴趣的。由于理智主义的光耀,使荀子把人本思想推展到一个新的高峰。荀子活跃于战国后期,因此他从老、庄那里承藉了自然天道观,从墨家和名家那里得到理智主义的训练,这才使人本思想获得新的发展。这个发展是把自然的天与创造性的人为,一分为二,使人对天神希求、怨慕、恐惧等感情的纽带,全部切断,使传统信仰的对象,从万物主宰的意义,转化为人力所能控驭的对象。

就政治思想言,孟子为主观的道德形态,荀子则为客观的礼义形态,或称之为礼治主义。后世中国被称为礼教控制的社会,受荀子的影响很大。此外,孟子亲君而荀子尊君,孟子不重富强,荀子主张富国强国,反映出二人时代的不同。到荀子时,礼与法经过长时期的对立,因此他虽然重礼,但已有调和礼法的倾向,处处都可以看出他的思想是比较能向客观方面落实的。

墨子的学说,是在批评了儒家之后发展出来的一个新系统,在战国初期对社会影响很大。他批评儒家是站在贫苦民众的立场,也反对阶级,是当时平民的代言人。他思想的特色,可由著名的三表法看出来:(1)认为天下事的好坏应以古代的圣王为依据;(2)任何事物是否真实,必须诉诸人类的感官经验;(3)以功利或效用的观念作为价值判断的准则。三表法是墨子思想的基准,他的系统就由此而展开,并作为论证的依据。先秦诸子之中,没有一家的思想,能像墨子注重条理,讲究方法。他这种重智的心态,使后期墨学发展出逻辑思想与科学思想,为中国古代思想创造了光辉的一页。

墨子以提倡兼爱最著名,兼爱与孟子之主张的差等之爱,显然对立,用现代社会学的名词来区分,一是"道德的普遍主义",一是"道德的分殊主义"。所以形成这种差别,一是这两种伦理观所依据的社会基础不同。差等之爱以家族为基础,在家族团体里爱的表现必然有亲疏之别。墨者团体非血缘团体,成员的集合是基于共同的志趣和理想,在这样的团体里,正义、公道才是最重要的价值观念,这种价值观念没有亲疏差别可言,所以,比较容易产生普遍平等之爱的观念。其次,墨子主张兼爱必须法天志,天志也是衡度天下事的明法,兼爱之所以可能,是它以明法为根据,与差等之爱发之内在的心性恰相反。发之于内在心性的爱,是具体的爱,根据天志的爱虽是抽象的,落实在人际之间,却是互利的爱。与兼爱主张相连的有非攻,非攻是一种和平主义,墨子和他领导的墨团,是和平主义的实践者。

孔、孟、荀的思想与古传统都有很深的关系,墨子反儒家,但古圣王仍为其三表法之一。老子的思想和殷周以来的文化传统,很少有明显的关联,他不托古,也不提以往历史上的人物,他超越了传统。他的声音来自旷野,他的精神游离于历史之外,读他的书,随处令人栗动,他把我们习见的是非标准都给搅乱了,对他生活其中的文化与社会,他有着强烈的叛离要求,但他并不因此主张出世,他向往一种不须心智造作,不须意志挣扎而能符合自然的生活。老子善用"吊诡"(正言若反)的语言,盖其深知一般人所了解的世界,只是一个由一定语法语意所编织的世界,想要改造它使人有一种新的向往,必须先改变人们对世界的认识,吊诡语言,就具备这种功能,使人们平日根据一般语法所把握的意义顿时失其所依。老子第一个用道、自然、有、无等概念,建立了非道德意义的形上学。政治方面他主张无为而治,反对政府干涉人民。此外他极端反对战争,希望一个人与人之间能和谐相处的社会。在人生的目标上,他主张返朴归真。

在政治、社会和人生的主张上,庄子与老子大抵相同,但他们思考和表达的方式不同。老子的思考是概念思辨的方式,庄子主要是诉诸主观的体验。老子的表达是分解的,庄子的表达是描述的。庄子具有洞察万物的直觉力和纵横奔放的想象力,依照概念思考的方式,宇宙间有形上、形下之分,人世间有内外界、物我、人己的区别,可是在庄子通透的直觉中,宇宙万象皆化为浑沦的整体,人则"游"乎其中。他的想象力用他自己的话来说,真是已经达到"游无穷之野"、"出入六极之外"。庄子所以能对中国的文学和艺术产生重大影响,这两种能力的开发,以及示范性的作品,应是重要的原因之一。

老子思想的重点在政治哲学,庄子一生思索的重点是人类的生命,他体会的问题有久远的意义,因为那是所有追求自我实现者都多少要遭遇到或感受到的问题。人生的目标是多元的,但是由欲望或人性引发的困扰,往往相似甚至相同,庄子对这种困扰发掘很深。揭发人类现实生活的种种迷惑,还只是庄子思想的一个起点,他最关心的问题,是人如何才能从感性文化和智性文化造成的生命分裂与冲突中解脱出来,使人能过一种真正自由而快乐的生活。这个要求,使他在生命世界的荒原上,开辟了一条精神超越的大道。

庄子对现实世界的态度是厌而不离。厌,是因为他洞察到现实世界人们所追求的富贵权力背后隐藏着的人生陷阱。庄子钓于汉水之滨,楚王派二使者请他出仕,他持竿不愿,但问使者:"吾闻楚有神龟,死已三千岁矣,王巾笥而藏之庙堂之上,此龟者,宁其死而留骨为贵乎,宁其生而曳尾于途中乎?"二使答道:"宁生而曳尾途中。"庄子说,你们回去吧,"吾将曳尾于途中。""曳尾途中"象征着自由自在的生活,庄子宁可以饥寒为代价,换取这种生活。神龟乃追求富贵权力者终极命运的象征,历史上曾有多少人为满足富贵权力而杀人,而制造暴乱,迫害异己,他们所追求的最后目的与"王巾笥而藏之庙堂之上"的那个神龟有什么两样? 庄子看透了富贵权力追求者的命运。不离,是因为他与孔子同样热爱生命,但对生命意义的了解,以及如何安顿生命的态度又不同。孔子要求生命的创造,创造就必须改变自然的本性,人如果能使自己的生命从事不息的创造,就是对生命做了最好的安顿。庄子则特别重视生命的自然本性,生命的意义就在如何保持生命的本然状态,一切的人为造作都是"以人灭天"的行为,都将使人丧失原有的纯朴,这样不但不能安顿生命,且将为人生带来无穷的迷惑与危机。

以上提到的孔、孟、荀、墨、老、庄,在不同意义和不同程度上,他们都是理想主义者,只有韩非,完全是一现实主义者。他摆脱传统的束缚,不尚空谈,不讲道德,除了法家的传统之外,诸子无不遭其恶评。韩非才是真正的性本恶论者,在他看来,人性中除了私利的计较之外,别无其他,人存在的价值,完全在作为一个政治的工具。老、庄与韩非都反智,但所以反智的理由不同,老、庄反智是因人智愈多,丧失的纯真也就愈多;韩非反智是因它严重地妨害到法术的统治。法是韩非思想的中心,他强调法的统一性和公平性,对中国政治思想是一大贡献。但他以法为惟一的价值标准,以法为控制臣下百姓的工具。他所主张的法治与现代的法治意义根本不同。韩非思想的另一要点是术,是教统治者一套权术,他要求人君不可信人,不要与左右沟通,必须尽量隐藏自己,树立神圣的威严。法与术是人主之大物,相互为用,二者不可缺一。

如果从理想的观点来分析韩非子,可以发现他的思想绝大部分难以令人同情,如就现实历史的观点看,无人能否认法家对当时历史的巨大作用。从周代的封建政治转变到秦代的专制政治,是春秋、战国间社会变迁的一个主要部分,促进这一变迁,各家都有程度不同的贡献,而全力推动这一变迁、并直接有助于完成这一巨变的,是法家。

二　中国思想的流变

中国思想的黄金时代,经秦、汉的政治大统一而告结束。秦、汉以下两千年的思想可分三大阶段:

(1)儒学的制度化与玄学的兴起;

(2)佛教时代;

(3)儒学复兴。

秦、汉之际是先秦思想趋于混合而又产生大变化的时期,因混合是在阴阳五行的大架构下进行的,集这一时期思想之大成者是董仲舒。董氏是促成儒学制度化的功臣,儒学制度化主要的有两方面,一是教育制度的确立,一是政府选拔人才制度的建立。儒家精神透过这两个管道才能广泛而深入地影响了中国社会。在西汉天人感应思想盛行之下,灾异、谶纬的迷信大行其道,于是激起扬雄、王充等人的批判。他们利用道家的自然天道观打击天人感应,加上东汉中期以后政治上权力斗争的残酷,以及社会的骚动和战乱时起,终于促使老、庄思想的流行,史家称之谓玄学,今人也有称之为新道家的,它的代表人物有何晏、王弼、向秀、郭象、阮籍、嵇康等。玄学反映了儒学制度化以后的问题,玄学对自然诗和山水画也起了莫大的影响。

佛教于 1 世纪(东汉初)传入中国,到鸠摩罗什来华翻译大量佛经的三百多年中,一方面依附本土的鬼神方术,另一方面又利用玄学名理使佛学中国化,逐渐蔓入中国社会各阶层。先秦儒家对人死后问题及死后世界未予充分的关切,未能满足社会大众的心理需要,为佛教的发展留下余地。鸠摩罗什后,佛学渐趋于独立的发展,到禅宗六祖慧能又是三百年,佛学已立于中国思想史的主坛,其间儒、道二家没出现一个重要思想家。

　　佛教在中国的发展,号称十宗,思想上卓然有立的为天台、华严、唯识、禅四宗。南北朝的长期分裂,使南北佛教的学风不同,北方比较重修持、实践,南方比较重教义的思辨。隋、唐南北统一,天台宗适逢其会,于是建立起包涵南北佛教特色的新学风,主张定慧双修或教观双运,理论上既能满足心智的追求,又能满足宗教实践的要求,因此能吸引第一流的知识分子。在理论上,天台的智𫖮已够繁琐,华严宗的法藏更变本加厉,使他们在历史上扮演一个宗教神学家的角色,实远大于宗教家的角色。由于长期以来,佛教的传布都赖翻译,翻译的不同引起许多争论,要解决这些争论则须钻研原典,因此"寻根"是历代僧人由来已久的愿望,许多僧人因此而牺牲、而失败,玄奘是其中最幸运最成功的一个,他不辞千死万难之苦,在印度和途中共费了十七八年的时光,载运一千余卷佛典返国,返国后又不厌不倦地工作了十九年,并成立唯识宗。唯识学严密的推证以及分析和因明的技巧,本可以补中国本土思想之不足,但佛教影响唐以后思想史的是禅宗,不是唯识。

　　禅宗与以上三宗并世而兴,但所标榜的宗风与三宗有显著的不同,尤其对各大宗派的繁琐理论,完全是一大反动。其次,上述几大宗派,于唐以后皆相继衰微,独禅宗在南方一枝独秀,历久不衰。六祖慧能是一关键人物,他强调"本心"和"本性",重视自我主宰和自我体验与孟子相吻合,但其目的不同。孟子阐明性体之善,是为伦理生活提供合理的根据;而慧能阐明本性是为修习成佛,清静和空寂既是描述本性之当体,也是修行所要达成的目标。所以禅宗虽由心性立本,但它的体与用毕竟与儒家不同;禅宗虽有人间的倾向,但它所表现的意识形态仍是佛教的。因此,"阳儒阴佛"之说是不确实的。

　　宋代的儒者,在生活的早期大都有出入佛(主要是禅)老的经验,当禅宗流行之际,实已孕育着儒学复兴的机运。儒学复兴的历史,如以唐代韩愈为起点,以清代戴震为终点,为时将近一千年。千年间思想活动主要有三个领域:(1)经世致用;(2)心性之学;(3)经史之学。北宋以前,复兴之机初现,对北宋以后的儒学而言,这一时期弘扬儒学者,算是

先驱。北宋以后儒学的演变,还可以分几个段落,每一段落的思想活动
都包括这三个领域,但比重有大小,因此显出不同段落的不同特色。北
宋时有范仲淹和王安石的政治改革,有欧阳修和司马光的经史之学,理
学家中的所谓北宋四子——周敦颐、张载、程颢、程颐,还只是北宋儒学
中的一支。王安石变法失败之后,使儒学转向内圣方面发展,南宋到
明,有大儒朱熹、陆象山、王阳明,代表心性之学最发皇的时期,其他两
个领域的活动还是存在,朱熹对经史之学的成就,是心性哲学家中一个
杰出的例子。此外,还有陈亮、叶适的事功派,可以代表南宋政治危机
中的一强烈反应。但心性之学仍是这一时期儒学的主流。明末清初,
由于明亡的惨痛教训,使这一时期的思想放出空前的光辉,经世致用在
客观方面虽没有着落,但在思想上,颜、李学派有空前的发挥,黄梨洲和
王船山在心性之学方面仍有建树。黄梨洲、顾亭林、王船山在经史方面
都有卓越成就,此后一二百年的清学,就顺着这方向发展下去,由于这
时期的儒者大多博学,使他们思考问题,能透过中国历史的整个行程和
文化的各方面做彻底的检讨与反省,对五百多年的心性之学,也因此培
养出批判的眼光。

如果把这一千年复杂的儒学,化约到这一阶段习用的"尊德性"和
"道问学"的思想模式上来观察,那么北宋可说是二者并重的时期,南宋
是二者对立的时期,明代是"尊德性"的盛期,明末清初已由"尊德性"转
向"道问学",清代从思想途辙上看,大抵是朱熹思想的发展。这两个思
想模式对立的萌芽,实可追溯到先秦儒家孟、荀的对立。

三 中国思想的更新

中国思想演变到明末清初,有两个显著的倾向:(1)重视客观的认
知。可惜以后的发展仍以典籍为主,没有能为中国建立客观而独立的
知识系统。(2)关怀经世问题。又可分为两个要点:一是民本思想的空
前发皇,另一是对专制政治的猛烈攻击。当黄梨洲攻击专制时,就是站

在民本的立场,认为"天下为主,君为客",做臣子的是"为天下非为君",臣不是"君之仆妾",而是"君之师友",最重要的是他已提出"有治法而后有治人"的主张,他的这些想法,每一点都已逼近民主思想的大门。尤其是"有治法而后有治人"的主张,实已触及专制政体根本的问题,由此出发才有希望转变专制政体,走向民主大道。黄梨洲对这个问题虽没有进一步的思考,但他已有的思考,是完全对路的。

我们所以要特别提到明末清初的思想趋向,是要指出民国初年新文化运动时主张的民主与科学,虽是外来的观念,这与中国思想演变到晚近所内发的要求,正是一致的。提倡近代的科学,是希望为中国建立客观知识研究发展的一个基础,以达到独立思考和独立判断的要求;提倡民主,是希望把固有的民本理念使其制度化,使中国成为一个现代法治的国家,克服两千多年来专制的恶性循环。这两个目标,就是促使中国思想更新的大方向,新文化运动以来六十多年,我们一直朝这目标努力,但进度太缓慢,成效不如预期,其中原因当然很多,但在思想上有一个基本的原因,是我们客观研究的精神不够,由客观研究基础上产生的批判精神尤其不够,这是中国思想最弱的一环,也是完成新文化运动两大目标的基础心态。

中国人的思想一向重视价值,尤其重视道德价值。一套价值观念,如缺乏客观研究做基础,久而久之,会沦为一种僵硬的教条,道德价值一旦沦为僵硬的教条,就会产生束缚心智的作用。缺乏客观研究的精神,容易产生偏见,偏见使自我封闭,看不清眼前的事实,也很难和别人沟通意见,更不用说尊重别人的意见了。而尊重并容忍异见,是促成知识与社会进步不可或缺的理性修养,也是促进民主生活方式的一个精神基础,这种理性修养可以从客观研究中培养出来。中国人对人对事都习惯于用价值判断,很少用理智判断,说好说坏都缺乏事实做根据。近六十年来,主张传统、西化、俄化的人都很多,却很少有人为他的主张做客观而深入研究的,因此意气之争多,思想上真正的进步很少。意气之争培养不出对自己和世界文化批判的眼光,培养不出独立思考和独立判断的能力,只有被别人牵着鼻子走。

由于中国人客观研究的精神不够,使许多好的观念往往被忽视而得不到进一步的发扬,如"道并行而不悖",此如何才可能呢?在这个命题上就可以培养出尊重并容忍异见的精神,我们传统从没有人做系统性阐扬的。又如"天下一家"、"四海皆兄弟",联合国宪章所说的许多动人的理念,都可以从这个观念导出来,但在中国却始终停留在一个空洞理念的阶段。缺乏客观研究精神,往往容易轻信,中国历史上许多值得怀疑的历史性断案,都由于轻信而流传久远,如把王安石制造成法家和奸相的形象,如把明亡之祸归咎于王学。这类一偏之见,只有靠客观研究才能纠正过来。即使我们一向深信不疑的断案,为了求真都仍有研究的必要,例如我们中国人无不相信儒家是中国文化的正统,外国人甚至说传统的中国是一"儒者之国",这个"儒"和孔、孟、荀心目中的"儒"有什么区别呢?所谓"正统"又是什么意思呢?孔子以后,在思想上影响最大的要推朱熹,他的判断是:"而尧舜三王周公孔子所传之道,未尝一日得行于天地之间。"北宋的李觏也说过:"孔子之言满天下,孔子之道未尝行!……师其言,不师其道!故得其言者为富贵,得其道者为饿夫,悲夫!"朱、李二氏的话对不对,只有根据史实做客观的研究才能知道。

一味歌颂固有文化,把历史文化理想化,很容易得到一般人的同情,甚至也能得到一般人的尊敬,但就思想更新这个历史性的课题来说,这实是最不负责任的态度,因那样会增长我们的蔽固,认不清中国文化在当前世界的处境。怀疑是知识之母,我们必须有勇气培养合理的怀疑态度,根据这个态度对传统从事客观的研究,只有在客观研究的基础上,才能产生有深度的批判,必须经由批判的过程,才能知道该保有什么、或该吸收什么。中国人的思想必须经过怀疑→研究→批判→抉择的程序,才有彻底更新的希望。

现代中国的道德问题[①]

当我设计这本书的架构时,曾多次犹豫要不要讨论一下道德问题?当我的写作过程近逼到这一部分时,对这样一个似乎人人能谈又极度广阔的问题,越发不知如何着手。我的困难有两点:

第一,我所读过的伦理学和道德哲学的书,对我在这本书的论旨下都不能提供多少直接的帮助,因为我的书和它们的性质不同。

第二,我过去二十年的思想生活史,恰好可以分成两个阶段,前十年生活在传统中,后十年则由传统转入现代。在前后两阶段中,比较真切感兴趣的,就是道德问题,因此当我思想转变,开始对传统文化从事批判,道德问题就占着相当大的比重,那个时期,自己对这方面的问题,颇有点信心。近五六年道德方面新的理论和知识,学习了不少,倒反而感觉到自己没有把握了。

当我把这种困难告诉一个朋友时,他说:"你的书是讨论现代生活的,而现代生活里道德问题是最严重的,你教的课又与这问题密切相关,这是你的职责,怎么能逃避呢?"对的,我是不应该逃避职责,故意藏拙。

一　道德观念的激变

生活在现代中国,要讨论道德问题,首先应该了解,传统的道德,从

① 编注:本文选自韦政通先生著《中国文化与现代生活》,台北,水牛出版社,1974 年,第六章。原题为"道德问题"。

清末以来，早就经历过激变的阶段；我们现在有关伦理道德的课本，竟依然一成不变地在传授古人的道德观念和修身的经验，显然是忽视了这方面的因素。

新时代里导致传统道德观念激变的因素很多，下面提到的几个，也许是主要的。

（一）革命

虽然在《易传》里就有"汤、武革命，顺乎天而应乎人"的话，孟子也说过"闻诛一夫纣矣，未闻弑君也"，但由于汉以后教忠、教孝的成功，这种思想在历代士大夫的传统中，并没有发生什么作用。历代有"革命"之行者，多属草莽人物，他们自称"起义"，官方和士大夫则视之为"造反"；对造反成功的"王"者，儒者亦向少好评。所以近代由一群高级知识分子发起的革命运动，在中国实具有划时代的意义；革命家和为革命理想而献身的烈士，也为中国创造了一种新的人格典型。

首先，做一个革命家或革命志士，必须从根深蒂固的传统忠君的道德压力下解放出来。他们所以能做到这一点，是因为受到新理想新精神的鼓舞。新理想在创建一个新的中华，新精神在相信国族的价值远超过一姓一家或一人的价值。其意义是划时代的，因创建新中华，完全是一种客观的理想，这种理想要求人公而忘私、国而忘家，因此一旦投身革命行列，就不能不暂时放弃做孝子的责任和做丈夫的责任。对一个在家族主义传统中长大的知识分子来说，要做这样的决定，性格上需要经过突变，即由顺应型的性格转变为革新型的性格。性格上的大转变，必然伴随着价值观念的大转变，否则就不可能。近代中国的革命风潮和无数革命志士可歌可泣的事迹，是在旧社会里汇成的一股新风暴。这股风暴促使传统关系的解纽，被士大夫们认为天经地义的纲常伦理，有的解体，有的松弛。革命运动所以遭到许多挫折和阻力，是因它带来的变动太大也太彻底，使大多数的人简直无法适应。孙中山所领导的革命事业，是传统的士大夫连做梦也不敢想的。

（二）自由、民主

革命运动与近代自由、民主的运动，在目标上是一致的，都希望把中国建设成一个民主的国家，使人民过着自由幸福的生活。自由、民主运动也和革命一样，对传统的价值系统，带来巨大的冲击。

从社会控制的观点看，民主政治是要建立一现代法治的社会，法律之前人人平等，与传统专为控制人民方术的法家的法治，有根本的不同。如果要把法治作为中国社会的基础，那么与作为传统社会基础的礼教必然要发生冲突，甚至会促其消逝。法治社会的法典是宪法，随着礼教权威衰落的，是记载礼教的儒家经典，自然亦失去其重要性。传统的父子、君臣、夫妇、长幼等伦常关系，事实上是一种权威与服从的关系，民主宪政中的人权观念，使五伦关系趋于平等化，直接动摇了五伦的价值标准，使代表家族权威的父和代表政治权威的君，都不免蒙受打击，从此父亲仅属于家庭中普通的一员，君主至少在理论上成为人民的公仆[1]。

在民主运动的影响下，1910 年清廷曾下令废除"奴才"的称谓，1911年复将臣民改为国民。民国成立，政府宣布"凡属国人，咸属平等"，重申禁止人口买卖，旧时卖身契约一律废止，并除主奴名分，使国内所有受不平等待遇的国民，一律恢复其自由之身，并享受一般公民权。同时官民关系也获得调整，民初政府曾下令废除大人、老爷的称呼，一律以职衔相称，民间则称先生和君，官署公告人民称告示。这些人际关系称谓上的改变，显示维系传统人际关系的价值观念（身分、名分）的消失[2]。

人权与自由的观念，必然促使价值的多元化。言论自由和信仰自由，打击到儒家传统的独尊地位，正统和异端的区分不再被坚持，代之而兴的是各式各样风涌而来的新思潮。出版的自由，渐造成民间的舆

---

① 参看龚忠武《从君主到民主的中国社会》，载《学而集》，台北，环宇出版社，1971 年，第 112、114 页。

② 龚忠武《从君主到民主的中国社会》，载《学而集》，第 110、114 页。

论力量,刺激民智,使政府行政权受到很大的限制。集会的自由打破了"群而不党"的传统,使一个个新式的社会团体在社会出现,这些团体的活动,易促使人民自我意识和政治意识的觉醒。

近代这一切的蜕变,对古老的中国传统而言,无异是旋乾转坤式的变化。

(三)现代化

现代化的内涵,一般地说,是指世俗化、工业化和都市化等而言,中国在这方面的进度虽然缓慢,但从辛亥革命以来一直是朝这方向发展。前文所说的革命和自由、民主运动,都有很强的世俗化的倾向,因为这些运动,都曾打击传统的某些权威和偶像,改变了某些对传统迷执的心理。近代的世俗化运动,主要目标在建立一个"人的王国",在这个王国里,人相信人类凭借自己的努力和智慧,可以决定自己的命运,并控制自然;相信人生的美德可以从科学的心智中滋长出来;相信道德规范,可以建立在理性和经验的基础上。因此,在世俗化运动的挑战下,传统圣化的伦理、权威伦理,以及其他含有伦理作用的教条,必然日趋式微①。

工业化和都市化,几乎把传统生活的面貌完全改观。在传统的乡土社会里,生产的单位主要是家庭。除了极少的功名之士,才会为了出仕而远离家门,其他的人从生到死大都生活在家族的环境里。儒家的伦制,是为了适应这样的社会而发展出来的。由于工业化和都市化的影响,社会处境已大为改变,农村的青年男女,多数向往都市生活,于是大量人口涌入都市。生活在都市里,除了少数人,例如作家、艺术家、教授,多数时间能留在家里工作,此外差不多都要到家庭以外的工作地方去谋生,原因是现代生产条件,需要工作力集中在运用复杂机械的企业

---

① 参看韦政通《现代化与中国的适应》,台湾,庐山出版社,1974年,第二章"世俗化"一节。

组织里①。复由于专业化的要求，即使在同一个生产机构工作，彼此之间的关系仍是十分隔膜。邻人和自己漠不相关，走在马路上，或进入闹区，尽管万头攒动，但满眼全是陌生人。现代社会的人际关系与乡土社会的关系，真有天壤之别。生活在现代社会里，必须发展出新的心理结构、新的价值观念，以及新的生活方式，才足以有良好的适应。

二　道德的崩溃

　　道德观念的激变，不必然导致道德的崩溃，因为变可以是道德创新的先兆。事实上，半个世纪来，在现代化过程中，为了适应新处境，新道德或新价值观，早已在少数知识分子的生活中滋长，成为生活的主导原则，并影响到他的左右。这种知识分子，在家庭中，主动放弃了传统独尊的父权，尊重每一位家庭成员的意见；在公务上，与下属有讨论问题的习惯，重视舆情，随时调整自己，使自己的工作能符合大众的愿望；在学校里，改变了传统学徒制的师生关系，重视学生独立思考和独立判断的能力。只是这一类型的知识分子，在整个社会中所占的数量实在太微小，与常见的道德败坏的现象更不成比例。

　　目前我们正生活在一个道德崩溃的时代里，这一点对熟悉人类历史的人来说，毫不足奇，研究过世界文明史的杜兰（Will Durant）说："我们这个时代的不道德事件，从英国光荣革命以来，只是种类上的差别，而不是程度上的差异。"②我同样可以套用他的话说：与我们这个时代道德崩溃的现象相比，从春秋、战国以来，只是种类上的差别，不是程度上的差异。所以我在这里讨论"道德崩溃"，不是要指证我们这时代特别坏，而是想尝试了解一下促使这时代道德崩溃的新因素。

---

① 见 Alex Inkeles 等著、沙亦群译《意识形态与社会变迁》，台北，巨流图书公司，1973 年，第 224 页。

② 威尔·杜兰《世界文明史》，台北，幼狮文化事业公司，1973 年，结论"历史的教训"第 32 页。

(一)战争

据杜兰估计,在过去三千四百二十一年有史时期,只有二百六十八年未曾发生过战争①,梁启超、余天休也曾就中国的历史做过统计,自公元前 221 年起,至 1920 年止,二千一百四十一年间,对内对外的战争共达一百六十次,费时八百九十六年,平均每三年就有一次战争②。这些数字,正可以证明历史家所说的"战争是历史的常态"③。为此,有的哲学家肯定战争的价值,认为战争乃是万事之父,乃是观念、发明与制度的有力源泉④。我无意为战争做任何辩护,像我们在战争中长大的这一代,要说对战争不痛恨,是难以想象的事。我想,凡是战争能带给人类文明的好处,如果人类真有智能,总有一天能由其他的方式获得。战争是人类无可饶恕的罪行,战争是历史常态这一事实,与"每一个时代,罪恶都会得势"⑤这一事实,正是历史的两条并行线,如果人类对自己还有信心,应该能创造一种新的文明制度,使这两条恶恶相连的并行线,不再延伸下去,使五百年或一千年后的文明史家能骄傲地说:"自从战争在历史上大量减少以后,不道德的罪行,也沿着同一弧线在逐渐减少。"

20 世纪里,在短短的几十年间,人类已经历过两次世界性的大战,由于交通、运输、武器和作战的方法进步,战争规模之大,破坏力之强,都属空前。无疑地,如此新型的战争,对人类道德的败坏力,也是史无前例的。战争越升高越扩大,人类的道德力越衰微越堕落。对传统的战争形式而言,世界性大战实构成 20 世纪道德崩溃的新因素。存在主义的思潮虽发源于 19 世纪,却乘着二次大战而风行。有的存在主义哲学家,遂因此被称为"战后情绪的哲学家",他们所揭示的概念如不安、

① 威尔·杜兰《世界文明史》,台北,幼狮文化事业公司,1973 年,结论"历史的教训"第 77 页。
② 邓云特《中国救荒史》,台北商务印书馆,1966 年,第 103 页。
③ 威尔·杜兰《世界文明史》,结论"历史的教训"第 77 页。
④ 威尔·杜兰《世界文明史》,结论"历史的教训"第 77 页。
⑤ 威尔·杜兰《世界文明史》,结论"历史的教训"第 32 页。

失望、痛苦、怖栗、死亡、空无、焦虑等，充分显示出人类在大战摧残下的精神状态。也许哲学家们不只是反映这些事实，而是企图借这些扣人心弦的符号，苏醒人类的灵魂，促使人类的觉悟，增进人类的道德力，结果似乎适得其反。这些概念的泛滥，反而助长这一代人心灵的麻痹。历史学家说得对："当自保都危急时，十诫只好丢在一边。"①那么中国长期在帝国主义蹂躏下，传统的道德被丢弃，还有什么值得惊讶的？回想童年时代日本侵略军用取乐的心情残害我们的妇孺同胞，如今依然历历在目。

（二）恐惧

恐惧是人类长久以来复杂的心理之一。原始人因恐惧而产生神灵崇拜，文明人因恐惧而拥护极权，宗教与极权不但没有能消灭人类心理的恐惧，反而陶养成人类恐惧的习惯，以为恐惧乃正常的心理状态。20世纪由于科学、工艺的进步，由外在因素所造成的恐惧，已日渐减少，可是由人为因素所造成的恐惧，却日益加多，原子和核子武器，使今日人类笼罩在世界末日性的恐惧中，技术专政形势的形成，又使人类失落在自身无力的恐惧中，这些20世纪的新因素，都足以助成人类道德的崩溃。盖末日感，使人疯狂地追求物欲享受，当今人类似乎只有在物欲麻痹中，才能享受一刻宁静，摆脱掉恐惧感的侵袭；似乎只有在无限征服、竞争中，才能证明自身的力量。残忍的行为往往源自残忍的冲动，残忍的冲动，则源自内心深处的恐惧。恐惧感把人与人、族与族、国与国置于敌对的地位，一遇导因，马上开始互相残杀，残杀也成了暂时解脱心理恐惧的一种方式。人类偶发的道德感，都被多重的恐惧所震慑。人类假如没有智慧，减除一部分恐惧感的压力，要想提高道德力，恐怕很难。

---

① 威尔·杜兰《世界文明史》，结论"历史的教训"第79页。

（三）竞争

人是竞争的动物，人类如果没有竞争，也就没有进步，这在今日，已是常识。我在这里要探讨的是，竞争对道德的影响。

为了适应现代社会，父母教育子女，不能不鼓励他们经由竞争的方式去获得社会位置，可是我们很少想到，当一个社会还没有能提供公平竞争的环境时，这种鼓励会导致怎样的后果呢？在这种情形下，我们往往只想到竞争的好处，如竞争可以产生互相之间的了解，激励个人的进取精神和创造力量，而忽略了不公平的竞争，会给个人和团体以解体的影响①。社会对不公平的竞争如不能予以适当的控制，必不可避免使个人与个人之间、团体与团体之间，发生不道德的行为，甚至于暴力的冲突。在现代社会，个人为达成目标必须竞争，竞争是为求取胜利，当正当的方式不能如愿时，往往为情势所迫，只好利用非法的手段，于是"只顾目的不择手段的无耻之徒常获得成功，而诚实守法却一蹶不振"②。当竞争演变成这样的结果时，其对道德的败坏是不难想见的。

（四）人际疏离

一个从有亲密社交关系的农业社会长大的人，一旦迁移到大都市来生活，马上就会感觉到都市人的冷酷无情，这是因为，农业社会，大多数世世代代都定居在一个地方，彼此关系比较熟悉，而都市生活五方杂处，大家都生活在既陌生又孤立的环境。古代的社会老死不相往来，发生在族与族、村与村之间；现代社会的老死不相往来，则发生在人与人之间。个人生活的孤立，就是今日通称之人际疏离。现代社会产生人际疏离的原因很复杂，最主要的是因机械世界和组织人的介入。在机械操纵的工业社会里，它的成员不再能根据自己的速率工作，他必须适

---

① 柯尼格著、朱岑楼译《社会学》，台北，协志工业出版公司，1962年，第257页。
② 柯尼格著、朱岑楼译《社会学》，第257页。

应工作天及工作周的观念。同时在职业中，许多人都要配合着机器的节奏，而不是配合着身心和谐的韵律①。因此人是被动的，人的因素也减少到最低限度，厂主对机器重视的程度百倍于配合着机器生产的工人。

历史学家布莱克(C.E.Black)在《现代化的动力》一书中，对人际疏离的现象，曾做如下的描述：个人的生活——工作、家庭、营养、健康、交通、娱乐等项目，在社会中各有机关专司其事，个人就变成各机关记录中的一个数目字或一个号码。公寓中的两邻居可能如同陌路，办公室或工厂里的同仁经常更换，吃不认识的人送来的食物，与陌生人在餐厅内共餐，娱乐欣赏均是由无生命的电视或收音机播放的，或者在戏院中与陌生人共同观赏，在教堂中与陌生的牧师、会众以不熟悉的仪式来礼拜。小孩在成长时，与父母没有什么亲密的关系，孩童的周围到处有危险潜伏，使得他们与自然脱节②。……这种种现象，一言以蔽之，是冷漠！当人与人的关系处于冷漠状态时，正是道德解体的征兆，只有当人与人处在比较亲和的关系中，才能生起关切与同情。如果像布莱克所说"人际疏离的本质，就是社会中个人人格的否定"③的话，那么未来的社会，道德这回事，还要遭受到比现在更严重的挑战。

以上四点，在实际的生活中密切相连，战争就是竞争的一种方式，同时也带来大量的恐惧。反过来，当国与国之间、集团与集团之间的竞争动机和恐惧感，提升到某一程度时，战争的情势就形成，随时会爆发大战。人与人和团体与团体之间高度竞争的要求，以及彼此之间的恐惧，也是导致现代社会人际疏离的两个主要因素。人际疏离造成现代人生活的孤立与冷漠，孤立与冷漠又使生活感到单调、枯燥，形成心理的重压，如此可能引起对暴力和战争的渴望。这种种因素的纵横交织，遂导发道德的崩溃。

① 威纳尔编、林清江译《现代化》，台北，商务印书馆，1970年，第59页。
② C.E.Black著、郭正昭等译《现代化的动力》，台北，环宇出版社，1972年，第31页。
③ C.E.Black著、郭正昭等译《现代化的动力》，第31页。

这些事实,也许会令人感到怵目惊心,我们的目的是希望大家能认清生活的处境,以及处境中的问题,并有勇气面对这些问题。凡是人类生活中的重大问题,从来就没有彻底解决过,但也并非全无希望。文明的兴起过程是缓慢的,同样文明的败坏也绝非突然而降。道德无论怎样地崩溃,善良的故事和人物依然随处可见。历史家说:"历史上仁慈的赐予,几乎跟战场上或监狱中的残酷相等。"①所以历史尽管如伏尔泰所说的,是"集罪恶、愚蠢与不幸的大成",人类依旧活了下来,且在某些方面,不断有飞跃的进展。历史有充分证据显示,在道德败坏的时期,文明的创造力同样可以有发皇的表现和伟大的成就②。20 世纪不是世界的末日,是一个新世纪的开始。

三 传统的和现代的

谢恩(R. L. Shinn)说:"并非传统变成无用,而是它不再能告诉我们何去何从。"③由前两节的陈述和分析,恰可以说明这话是有相当的真实性。不过当一个现代人真要去追寻何去何从的依据时,却不能凭空出发,最佳的借鉴,仍是要靠传统的基础做起点,然后逐渐把问题引入现时的处境,因为人类的改变,对大多数人而言,过程是极其缓慢的,传统道德对他们并不曾完全失去效力,只是面临新处境,日增其困惑和迷茫罢了。下面是我任意选择的几个论点,希望能透过这些论点,提供一点从传统过渡到现代的思考线索。

---

① 威尔·杜兰《世界文明史》,结论"历史的教训"第 33 页。
② 杜兰说:"历史使我们确信,文明之败坏是极其缓慢的,在希腊,道德之日薄崦嵫开始于诡辩学派之说起,其后两百五十年间,希腊仍继续有文学与艺术的精华作品产生。罗马道德之败坏,开始于被征服者希腊人涌入意大利(公元前 146)之后不久,但终奥里略之世(161—180),罗马仍不断出现伟大的政治家、哲学家、诗人与艺术家。当恺撒当政时(公元前 60),就政治上言,罗马是处于最糟乱的局面,但直到公元 465 年为止,罗马对野蛮民族并未完全屈服。"(威尔·杜兰《世界文明史》,结论"历史的教训"第 33—34 页)
③ R. L. Shinn 著、尉腾蛟译《现代人的沉思》,载台湾《现代学苑》第 9 卷 10 期。

(一)差等与博爱

尽管孔子的道德学说,是以仁为基本的概念,但落在实践的过程中,仍不得不以孝弟为主。"孝弟也者,其为仁之本与!"可以解释为:在孝弟之行中,就已表现了仁。仁是一普遍原则,可以普万物而为言的;孝弟则是一种特殊的规范,什么是孝? 什么是弟? 是要就特定的关系和特定的表现来看的。儒家的伦理思想,所以要以孝弟为主,是为了适应家族组织的需要而设计的。孝者尊亲,弟者尊长,一开始就是以家族关系为中心,由此中心,像涟漪一样,一波一波向外扩张,距此中心越近的越亲,距此中心愈远的愈疏,儒家就是根据这亲疏的差序,而主张爱有差等。

爱有差等之说,是根据人情表现的事实,因在一般生活中,人爱自己的双亲必超过爱他人的双亲,对家人的感情亦必胜过外家人。这里本无所谓私不私的问题,因原始的人性,本来就是如此。但一个人的爱心,如只以与自己有亲密者为限,主观地说,他不能完成自我的发展;客观地说,也不能满足国族大群的需要。儒家并没有忽视这个问题,如孟子主张"亲亲仁民爱物",爱心是应该向社会、向人类甚至向万物扩充的,所以相继有"四海之内,皆兄弟也","老吾老以及人之老,幼吾幼以及人之幼",以及"民胞物与"等说的出现,而这些也一直是儒家所坚持的道德理想。

但从历史的发展看,除了极少数伟大的儒者,仍能保持民胞物与的襟怀以外,其他的人,从生到死,差不多都是生活在以家族为中心的小圈圈里,他们为家族而生,也可以为家族而死,以家族的荣辱为荣辱,生活的意义完全与家族的兴亡黏在一起,孝弟的德目,又恰好足以助成他们这种生活形态并安于此,因此在家族主义的传统里,能尽孝弟之道的人,就等于尽了人生最大的责任。社会结构,形成传统道德的外限,孝弟之道,形成传统道德的内限,于是中国人的道德表现,始终被制约在差等之爱的差序格局中。降及近代,在工业化和都市化的趋向下,传统家族组织崩溃,仅赖孝弟之道已不足以适应新生活形态的需要,终于爆发公德心问题和公私之间的冲突。中国人之所以比较缺乏公德心,是因为在过去的几千年中,生活在家族组织或乡土社会里,还没有感受到这方面的迫切需要,所以没有养成这种道德习惯。同时我们今天也应该知道,要养成这种新的道德习惯,仅依赖传统的德目,是不足以见其功效的。

儒家民胞物与的思想和墨家兼爱的观念,在传统中所以没有能产生多大的影响,因是属于人文主义的形态,在人文主义的基础上要有效地表现普遍的爱,需要依赖一定的文化条件和社会条件,如今科技的发展和国际社会的出现,就表示这类条件逐渐在形成中,这些条件,在中国过去是不具备的。博爱的思想能在西方传统中产生巨大影响,因它是通过宗教形态来表现的,尤其是因耶稣上十字架这件事,他不是为了个人,也不是为了家族,甚至也不是为了某一国家,他所表现的是以全人类为中心的普遍之爱,这种爱成为激发西方人道德感的一个主要来源。无论在西方传统中因宗教战争、新旧教分裂,或借上帝的名号而表现残暴行为,而对这种爱表示怀疑,宗教形态的普遍之爱和人文形态的普遍之爱,终将成为天下一家、世界和平的伦理基础。请看联合国宪章的宗旨及原则,哪一条不是建立在这样的伦理基础上?

普遍的爱,是人类崇高的道德理想,但在现时的生活中要求人人去遵行,那是不切实际的空想。在以家族关系为中心的伦理里,主要要求人服从,因此视服从为美德;在以人类为中心的伦理里,主要要求人奉献、牺牲,因此视牺牲为美德。在现代社会里,服从的要求由于自由、平等思想的影响,已受到抑制;牺牲的要求,也嫌标准过高。在以个人为中心的现代伦理里,既不要求服从,也不能轻易叫人牺牲,它要求的是自尊尊人,即亲如父子,亦不例外。

心理学家高登,在《两代间的沟通》一书中,说到"我与年轻人关系的信条"时,曾说:"当我们任何一方,不能改正自己的行为,去满足对方的需要,以及发现我们在关系上有了欲望的冲突时,让我们都彼此约束自己,在解决此种纠纷时,不会诉诸使用自己的权力,以别人失败的代价,换取自己的胜利。我尊重你的需要,但我也必须尊重自己的需要。因此,最好是让我们经常去寻找那些你我双方都接受而又可以解决我们无可避免的纠纷的办法。用这种方式,你的需要满足了,我的需要也满足了——没有人吃亏,两方面都胜利。"①这就是表达现代人的伦理观的一个例子。"我尊重你的需要,但我也必须尊重自己的需要",这在以家族为中心和以人类为中心的伦理里,都是不被允许的。这种新伦理观,是建筑在健全的个人主义的基础上,它能适应现代社会的需要,也能使现代社会人际关系合理化。个人之间的新伦理,不但不与普遍的爱相冲突,在长远的过程中,它正是实现普遍的爱的必要条件。

(二)禁欲与幸福

禁欲主义在东西方的历史中,都同其悠久,也同样是道德的基本教条之一。贺佛尔(Eric Hoffer)说:"要使一种教条有效,显然不能使人理解,而必须使人信仰。"②禁欲主义所以在东西方流行,就在它早就成为一种信仰;各种二元思想,又强化这种信仰,如中国理学有天理与人欲之辨,佛教有识心与智心之分,基督教有神性与魔性之别。从二元观出发,于是人类分成两类:圣人与凡人、僧(真)人与俗人、圣人与罪人,而以摒弃感官上的一切享受,作为超凡入圣的门径。他们以宁静的喜悦和心灵的升华为人生最高的快乐,以为只要靠道德的内省功夫,就可以获致自我的实现。——这就是禁欲主义者的人生观和道德观。

如此人生、如此道德,对社会的功过且不说,对他们自身又如何呢?根据罗素的了解:"禁欲主义者在蔑斥一切感官上的享受之后,并没有增进他们的和善、容忍等美德;相反地,他们在折磨自己之余,觉得自己实在有权力折磨别人,在此,他们很容易接受独断主义,以巩固他们此

---

① 高登著、郑心雄译《两代间的沟通》,台北,三山出版社,1973年,第283—284页。
② 贺佛尔著、且文译《群众运动》,台北,今日世界出版社,1971年,第184页。

一权力。"①罗素的话,并不适用于几个创教的圣人,因为孔子、释迦、耶稣都不是禁欲主义者,禁欲主义也不是道德、宗教生活中本质上必不可少的一部分。我想道德、宗教的承继者所以竭力主张禁欲主义,可能是想假借这种几近神秘的修炼方式以示信众,增加信徒对他们的神圣感。此外,在匮乏经济的传统社会,人也比较容易接受这种思想,认为禁欲就是道德的崇高表现。罗素的看法,也许是独断了些,因为有的人在排斥了一切感官享受之后,是增进了他们的和善与容忍的,如甘地和晚年的托尔斯泰。不过,可能有一点是无疑的,即禁欲主义使人的感情生活和智力生活都受到损害,因而使人的创造潜能也不能充分发挥。

纠正禁欲主义的谬误,主张幸福是一条可行之路,罗素和近代的功利主义者,都是朝这方面思想的代表。有人把现代生活里的纵欲现象认为是功利主义主张的幸福伦理的流弊,我无意在这里为它辩驳,我要说的是,现代人的伦理生活,必须以获得幸福为主要条件。幸福生活是很难找到客观标准的,它主要是诉诸个人的感觉。现代伦理的功能之一,是在允许各自认为的那种幸福生活,无论有多大的歧异,都可以并存。现代人必须学习容忍,最好是能欣赏别人独特的生活方式,而不强人同己。当然,各自认为的那种幸福生活和独特的生活方式,绝不可能包括掠夺、施暴、欺诈等非法之行在内。幸福生活虽没有客观标准,但有一个低度的条件,即在生存必需品满足以后,始有幸福可言。陶渊明、杜甫在诗的创作方面是伟大的,但因过分贫穷,生活方面无论如何都是不幸的。现代人的纵欲现象,不必加以夸大,在总人口数中所占比例极其微小,人受到生物律的限制,纵欲者为自保的本能所驱策,必能自加抑制,所以不必担心。生活在地球上的人类,绝大多数既不是禁欲主义者,也不是纵欲者。他们所渴望的,是过一种遵照自己的需要和依据自己的标准所选择的幸福生活。

---

① 罗素著、蔡仲章译《罗素杂文集》,台北,幼狮文化事业公司。1970年,第154页。

　　(三)道德的组织化

　　传统的道德(不限于中国),是对应着较单纯的生活和与人际关系结合密切的小组织产生的,如儒家的"己所不欲,勿施于人",基督教的"爱邻如己"。这类道德起点由个体出发,终极的目标则要求个人人格的完美,扩及社会,也只限于面对面的方式进行。因此传统社会问题的解决,都寄望于道德教化,而道德教化的功效,则系于少数有德者,如曾国藩所说,风俗之厚薄,系乎一二人心之所向,这在传统圣化的社会,的确是如此。"君子之德风;小人之德草;草上之风必偃。"上行下效,风吹草偃,在生活单纯的小组织里,少数人道德的感化,是可以收到效果。但在高度复杂化的现代社会里,如果把人的爱心和慷慨,仅由面对面的方式表现,把移风易俗的重任,仅寄望于少数有德者,我们很难想象这个社会会变成个什么样子。

　　在现代化的社会里,人类的爱心与慷慨,业已利用科技的工具和企业化的大型组织在进行——这就是道德组织化的意思。道德经由组织系统的运作,可以不必用面对面的方式,就能达到救助远方人的目的。一个地方发生水灾或旱灾,现代可以利用现代化的运输工具和有组织的机构的操作,迅速地将物资运往灾区,这就是道德组织化的功效。谢恩说:"在这个时代,利率的些微变动,即会触发通货膨胀(伤害到收入固定的人,特别是老年人)或是通货紧缩(造成失业),这证明仅说联邦基金储备会议需要好人来组成是不够的。当然那些人应该是好人——廉洁、献身人类福利,处事公正无私。但他们也同时应该了解财政和经济制度的复杂运作系统。该制度运作所产生的利害后果,其力量远大于其中分子作为的好坏。"[1]这说明在现代经济生活里,组织化的道德,其重要性远大于个体性的道德。这自然不是说,个体性的道德不重要,"爱邻人就是直接亲自去帮助在需要中的人,这种面对面的善行永远都

———————————

[1]　R.L.Shinn 著、尉腾蛟译《现代人的沉思》,《现代学苑》第10卷1期。

是重要的,人类社会绝不会因成长而不适于它"①,问题在现代组织化的社会要求更多,只有组织化的道德才能满足这种要求。个体性的道德与组织化的道德,实一根而发,这个根就是人类的爱心。

四　道德的困境

人类学家潘乃德(Ruth Benedict)在《菊花与剑》一书中,叙述一个日本小姐三岛在美国留学,因生活教养的不同,而引起许多困扰。经过三年的适应,她断定美国人是生活在"优雅的亲密感"之中,但亲密感在日本却被认为是孟浪无礼的表现。所以只要日本人一旦接受了美国人的生活方式,不管其接受的程度多么微小,他们立刻发觉难以再忍受往日在日本所过的严谨生活,并把昔日生活称为失乐园、桎梏,潘乃德认为这是日本人德性的困境②。也许上一代的中国人在美国,遭遇过同样的困境,但在今天,这种困境即使有,大概已不普遍。在国内,亲密感和拘谨感生活之间,似乎不曾演成严重的对立,在教育程度较高、年纪较轻的一代身上,早已丧失了拘谨守礼的生活传统。目前我们面临的是另一些道德的困境。

(一)尊卑与平权

这个问题在前面几章里,我曾一再提过。今日的教育,仍严格要求青年遵守传统"长幼有序"的尊卑观念,青年人本身却因受现代化一些因素的影响,逐渐向往平权的生活方式。因此二者之间,无疑地为这一代的年轻人带来困扰。我在教室里,曾分别向两百多位学生做非正式的调查,获悉凡是与父母能融洽相处的,多半包括一个因素,即双亲对他们的态度很亲密,两代相处犹如兄弟、姊妹,很少使用长辈的权力。

---

① R. L. Shinn 著、尉腾蛟译《现代人的沉思》,《现代学苑》第 10 卷 1 期。
② 潘乃德著、黄道琳译《菊花与剑》,台北,华新出版公司,1974 年,第 206—207 页。

凡是与父母之间差距较大的,多半也包括一个因素,即抱怨双亲不能尊重自己的意见,动不动就使用权威。这些青年几乎一致欢迎两代间亲密相处的方式,有的青年甚至因父母能以平权的方式对待他们,而感到骄傲、自得。

中国传统一向是很重视兄和弟、姊和妹、伯和叔之间辈分差别的,据说这种长幼划分是中国亲属制度中最基本的原则,有时可以掩盖世代原则,在其他民族中很少见①。在社会变化很少、文化相当稳定的传统时代,维系长幼之序的价值观念,是有它的经验依据的,因为在那样的社会里,指导生活的,几乎全靠传统的经验,年长的生活经验自然就比较丰富,年轻人总能从他们那里得到生活的指点。"三人行,必有我师焉",大概就是这方面的"师"。长幼有序既然能满足人的需要,那么教年轻人服从尊长的权力,也就不会有多大困难。

但在今日变迁如此快速的社会里,新的知识比旧的知识更有价值,新的经验比旧的经验更能使人受益,青年人保持上一代的经验愈多,可能对新社会愈缺乏适应力。在这种情形下,仍要教年轻人像传统那样服从尊长,有它事实上的难处。因此尊卑与平权,不是哪个好哪个不好的问题,而是一个适应的问题。传统的价值观念,多半只有在能帮助我们适应新处境时,才能被保留下来,否则不能。明知传统的一些原则,已不能满足我们的需要,如仍勉强保持,就足以造成年轻一代生活的困扰。

(二)自由与责任

陀思妥耶夫斯基曾说过."倘若上帝不存在,则任何事情都会被允许。"这话自从被萨特引用过,似乎也跟着存在主义的流行而流行起来。青年人开始接受这句话,也许只能了解上帝不存在的好处,而不能了解当信仰上帝为世界主宰时,人们内心所得到的那份安全感和归属感,以

---

① 费孝通《乡土中国》,台湾,绿洲出版社,1967 年,第 74 页。

及把大部分的责任交付给上帝,而免除人生重负的那份愉悦。这些是现代人再也得不到的了,因为现代人追求自由,希望自己能成为自己的主人。这是人类最庄严的一次奋斗,但至今所能看到的,都是奋斗惨败的记录。当近代人最初感到宗教束缚形成人类发扬理性的桎梏时,于是渴望自由。几百年来,人类得到的自由越来越多,但人类要为他自己所负的责任,也愈来愈沉重。现代化带来无穷的新问题,每一种问题都逼迫人类,要他为自己制造的问题负责,当人类不胜其负荷时,于是开始逃避自由。于是新的宗教呼声再起,新的极权主义勃兴,人类又企图走回头路,希望用古老的方式来解脱现代人心灵的重压。从存在主义者主张"存在先于本质",肯定人是自由的开始,到心理分析揭发"逃避自由"止,正好反映出"上帝隐退"后人类的一段心路历程。

上帝存不存在,对中国人来说,那是无关紧要的事,但却无法逃脱自由与责任的困境。当20世纪初,中国人开始接触到世界性的自由思潮时,感受到的约束不是宗教,而是传统的圣教,尤其是执行圣教的场所——家。在"五四"前后中国青年狂热追求自由时,家庭与父母成了他们直接的对头。青年们不曾想到,人增加一分自由,同时就增加一分责任。传统的婚姻,因不征求当事人的同意,被认为不好,但也不要忽略掉,父母作主的婚姻,他们就要担负一辈子的责任。现在恋爱可以自由了,要自由就要独立,要恋爱就要承受挫折与打击,处处要为自己的行为和生活负责,只有少数人能胜任愉快,多数则饱经困扰。本来追求自由,可能是基于道德感,当人对他自己的行为和生活感到不胜负荷,甚至企图逃避责任时,再想维持原有的道德感,就变成相当困难的事。

(三)生与义

孟子说:"生我所欲也,义亦我所欲也,二者不可得兼,舍生而取义者也。"孟老夫子提出的生与义之间的抉择,真是为人类揭出了一个道德上永恒的困境,任何时、地,每一个人在一生中或多或少都要面临这样的困境,当生存的环境大为改善,传统的宗教或圣教的控制日渐消逝时，人陷入这样的困境也就更深。这就是我们这时代的问题。

现代社会由于工业化和经济成长，提高了人类的生活水平，也增进了人类的欲望。物质性的欲望，必须求之于外，因此，求之越多，自我损之亦必多。当大多数的知识分子都以提高生活水平为人生重要目标时，则人生最紧要的抉择可能已不在生与义之间，而是只有高生活与低生活之间的抉择。一个社会如果多数知识分子都只有高生活与低生活之间的抉择时，那么这个社会必然是仁德沦亡、道义消沉。

问题在人类社会从没有公然主张人可以舍义而取生的——如果能那样，人类的问题也就简单了。我们一面教育青年，在生与义之间应该有个抉择，必要时得舍生取义；一方面由于社会性的生之欲的压迫，使道德的心防越来越难以防守，于是陷入冲突之中，要维持生存，尤其要维持较好的生存，往往要放弃正直和道义，要维持正直和道义，就难免使生存遭受威胁。人在这种情形下，究竟要如何抉择？这是人生的大关，善恶的分野。一个青年为了生存的竞争，而放弃正直，为了名位而抛弃道义时，富有同情心而又对社会环境了解的人，岂忍苛责！如果一个社会，人要保持正直和道义，都必须付出忍受孤独，甚至要以生命做代价，那么道德的把持很难期望于多数人。

生与义之间，是人类自古以来的困境，现代人却陷得更深。

杜兰说："历史使我们确信，文明之败坏是极其缓慢的，在希腊，道德之日薄崦嵫开始于诡辩学派之说起，其后两百五十年间，希腊仍继续有文学与艺术的精华作品产生。罗马道德之败坏，开始于被征服者希腊人涌入意大利（公元前 146）之后不久，但终奥里略之世（161—180），罗马仍不断出现伟大的政治家、哲学家、诗人与艺术家。当凯撒当政时（公元前 60），就政治上言，罗马是处于最糟乱的局面，但直到公元 465 年为止，罗马对野蛮民族并未完全屈服。"

传统伦理的价值及其转化^①

中国逐渐走向工业化、民主化的现代化过程中,如何推动一种新伦理观,以便配合社会新发展的需要? 在这个问题的要求下,应先检讨传统伦理的价值、限定,以及在现代中国的转化,和转化过程中遭遇的种种困难。在这一连串的检讨之前,又必须对传统的伦理以及产生这种伦理的社会特性,先求得扼要而又客观的理解。

一 传统的意义

要对传统伦理和社会有一客观的理解,须知"传统"是什么,因为对传统的认知以及对传统的态度,会直接影响到我们是否能达到客观理解的目的。

在对传统种种不同的认识中,人类学家的见解或许比较客观,他们认为所谓传统是一个中性词,用于指上一代传给下一代的活动方式、爱好及信仰等,因而可以绵延不绝;另一种理解是将传统视为一种行为方式或标准,乃是群体的产物,可以用来加强群体的意识和团结^②。前一种理解以为传统是价值中立的,这种理解虽很客观,但严格说,所谓"传统是价值中立的"乃得自语意学的抽离,实际上在人类意识中的传统,

---

① 编注:本文选自韦政通先生著《伦理思想的突破》,台北,大林出版社,1982年,第一章。
② 《云五社会科学大词典》社会学卷,台北,商务印书馆,1973年,第241页"传统"条(管东贵、芮逸夫撰)。

很难止于中性的意义,因为人传递传统就是在传递传统的价值,传统如果没有价值的内涵,是不能累积成为传统的;后一种理解,是就传统的功能而言,这是传统的重要价值之一,在任何社会莫不皆然,所以这是一种客观而有意义的理解。

以上两种对传统的理解,也许过分简约,但不易引起争论。使传统的意义引起争论的,就我们所熟悉的例子有两个来源,一个来源是传统主义,所谓传统主义乃是一种态度或哲学,主张接受、尊重及支持由过去传下来的社会制度与信仰,因为它们被认为是正当的和最好的。它也可以说是建立在传统上、适当权威上的一种信仰体系,与批判态度和理性主义适成对比①。认为传统是正当的和最好的,是传统主义的核心观念,也是引起争论的焦点。你如果问为什么传统是正当的和最好的,传统主义者往往仍然要诉诸传统(如文化悠久)或诉诸权威(如圣贤教言)。客观的态度绝不认为传统是不正当的和最不好的,而是认为正当与否或究竟好不好,不应该有先存的成见,必须经由批判的程序或理性的理解②,通过这样的程序和理解,所得的结果,可能与传统主义者所主张的相同,也可能相反。假如相同因而肯定了传统的某些部分,那么在态度上他已不是传统主义;假如相反因而舍弃了传统的某些部分,那么在态度上你就不能说他是反传统。传统主义与非传统主义的主要区别,就在批判程序的有无上。有批判然后能创新,因为它的心态是开放的;传统主义容易助长传统的僵化,因为它的心态是封闭的。传统主义是农耕群体中的意识,企图依赖传统的方式来解决工业社会的难题,无异是想用"牛车制度"以控制"航空时代",当然处处格格不入,问题丛生③。

---

① 《云五社会科学大词典》人类学卷,台北,商务印书馆,1971 年,第 219 页"传统主义"条(龙冠海撰)。

② 徐复观说:"我认为对中国文化和西方文化应该抱一个相同的态度,我们很诚恳地去学习,很认真地去了解,了解以后再加以审慎的批判,而批判的基准,是应以整个的现实社会人生的问题作对照。如果它没有意义,中国的也好,西方的也好,我们都不接受;若是有意义,中西也好,都应接受。在此处没有中西的分别。"他的话可作为"批判的程序或理性的理解"的进一步说明,见徐复观杂文集《记所思》,台北,时报出版公司,1980 年,第 90 页。

③ 宋明顺《现代社会与社会心理》,台北,正中书局,1975 年,序文第 4 页。

另一个来源是反传统思潮,20世纪的中国,反传统是最持久最具荡决力的思潮,它的内涵广涉文化的各层各面,绝不是西化、俄化两派所能概括的。反传统的共同假设是,传统是中国落伍的总根源。这个思潮具备丰富的批判成分,对文化重建有着不可磨灭的意义①。反传统之所以引起长期的争论,主要是因它曾否定了孔子的象征,以及因传统现实的弊病,连带着把一些基本信念也否定了②。趁着反传统思潮兴起的是新儒学运动,它的影响力虽远不及反传统思潮,但对传统的内涵有很丰富的诠释,对传统也具有批判的成分,这使他们与传统主义不全相同。中国文化思想发展到现阶段,最重要的工作之一是对这两个思潮进行再反思、再批判,它们已为文化重建打下了一部分基础;经由创造性的综合,可以有利于中国文化的全面新生。

传统是我们成为文化人的主要依据,每个人都藉着传统在社会里成长。人类学家林顿(R. Linton)说:"文化是保存先人的成就,并使继起的后代适应其形态;若没有文化,人类绝不会比类人猿更高明,只是在身体构造上有细微的差异,在智力上略胜一筹,充其量也只是黑猩猩和大猩猩的弟兄而已。"林顿在这里所说的"文化"与"传统"相同,所以传统对人不可能没有意义,它是人类赖以生存和追求理想的工具,传统究竟是导致社会的进步抑或是退化,完全靠人自己。我们最大的问题不在于传统,而在于没有把创造力充分激发出来。

二 传统伦理的特色

不同的社会导致不同的道德观念和伦理规范,要理解传统伦理的

---

① 这里所说的反传统思潮自以反儒学为主。关于反儒学的历史意义以及反儒之动机和想象的复杂性,可参看王尔敏《中国近代思想史论》,1977年自印本,华世出版社总经销,第532页对"近代反儒学思潮"的提示。

② 这种态度是犯了"文化化约主义的谬误",参看林毓生《五四时代的激烈反传统思想与中国自由主义的前途》,见周策纵等《五四与中国》,台北,时报出版公司,1979年,第361页。

特色,有必要先对传统社会的特色有些认识。绝大多数的传统人所生活的社会,可用下列三点加以描述①:

首先,传统人生活在一个相当狭小而又孤立的环境中,主要以家庭及村落为中心,生产方式以农耕为主,以饲养家畜、手工艺为辅,村落与村落之间除了姻亲和市集交易之外,很少有其他的联系,基本上过着自给自足的生活,能风调雨顺,过得平平安安,就感到满足。由于生活圈狭小,很少有新奇的刺激,一连几天的外台戏,就可以成为附近村庄的一件大事。由于孤立自足,许多村民从生到死没有到过邻近村子以外的世界。

其次,传统人生活在一个没有陌生人的小世界,由于农民大多安土重迁,世世代代都住在同一块土地上,因此村民与村民之间,对对方的脾气、好恶、生活状况,甚至连其祖宗三代,都是一清二楚,个人的行为,会引起别人怎样的反应,大抵能够预知。在这样的环境里,风俗习惯对每个人的行为都具有自然的约束力,因此犯罪案件很少,有很高的安全感。

此外,传统人所生活的社会,大抵具有一个共同的文化,即具有共同的价值观念、宗教信仰及行为模式。由于文化的同质性极高,因此,人们不仅对外表的生活彼此熟悉,在情感及认知方面也很容易沟通,于是产生了近乎"全人格的关系"。在这样的社会,传统有无比的重要性,传统不仅是行为规范、行为者的信念和社会制裁的来源,即使生产的技术也是来自代代相传很少变化的传统。

以上的描述,当然不能概括传统社会的全貌,因为传统中国也有人口数量十百倍于村落的都市,都市生活不全同于乡村,但由于都市人口大多来自乡村,生活的领域虽变了,生活的方式却并没有多大变化,因此上述的社会特性,大抵仍能适用。

了解了传统社会的特性,对传统伦理的特色就不难索解。因为在中国,社会与伦理是重叠的,为了显示传统社会的特殊性,往往径称之

---

① 以下有关传统社会的理解,见宋明顺《现代社会与社会心理》,第21—32页。

为伦理社会,也有人说传统中国是一个以伦理为本位的社会①。根据这个理解,对应上述社会的第一个特性,我们可以说传统伦理是家族中心的,因为以村落为中心的社会,多半就是一个家族,家族的长辈为伯叔,晚辈为子侄,同辈则以兄弟相称。五伦中有三伦(父子、夫妇、兄弟)属于家庭,其余君臣、朋友虽非家庭成员,但基调上完全是家庭化的,国君无异一个大家长,故有"君父"称,朋友间则称兄道弟,甚至四海皆兄弟。以家族为中心的伦理,特别重视的是"情",情是维系伦理关系的核心,"家和万事兴",和生于情。"清官难断家务事",因在家庭范围之内纯用讲理的方式是不适宜的。"父为子隐,子为父隐",隐,是为了怕破坏父子之情。在中国文化里,情与理不但非对立,而且理就在情中,说某人不近情,就是不近理,不近情又远比不近理为严重。儒家坚持爱由亲始的等差之爱,就是因为这种爱最近情。人与人之间,若能"动之以情",可以无往而不利,若坚欲"说之以理",那就是跟自己找麻烦。这种情形在我们现代的社会里仍很普遍,现在可以经常听到"国法不外人情"的说法。这样特别重情的伦理,如果不是长期生活在狭小而孤立的环境里,是产生不出来的。

由于传统伦理是以家族为中心的,因此伦理关系限于一对一的关系,道德的实践也是一对一的,对父母要尽孝,对国君要尽忠,夫妇要相敬,朋友要守信。这正如社会学家费孝通所说:"在这种社会中,一切普遍的标准并不发生作用,一定要问清了,对象是谁,和自己是什么关系之后,才能决定拿出什么标准来。"②仁可以说是一个具有普通标准的伦理,但它的意义与忠孝等伦理不同,它实在是一种"超越精神性的伦理",旨在彰显终极价值的超越性③。所以它不是普通的行为规范,在实际行为中并不能发生什么作用,"仁者爱人"只是一伦理原则,在一对一的关系中

① 见梁漱溟《中国文化要义》,香港集成图书公司,1963年,第五章。现有台湾正中书局版。
② 费孝通《乡土中国》,台湾,绿洲出版公司,1967年,第37页。
③ 参看韦政通《仁的哲学的时代意义》第五节"终极的关切",见氏著《中国思想传统的现代反思》,台北,桂冠图书公司,1990年,第149—152页。

究竟要如何表现爱,还是要落到孝、忠、敬、信等具体的规范上来。这些规范才能对具体的行为有约束力,因为它们是在一对一的关系中实践的,所以这些规范只是"维系着私人的道德",是一种特殊主义的。私,是由一种特殊的社会格局造成的,假如我们的祖先不是长期生活在家族中心的和没有陌生人的小世界里,这种伦理特色是无从产生的。

对应着上述第三个社会特性——具有共同的文化,我们还可以说传统伦理是传统主义的,不仅认为这些伦理是正当的最好的,甚至与祭祀的仪式相结合,使伦理神圣化而具有宗教性,因而使传统成为僵固的教条,任何敢于冒犯的人都将受到谴责、排挤或惩罚。乡民社会最大的威胁来自自然,只有团结合作才能应付这种威胁,而传统伦理则为团结合作的精神基础。所以传统伦理倾向于传统主义,亦由于社会特性使然,无可厚非。只是在现代工商社会里,对伦理仍保持传统主义的态度,才足以妨碍社会的进步。

以上所说传统伦理的特色,归结起来有:(1)家庭中心的;(2)重情的;(3)特殊主义的;(4)传统主义的;(5)神圣化的。这五点恰与顿尼斯(F. Tonnies)所说的"通体社会"的若干特征相吻合[①]。顿尼斯分析的对象是传统式的社会,我们这里说的是伦理,这表明中国传统的社会与伦理确有高度的密合性,二者密合,然后伦理能有效运作,达到社会稳定的目的。直到最近七八十年,传统的社会日渐解体,社会与伦理的密合才被破坏。目前台湾正在社会转型的过程中,新的社会结构已渐形成,新社会需要新伦理,如何建立新伦理,并使它能有效地运作,是目前我们迫切需要解决的问题。

三　五伦的检讨

建立新伦理,必须打倒旧伦理,民国初期新文化运动时代这样的想

---

① 参看殷海光《中国文化展望》,台北,文星书店,1966年,第120页。

法很流行。反对这种想法的人,对旧伦理往往采取传统主义的态度,传统主义不足以使传统伦理更新或转化。这两种对待传统伦理的态度,现在已经过时;但进一步要用客观的态度去检讨传统的伦理,这工作实不简单。第一,检讨者不但要对传统伦理有同情的理解,而且理解得要有深度。第二,既是检讨就必须有新的观点和新的知识,然后才能在新旧之间从事接合性的思考。据我阅读所及,贺自昭《五伦观念的新检讨》是能符合这个条件的一篇重要文章[1]。在他讨论的范围之内,我自知不能说得比他更好;况且这篇文字似乎没有引起多少注意,趁这个机会做一简介,并作为我们进一步检讨的依据。

贺文的主旨是“要从检讨这旧的传统观念里,去发现最新的近代精神”,且认为“必定要旧中之新,有历史有渊源的新,才是真正的新”。他的文章写于抗日战争期间,距今大约已四十年左右,今天看起来,他所标示的主旨,无论是当做工作的目标,还是对新方法的提法,仍然有新鲜之感,一点也不过时,现在我们仍然正在朝这个目标努力。对求新方法的提示,当然还可以有另外的提法[2],但重要的是,文章的内容能把他的想法如实地表现出来。

他强调要批评五伦观念,须从本质着手。从本质上考察,他认为五伦观念实际包含着下列四层要义:

1. 特别注重人,以及人与人的关系,而不十分注重人与神及人与自然的关系。因此在种种价值中,五伦说特别注重道德价值,而不甚注重宗教、科学的价值。在与西方文化对比之后,贺氏认为,今后我们仍不妨循着注重人伦和道德价值的方向迈进,但不要忽略了宗教价值、科学价值而偏重狭义的道德价值,不要忽略了天(神)与物(自然)而偏重狭义的人,这样才能把五伦说中注重人伦之义充实发挥出来。

2. 维系人与人之间的正常永久关系。因此人不应规避政治的责

---

① 此文见《文化与人生》,台北,地平线出版社,1973年。
② 最近张灏主张“以传统批判现代化,以现代化批判传统”,就是另外一种提法,见台北《中国时报》1981年5月4—5日副刊。

任,放弃君臣一伦;不应脱离社会,不尽对朋友的义务;不应抛弃家庭,不尽父子兄弟夫妇应尽之道。缺点是这种偏重五常伦的思想一经信条化、制度化,发生强制的作用,便损害了个人的自由与独立。而且把这五常的关系看得太狭隘、太僵死了,不仅不能发挥道德政治方面的社会功能,反而大有损于非人伦的超社会的种种文化价值,所以今后应减少五常伦说之权威性与偏狭性。

3. 以等差之爱为本而善推之。贺氏认为这种主张不单是有心理的基础,而且似乎也有恕道或絜矩之道做根据,是最人情化的。持等差之爱说的,并不是不普爱众人,不过他注重一个"推"字,要推己及人。此外,他对等差之爱的观念提出了两条重要的补充:第一,若仅偏重于亲属关系的等差爱,而忽略了以物之本身价值及精神之契合为准的等差爱,则未免失之狭隘,为宗法的观念所束缚,而不能领会真正的精神爱。第二,普爱说与合理的等差爱之说并不相违背,普爱说中有"爱仇敌"的教训,是站在宗教的精神修养的观点说的,唯有具有爱仇敌的襟怀的人,方能取得精神的征服或最后的胜利。孔子的老安少怀,孟子的人饥如己饥、人溺如己溺,就是普爱或至少距普爱的理想不远。普爱与孟子的学说并不冲突,乃是善推其等差之爱的结果。

4. 以常德为准而竭尽片面之爱或片面的义务。贺氏认为这种要求正是传统三纲说的本质。三纲说乃五伦观念之最基本的意义,也是五伦说最高最后的发展。离开三纲而言五伦,则仅是一种伦理学;五伦说发展为三纲,才具备了正统礼教的权威性与束缚性。他分两层来说明五伦说进展为三纲说的逻辑的必然性:第一,由五伦的相对关系,进展为三纲的绝对关系,由五伦的相互之爱、等差之爱,进展为三纲的绝对之爱、片面之爱。之所以必须有此进展,是因为相对之爱(如君不君则臣可以不臣之类)是无常的,在这样的人伦关系下,社会的基础仍不稳定,变乱随时可以发生,三纲说的成立就是为了补救相对关系的不安定,进而要求关系的一方绝对遵守其位分,实行片面之爱,履行片面的义务,以免人伦关系陷入循环报复的不稳定的关系之中。第二,自三纲说兴起后,五常作为五常伦之意义渐被取消,作为五常德解之意义渐次通行。所谓常德就是行为所止的极限,就是柏拉图式的理念或范型,也就是康德的道德律或无上命令。五伦说注意人对人的关系,三纲说则将人对人的关系转变为人对理、对位分、对常德的片面的绝对的关系,故三纲说当然比五伦说来得深刻而有力量。因此忠君完全是对名分、对理念尽忠,而不是做暴君个人的奴隶。

以上四点对五伦内涵的分析,不但态度客观,且确已把握到传统伦理的本质,尤其是对等差之爱的补充以及对三纲的精神,更是做了颇富创意的阐释,很能表现一个哲学学者的思考素养。兹就其已讨论的再提出两点检讨:

第一,传统的社会结构和伦理实践的方式,似乎并不能达到普爱的理想。以家族为中心的社会,在一对一的实践方式中,自我或己永远是伦理实践的核心,推爱也必须由己出发,道德修养也必先“反求诸己”。以己为中心的推爱,无论在事实上或理想上都跳不出差序的格局①。有人问孔子:“以德报怨,何如?”孔子的回答值得注意,他说:“何以报德? 以直报怨,以德报德。”孔子很重视差序层次,依据差序的推爱,是推不到爱仇敌(以德报怨)的普爱结果的。基督教的普爱精神,根本不是家族中心的,亦非由己出发,恰恰相反,耶稣为了显示上帝的普爱精神,主张爱耶稣(上帝的代理)的人应胜过爱他自己的家,并且应当舍己。

第二,把常德解释为柏拉图的理念或范型,是一种很有意义的理解,根据这种理解,在片面之爱中仍足以激发出崇高的道德精神,不过这种精神显然不能要求于人人,因为要做到这一点,实人间至难之事。但在传统中国,三纲是实际支配所有人的伦理,它的有效与否,多半要靠强制,强制只能使人感到受礼教的桎梏,不能助成自我的实现。贺氏

---

① 在《文化与人生》(地平线出版社,1973年)一书中,贺氏另一文《新道德的动向》云:“旧道德还有一个缺点,就是太偏于消极的独善,而忽视了积极的求共善;太偏于个人的潜修,而缺乏团体生活的共鸣。”这些缺点就是由于被差序格局所限。

也曾指出,三纲伦理未曾受过启蒙运动的净化,非纯基于自由的意志,而出于真情之不得已。问题是三纲伦理一旦受到启蒙运动(重理性重自由)的洗礼,是否仍能保持它的权威性呢?事实上绝不能。任何传统文化,一旦经启蒙思想冲击,必然促其新的转化,渗入新的质素。这新的质素如是"旧中之新",问题倒还简单,如是来自另一支文化,引起的问题可就多了,"五四"以后种种新旧中西之争,皆由此而来。三纲伦理的问题的尚不止此,你说子尽孝臣尽忠是在对作为常德的理念和位分尽片面的义务,事实上享有绝对权威的君、父、夫并不是一个理念,他是一个人,很可能是一个具有多方面人性弱点的人,这样他的肆无忌惮反为三纲权威的强制所掩蔽,而权威的另一方就可能成为礼教的牺牲品了。一个经过启蒙思想洗礼的社会,在自由、平等的要求下,无论有多少理由,都不再可能接受三纲伦理的模式。片面的爱和片面的义务,它的对象只应该限定于神,而不应该是人。

传统伦理思想中注重人及人的关系,同时人也不可以逃避这种关系,伦理思想无论怎样求新,这两点仍必然会被肯定。人需要在与人的关系中才能成全自己,这是对的,问题是处理人与人的关系有多种方式,当一种方式与成全自己的目标相违背时,就必须做合理的调整,合理的标准最重要的,是承认人际双方都有自我的独特性与人格的完整性,承认当我尊重你的需要时,也必须尊重自己的需要,这在以往以家族为中心和以上帝为中心的伦理中,都是不被允许的。这种新伦理观,是建筑在健全的个人主义的基础上,比较能允许发挥各自的潜能,并使人际双方都有机会成长成一个真实的人。

"五四"以来保守主义者很少能像贺自昭那样对传统伦理有深刻的认识,传统在他们的心目中变成有价值的实体,他们甚至把传统神圣化,成为它伟大成就的囚犯,结果传统所提倡的固有伦理,仍只是被当做一般惯例习俗保留着。心理学家葛登纳在讨论社会与自我更新的障碍时曾指陈:"规范、习俗与程序的繁殖的影响之一,是抑制了活力,或者更正确地说,把活力导入一致论的死巷。为了要适应这些规范而做的长期努力，埋没了活力，摧残了一切的热情、自然与创造力。"①我们的社会实情，并不如此严重，但这种现象的确仍然存在。

四　传统伦理的转化

前文已提到，我们伦理思想中，已有来自另一支文化的新质素渗入，因而引发了"五四"后新旧中西的长期争论。这些新质素主要包括自由、平等、天赋人权等，这代表着一个新的价值体系，这些新的价值观念，清末民初在少数知识分子间即已流行。他们尝试建立新的律法加以推行，但都没有成功，因为新的律法主张尊重人权，以法治代替礼教，具有显著的个人主义色彩，这种新律法一旦施行，必然使奉行了两千余年的三纲伦理造成严重的紊乱，并使巩固已久的道德权威和政治权威——维系传统社会精神生活的两个础石——趋于动摇②。这是旋乾转坤式的转化，会影响到世界观的改变，要整个民族都接受这种变化，的确非常困难。尽管我们曾经历新文化运动的洗练，六十年后我们仍旧僵持在新旧行为规范交相混糅、个人或群体的行为无所适从的阶段。

我们的困难究竟在哪里？传统伦理的转化绝不可免，为何这方面的进展又一直远落于社会其他变化之后？在这里我们必须先了解一些事实，即凡是涉及与情感有关的基本文化特质，如信仰、观念、态度等，在文化涵化的过程中，都是不容易改变的③，因为这是民族性赖以形成的核心，这核心的部分如被改变，会整个打破原来的心理习惯和生活秩序，是一件极端痛苦的事。在身受文化冲突带来的痛苦中，只有极少数的知识分子，甘愿忍受并正视这种矛盾与痛苦，然后运用他清明的理智

---

① 葛登纳著、马毅志译《自我更新——个人与革新的社会》，台湾，三山出版社，1972年，第59页。
② 关于清末民初新律法的精神和它的影响，参考龚忠武《学而集——从君主到民主的中国社会》，台北，环宇出版社，1971年，第102—104、112页。
③ 参看曾炆煜《涵化之心理问题》，见《现代生活与心理卫生》，台北，水牛出版社，1971年，第94页。

寻求调整之道,进入人格重组的过程。这是一个精神觉醒和革新的漫长过程,需要一生的奋斗仍未必能竟全功。因此多数人不能或不愿如此去做,有的仍固执于原有伦理体系,排斥新的伦理质素,以避免内心的彷徨和不安;有的则任其新旧伦理质素共存于人格内部,就不同情境随时使用互相矛盾的不同质素①。前者的反应表现心理的逆退,后者的反应在过渡期中有助于心理的安全,但皆不足以促进文化和伦理价值的创新。

　　另一点重要的认识是,在一个逐渐进入现代化社会的过程中,由少数知识分子树立新人格的典范,固然是促使传统伦理现代化的一个有效途径,但仅此还不够,知识分子还有帮助那些不愿做行为调整的多数人能走向积极转化的责任。固执于传统价值的人,应该受到同情的理解,如果我们能由他们坚守的传统中发现新的意义,即有助于恢复他们的自信心。传统主义的心态多半是由于受过激的反传统心态的刺激而走向另一极端,如能对传统重做理性的抉择,会增加他们再出发的机会,至少也可使新生的一代抱这种态度的人大为减少。对长期以来反传统的潮流而言,努力去发现传统的新意义,也是一件再出发的工作。现在有心理学者指出,在中国现代化的过程中,传统重社会轻个人的倾向也可能会产生好的影响,因为在过分强调个人的现代生活中,个人会逐渐脱离社会的网络,进入慢性的社会疏离,而中国人以社会为中心的传统倾向正可予以调剂②。另有精神科医师,根据临床经验,认为现代人小家庭制并不是理想的家庭制度,最理想的家庭制度是小家庭化而仍保持着原有大家庭制度中家族彼此间心理上的密切联系③。也有历史学者提到,据若干人类学家的观察,台湾民间保存的中国传统文化特质,不仅没有变成现代化的绊脚石,而且往往适时地促成了现代化过程

① 宋明顺《现代社会与社会心理》,台北,正中书局,1975 年,第 263—264 页。
② 杨国枢《中国国民性与现代生活的适应》,见《现代生活与心理卫生》,水牛出版社,1971 年,第 106 页。
③ 林宪《现代化生活与精神疾病》,见《现代生活与心理卫生》,水牛出版社,1971 年,第 204 页。

中的转变。例如在中国的大家族制下,家族成员有互助的义务,有若干新兴企业,就是由亲属的网络累积了必须的资本。又如藉同乡间邻里乡党的感情,使一群新进入城市的青年劳工联结为一个亲密团体,使他们相濡相温,不致在陌生的大城市中感到难耐的孤寂[①]。日本利用传统文化的特质,以达成它的工业化,曾创下极为成功的例子,萨文·史莱坡在《美国人的挑战》一书中说:"日本可算是没有失去其社会文化的特征,并且不陷入只模仿人家的毛病,而达到最高竞争水准的大国的一个实例。"这应该也是我们努力的目标。

上面几个例子一方面使我们知道,传统的伦理价值确有再认识的必要,一方面也可看出,传统伦理在现代社会仍可以产生新的作用,不过这种作用毕竟有限,不足以由此导引出新伦理体系的主要内涵。建立维系现代化社会的新伦理,必须经历吸纳融化异质文化中的伦理新质素的过程,这是我们目前面临的最大困难。

一个社会形貌的转变比较容易,一个社会的精神要转变就相当困难。造成困难的原因当然很复杂,但最直接而显著的一个原因是教条主义作祟,精神转变是思想到行为的创革过程,而教条却要求我们:"不要思想,不要表现个人!"教条里也许蕴藏着好的、智能的思想,但教条本身却是坏的,因为它无条件地被人接受,无条件地被视为好的。[②] 因此,教条成为创新的大敌。伦理教育是促使社会精神转变最直接的导因,而我们今天的伦理教育恰如葛登纳所说:"是极度无效的",因为"我们常常在应该教导年轻人种植他们自己的幼苗时,却给他们以剪下来的花朵。我们用早期创新的产物来填塞他们的头脑,而未教导他们自己去创新。在我们应该把心智视为供我们使用的工具的时候,我们却把它当做要填塞的仓库"[③]。这正是教条主义教育的最佳界说,这教育严重妨碍我们建立自我更新的系统。

---

① 许倬云《由中国文化谈统一问题》,台湾《中国时报》1981年4月9—10日第2版。
② 参考哈萨斯著、洪志美译《开放的心灵》,远景出版社,1976年,第202页。
③ 葛登纳著、马毅志译《自我更新——个人与革新的社会》,第30页。

"他山之石，可以攻玉"。我们的邻国日本在战后的经验应该对我们最具参考的价值。战后的日本已是一个新生的国家，传统的转化显然远比我们有成效。

战争结束初期，日本的道德教育失去了重心，因为必须改变以往军国主义的教育，转向民主主义的新教育。1947年日本制定了"教育基本法"，以喜爱真理与正义、尊重个人的价值、培养自动自发自立自主、尊重学术自由以及文化的创造和发展，为教育的目标。1955年前后，强调国民教育的理念，主要在于拥护宪法和学习宪法，同时要求自由主义的原则必须在教育里充分实施①。

日本战后教育的导向，受美国人的影响很大。

1946年一个考察团在日本各地视察之后，提出报告书，日本过去因受中国文化影响，教育里一向重视"修身"课，报告书针对这一点提出建议："在过去日本的教育课程里为培养服从心的'修身'课，现在应加以另一种解释，使其成为自由的国民生活中的一个普遍的东西，例如促进平等的礼仪做法、促进民主政治的协调精神，以及促进日常生活中合理的科学精神，均可称为广义的'修身'。这种做法和精神，应在民主性学校的各种计划或活动中设法使之成长，更进而使之得以实践。"②

四年后另一个考察团对"道德教育与精神教育"所提的方针与前次相同，但有更细致而精辟的陈述，它强调人间的改变是全体的，也就是"全人格改善"。报告书说："如果认为道德教育仅可学自社会科之教学，那是错误的。道德教育必须通过全教育课程来说明，而且是不能和青少年们在家庭里或在宗教团体中，抑或在社会团体中所受到的陶冶分开来的。民主性陶冶的目标，是在于建立理想的社会秩序。民主的教育可高扬自由的气氛，而在这种气氛之中，道德精神最可得以发

---

① 参考帕新著、刘焜辉等译《日本的现代化与教育》，幼狮文化事业公司，1973年，第188、195页。
② 帕新著、刘焜辉等译《日本的现代化与教育》，第255页。

扬。"①这是促使新伦理诞生的一个很理想的构想,在这个构想里,新伦理与民主法制社会的建立,在同一个精神基础上得以推进。

对传统伦理而言,这是一场整个社会精神的革命,如果目标正确,教育计划和教育实施能充分配合,也要三五十年才能见到初步的成效。今天的日本当然距离这个理想还有一段距离,但他们有明确的努力目标,战后成长的一代已表现出与以往不同的精神面貌,其中当然也出现了工业化以后的新问题,但问题已脱出传统的范畴。而我们呢,正如旅美科学家孙观汉所感叹的:"台湾经济起飞,而社会的精神还在蹑传统的方步!"②究竟如何才能脱离困境,以后各章将继续探讨。

---

① 帕新著、刘焜辉等译《日本的现代化与教育》,第268页。
② 孙观汉《菜园拾爱》,台湾,星光出版社,1981年,第110页。

人性与伦理[①]

　　人性的问题,在人类知识的进程中,一直是一个颇具挑战性的课题,但长期以来,由于受到方法及相关知识本身的限制,在 20 世纪以前,似乎并没有太大的进展。直到 20 世纪,由于人文社会知识分科分类越来越细,不同领域的独立发展,产生了不同的观察人性的方法,也累积了不少可供互相观摩的知识。这种发展距离理解人性的全幅内涵的理想仍很遥远,但确已突破过去那种抽象的、静态的人性观,进入具体的、动态的人性观。尽管有研究生命的科学家宣称,我们对人仍相当无知,不过新的进展,对促进人际和族际之间的关系以及社会的发展,已有显著的贡献。

　　人性问题影响深广,政治、经济、社会政策中的许多争论即导源于人性思想的冲突[②],资本主义与共产主义为何有严重矛盾? 儒家与法家为何不能相容? 其基本原因亦在此。当我们希望建立新伦理时,对人性问题必须加以重新探讨,新的伦理必须建立在新的人性观上。

一　传统人性观的局限

　　新的人性观来自人性知识的进步,它与传统的人性观并非对立,但

①　编注:本文选自韦政通先生著《伦理思想的突破》,大林出版社,1982 年,第二章。
②　参看雷焕文著、陈永禹译《谁是现代人》,台湾,长河出版社,1977 年,第 2 页。

足以显示后者的局限。局限是由于历史的差距,而非古今人智力的高下。传统的人性观往往以一种简单的形式来提示问题:"人是什么?"简单的询问,也就产生出简单的答案,希腊哲人说,"人是理性的动物",从柏拉图到 19 世纪,这一直代表着西方思想大传统中对人性的主要理解,这个理解与人是照着上帝的形象而塑造的圣经观点相一致①。中国大约在孔子以前就有"人为万物之灵"的思想②,孟子开始把"灵"赋予道德(仁义、人伦)的意涵,因此可以说,"人是道德的动物"。我们能充分理解,这种观点在把人从自然分离以及提升人的尊严的历史过程中,有过划时代的意义,也正因为其意义重大,形成了思想上的无上权威,因而限制了后人的思考。直到 19 世纪,在科学方法的启导下,人们的认识才渐从传统知识的枷锁中解放出来。从理性或道德来界说人性,理性与道德只不过是人性中静态的存有,在这里自无变化可言。进化论学说兴起以后,认为人的原始构造经过八万年的进化发展已经更易,因而导致人的肉体以及可能包括他的心灵显然的改变。进化论对人性的理解是否正确,不是这里要争论的问题,我们关心的是,进化论打开了理解人新的可能之路。

传统的人性观,一落到现实表现的层次,既然有理性的、道德的,就有反理性与反道德的,于是产生了"灵"、"肉"二元的思想,"灵"指精神、心灵、灵魂或道心、天理,"肉"指身体或人心、人欲。这二元的思想一旦被导入宗教或道德的生活之中,就必然又产生精神与肉体的对决,以及精神能主宰肉体等思想。在这种思想里所设想的精神,俨若能超出肉体之外,成为一切神圣、至善的根源;与之相对的肉体,成为被贬抑被克制的罪恶化身。在这种人性观流行的时代里,所谓行为规范和行为者的信念,主要成为制恶的工具,于是灵肉或天人交战成为人性的主要现象,如何使精神控制肉体,使天理克制人欲,也成为这种人性观中最主

① 阿德勒著、周勋男译《西方的智慧》,台北,幼狮文化公司,1974 年,第 265 页。
② 人为万物之灵的思想,最早见于《尚书·泰誓上》,"泰誓"三篇经后人考证为伪古文尚书,这里说"大约在孔子以前",乃推测之词。

要的节目,宗教生活中的灵修,道德生活中的修身,生活的重心就是在二元对决中挣扎前进。这种人性观的局限,是只着重二者的交战关系,很少注意其他可能的关联,尤其忽视了身体这个有机体本身的独立法则与独特功能。

传统的人性规当然不止于上述的这一类,亚里士多德就曾以整体的观念理解人,在整体中人具有各色各样的功能,包括物质的、植物的、动物的以及心灵的等等。荀子也有类似的见解,他认为物质(水火)有气而无生,植物(草木)有气有生而无知,动物(禽兽)有气有生有知而无义,人则为气、生、知、义的总和[1]。这种思想在中西传统中并没有引起多少注意,直到最近才从科学那里得到了强而有力的支持。

根据生理学的知识,我们已知道,人身体的生理法则与恒星世界一样的稳定,它们是不能由人们的意志所代替的,我们必须照它的原样来接受它[2]。照这样理解,极端克欲要求的传统修养,实已破坏了生理法则,使它不能发挥正常的功能,因而人的精神也很难获得健全的发展。健康的生活须依赖灵肉的合奏,并在互相支持的关系中才能得到[3]。人并不能随心所欲,不但"人欲"不能,"精神"也不能,二者都须受社会的影响,尤其要受生理法则的制限。心理学家葛登纳(John W. Gardner)说:"我们常听到这种空幻不实的说法:人可以做他自己和命运的主人,解除掉困累他的束缚,可以是一只自由翱翔的小鸟。这种观念产生了严重的混淆。完全的个人自主是子虚乌有,不可思议之事。"[4]人有自由意志,因而在某些事件上人可以做他自己的主人,这应该不成问题,但完全的自由,只能是一形而上学命题,在现实的人生中,则绝不可能。

传统人性观的大趋向,最着重在人兽之辨上,因而使二者之间形成

① 见《荀子·王制》。
② 卡里尔著、刘光炎译《人·未知者》,台湾,三民主义研究所,1962年,第62页。
③ 读者如想对"心"与"身"的关系有进一步的了解,可读日人杉靖三郎的《现代生活与健康》,台北,协志工业出版公司,1972年,第二篇:"心"与"身"的健康。
④ 葛登纳著、马毅志译《自我更新——个人与革新的社会》,第112页。

一个不可跨越的鸿沟,这种观念成为人类文明发展史上不可或缺的支柱。即使在 20 世纪,它依然是一个主流。但有一种新的趋势,即把人与动物的关系逐渐拉近,坚信人是动物的一种,因此人的行为也可以纳入动物行为这个大范畴里来理解。对几千年的传统而言,这是对人性探讨的一个新起点,如果说以往的人性观是为人性建造了一座神圣的殿堂,那么新的努力是把人性的问题重新还原到自然的人性的基础上来。这种发展目前仍方兴未艾,将来对人类的社会,尤其是人际关系的合理化上,必可有新的贡献。

二 人的特性——本能到创造

在传统人性观的大趋向中,人与动物截然不同,因而本能与学习、先天与后天,这些概念一直被认为代表着极为明晰的区分,成为教育理论和道德理论的重要基础。在新趋势下,这种区分逐渐引起了疑问,原来明晰的现在重又感到模糊。新趋势的目的不在否定传统的区分,而是要为这种区分寻求更多事实的依据,更重要的是,希望能在本能与学习、先天与后天之间建立一种连续变化的序列。

与孟子同时的告子,由"食色性也"的名言,已正确地建立起本能的概念,可惜他对本能对人生的影响,并没有做进一步的说明。劳伦兹则指出本能除食、色之外,还有逃亡与攻击的欲望,并认为攻击本能在人类进化的早期,便以特别的强度发展而成,直到人类社会获得合法的安全保证,这种本能才失去其重要性。弗洛伊德则发现生命并不是被食、色这两种利己的驱使力所统驭,而是被两种热情——爱与破坏所统驭,他称爱为"生命本能",称破坏为"死亡本能",这两种本能与饥饿、性欲不一样,因为它们并不都是为了求自身的生存。弗罗姆对弗洛伊德的理论做了修正,他不把爱与破坏视为本能,而是认为它们根源于性格的热情,本能纯是自然的产物,而这两种热情则是社会的、生物的与历史的产物。爱与破坏虽同属根源于性格的热情,但寻求爱,还可以加上寻求自由,都是主动的欲求,而破坏、残害、控制或屈服,则为被动的驱使力。这两种热情虽并不直接有益于身体的生存,但它们和本能一样强烈,甚至更强烈,因为如果爱、自由、复仇等热情的追求失败,有些人会因此自杀,由于性欲不满足而自杀,实际上却是没有的。弗罗姆认为,这种基本的热情才是人生的基础,一切使人值得活下去的东西都是由它们组成①。

根源于性格的热情,既是社会的、历史的又是生物的产物,说明这种基本热情与本能仍有联系,但远远超出本能的范围。在人的性格中,后天获得的成分与先天的成分往往互相交织,因此人的性格也是本能与创造的交集之所,人类的种种特性就是在本能的(生物的)基底上所表现的种种创造的成果。

先天与后天、本能与学习的区分,在一些新的实验中,似乎令人迷惑,比较行为学家赫斯曾以条件反射做说明的例子:狗如果嗅到什么香味或异味时,它们便会垂涎三尺,这种动作无疑是天生的。你在它们吃东西前,摇一下铃(这是巴甫洛夫为了证明条件反射的形成而做的经典实验),则长久之后,即使没有气味刺激,狗也会分泌出唾液。试问,在这个例子上,你说哪个是先天,哪个又是后天的动作呢? 此外赫斯还举了西斯小鸡实验的例子,于是他说:"在许多行为模式上,先天与后天的成分,通常是紧密连接的。"在紧密连接的行为中,他依然做了精细的区分:"它们学到的东西,无疑是后天的,但驱动力却是先天的。"②

本能这种驱动力,在传统人性观的大趋向中,一直被认为是负面的,关于它对人生的复杂功能,人们更是茫然不知。本能对人生的重要性,从下面科学家卡里尔(A. Carrel)的言论中可以获得简要的说明,他说:"性欲的腺体除了鼓舞着人们从事其传宗接代的行为外,还有另外的功能:它们也能够强化生理的、心理的和精神的活动力。没有一个阉

---

①　弗罗姆(又译作"佛洛姆")著、孟祥森译《人类破坏性之剖析》(上册),台北,牧童出版社,1975 年,第 11—12 页。
②　赫斯著、关绍箕译《人这种动物》,第 57—59 页。

割了的人，会成为一个大哲学家、大科学家，甚至一个大的犯罪者的。"①
但本能对人的影响毕竟有限，譬如模仿是一种本能，动物也具备这种能力，但只有在人的身上，这种能力才能获得充分的发展。这就不是单单由于本能，而是由于人除了本能之外，还有一种更重要的能力——创造的潜能。所以人虽也是一种动物，但却是一种独特的动物。

尽管人类文化的进展主要是依赖人的创造力，但我们对这方面的知识迄今仍极为有限，人的原创力本身几乎和上帝一样神秘难测。葛登纳根据若干研究的成果，认为各色各样富有创造力的人，他们确有共通的特性②：

（1）开放性。具有这一特性，标示着一个人对冲击到他身上的景象、声音、事件与观念的感受性，在大多数人习以为常的事物中，他仍能感受到它们的新鲜性。同时有创造力的人也比较能放开意识的控制，并毫无畏惧和焦虑地面对自人格较原始与无意识的层面所升起的冲动与意象。

（2）独立性。有创造力的人能够把自己从一般人所陷进去的社会压力的网络里解放出来，并怀疑一般人都接受的假设。他有冒险与面对批评的能力，在日常生活中他并无异于常人之处，他只把独立性保留在真正与他有关的事上——其创造性活动的范围。

（3）柔韧性。这种人在思考问题时能变通方向与策略，能放弃他对问题的初步印象而重新认识它。与柔韧性有关的一项特性，心理学家称之为"对暧昧的容忍"的能力，这种能力使他容忍内心的冲突，能对问题保持悬而不决而不遽下判断。

（4）在经验中寻出秩序。当创造性的人物将自己向丰富而广阔的经验开放时，同时他也展现出一种在各种经验中寻出秩序的特殊能力。具备高度创造力的人，给人的印象好像都会有点目无法纪，但真正创造性的人物并非自外于法规，而是制定新法规的人。每一个伟大的创造

---

① 卡里尔著、刘光炎译《人·未知者》，第62页。
② 葛登纳著、马毅志译《自我更新——个人与革新的社会》，第44—48页。

性成就,多少都是从混乱中寻出秩序来的。他在无头绪中寻求关联,将起初似乎没有关系的观念连接起来,拟出一个包含更广的架构。

以上这些特性,无疑是较高层次上的人的基本特性,照理具备这些特性的人物,即使一时不容易被理解,也应该受到尊重;很不幸,人类历史所显示的,那些创造性的人物,总是要受尽人间的磨难,一般人乐于享受创造的成果,当新观念威胁旧观念时,他们极端地无法容忍。人间绝大多数的人都与创造的特性相对立,他们不是开放的,而是封闭的;他们不是独立的,而是依赖屈从的;他们不具备柔韧的弹性,而是僵固地奉教条为真理;他们不能在经验中寻找秩序,而是死守着传统的规序不知变革。多数不宽容者与少数创造者的对立,使人类文明遭到了难以估计的损失、不宽容者唯一自慰的,是对创造者的坟墓欢呼礼赞!

三 开放的人性观

由心灵与身体来界定人性的观点,最大的问题是没有重视灵、肉与社会文化的关系。灵不能只是一面镜子,也不能只是一个精神实体,它一定有它的内容,这些内容一定是他所在社会文化的反映。身体方面也一样,它是一个有机体,生来就有某些需要,为了生存,这些需要必须满足。这一点所有的人皆同,但在不同的社会文化里,满足需要的方式可能有很大差异。这种关系得不到重视,使传统的人性观一直限制在心体与个体的领域里打转,所谓精神生活,所谓修养,独善而已,它不能促进或诱导对社会文化的复杂问题寻求一个合理解决的途径。独善生活如走向极端则堕入禁欲主义,视肉体为唯一的大敌,无异把人生导入自戕之路。你说"人是理性的动物"①,或说"人是道德的动物",依照这种人性观,对站在你面前的任何一个人,你想要了解他,能提供什么帮助呢?

——————

① 罗素对"人是理性的动物"这个传统的说法挖苦道:"人是理性的动物——至少我这么听说过。多年来,我一直为这个论调寻求证据,但是迄今我行遍了三洲六洋仍然杳无所获。相反地,我所看到的世界却日趋疯狂。"(见《无稽学大纲》)

人性问题的探讨,不能只教我们知道值得崇敬的圣贤、神仙、超人,同时也应该使我们能理解希特勒这样的杀人魔王。

个人与个人之间、群体与群体之间,都有复杂的差异性,这些差异反映出复杂的人性,要企图理解复杂的人性,必须从传统封闭的人性观中解放出来,采取广阔的人性观。当听到存在主义哲学家萨特宣称无所谓人性时,人们如不详察《存在主义与人文主义》一文的文义,都会生出直觉的反感。但他说"他所创造的他自己是什么,他就是什么",无论如何代表着一种人性的新观点,这与人类学家蒙塔古(A. Montagu)所说"人性实是人类所造成的自己的儿女"很相近,不过人类学家对人性的理解,是得自不同文化研究的经验,对人性问题来说,经验才是重要的导师,丰富经验的累积,才打开了理解复杂人性的大门。

蒙塔古因感于过去用"什么是人类的本性"这样简单的方式来提示问题的方法不够健全,于是站在人类的立场,提出了一个新的问题:"人类是由什么组成的或造成的?"人是超越生物预定反应的动物,因此必须学习某些反应,这些反应遂构成"人性",蒙氏认为人性就是一种"反应模式",是经由团体的传统,藉双亲和老师的功能作用,灌输到人这有机体之内的。由于人类文化具有复杂的多样性,因此在不同文化里表现了不同的人性形式,这种人性的差异蒙氏称为第二性的差异,它是为反应特殊的文化经验之刺激而人为地发展出来的①。一个中国的幼儿,如自幼移居美国,在美国文化中长大,经历美国式的社会化过程,除了肤色体型仍是中国人之外,他的生活方式和价值观念则完全是美国人,"心灵"或"精神"自然也不同,这说明人性乃文化的产物。文化有大传统、小传统,有主文化、次文化,有祖传文化、外来文化,有中心文化、偏远文化,有合理的文化,也有反理的文化。另一方面接受文化的个体的潜能人人不同,接受的方式也有差异。这些主客观因素的复杂组合,遂产生了个体的独特性,这才是造成"人心(性)不同,各如其面"的真正原

---

①   参见陈少庭译《20世纪的意义》,台北,野人出版社,1968年,第154—155页。

因。根据这样的人性观，我们才有希望理解复杂的人性。要理解我们遭遇的每一个人，离开他生存的文化社会及其特殊处境是无从着手的。

人性既然是文化产物，就是可变的。人性虽可变，改变人性毕竟是人间至难之事，因为必须改变人所生存的文化社会及其处境，这绝不是一两代人就能见功效的。一种文化既然形成传统，除非它有一天完全不能适应现实世界而遭到淘汰，否则它的改变只能限于某些部分，由文化所塑造的人性也是如此。现在我们知道民族性或国民性是可以改变的，但可变中亦有不可变者在，否则就不能保存它的民族特性。世界文化的理想在长远的历史中可能会实现，但也只限于一些普遍接受的部分，民族文化的殊异性永远会存在。有殊异性的文化，就有殊异性的人性，有殊异性的人性，冲突与矛盾就不可避免。以往把种族文化的殊异性化为价值判断中的优劣等差，使有的种族自以为天生就是世界的主人，其他的种族就只能忍受被侵害剥夺的命运，这种种族有优劣的观念，不知为人类带来了多大的灾害，而且最大的灾害竟然就发生在人类文明进入新高峰的 20 世纪。不同种族的殊异性之间，没有优劣之分，但文化有殊异性这件事实我们必须承认。承认这殊异的事实之后，第一件要学习的大事，就是互相宽容，学习同情地理解对方，并进而能彼此欣赏，这是未来世界中每一个人必须培养的襟怀，也是人类学习和平相处的新起点。到目前为止，人类学的知识，以及开放心理的知识，对培养这种态度，都能提供直接而有效的帮助。

四　人性与伦理

以上三节的讨论，从传统人性观的局限转出开放的人性观，然后希望从开放的人性观中导出人类能和平相处的态度，目的在于为新伦理提供一个新人性观的基础。下面对二者的关系做进一步的说明。

前面我们说过，今天探讨人性问题，要把人性神化的传统予以改变，重新还原到自然人性的基础上来。为什么要有此改变？因为自然人性是人类平等的唯一立脚点，也是促使人性神化幻灭的唯一依据。人的潜能、智力、机遇、成就无一平等，在种种不平等的情形下，我们仍希望建立人人互相平等对待的关系如何可能？这就必须重新提醒人人自具的自然人性，只有在这个基础上才有希望发展出真正平等的关系。讲平等除了自然人性之外，不依赖任何其他的条件，天赋人权，法律之前人人平等，也是同一依据。现代法律所保障的人权，不因人的潜能、智力、机遇、成就的不同而有不同，只要是具有自然人性的同类，就享有基本人权，就受到法律的保障。只有对人类这种共同基础的自觉，才有利于人际健全关系的发展。旧的伦理教我们，必须先知道对方在社会中扮演的角色，才能决定是否该尊重他，未来的伦理则要求，只要是与我们同类的人，都应该学习彼此尊重。

旧伦理适用的关系主要是一对一的，新伦理的范围不限于此，甚至也不限于"己"与"群"，而必须扩及"己群"与"他群"。由于人口暴涨和世界交通网密布，全人类互相依赖又互相竞争的关系日增，因此己群与他群之间的问题将日益严重，也更值得大众关怀。己群与他群所指涉的范围可小可大，小则指一个社会内部的团体之间，大则指国家与国家的关系。在未来的世界里，一个人不仅是家庭的一分子、社会的一分子、一个国民，更重要的还要知道如何扮演国际社会一分子的角色，他所需要的胸襟与知识是大不一样的。如何处理这方面的关系，在以往的传统中很难得到真正的教益。在中国，一方面曾有过四海皆兄弟的天真幻想，一方面又始终坚持夷夏之辨的大原则，一直把己群尊为天朝上国，把他群贬为蛮夷之邦，落到现实上，真正相信的还是"非我族类，其心必异"。基督教的传统虽信仰博爱，但好几个世纪以来，并不能阻止白人信徒对黑人的偏见与残暴，把黑人视如家养的动物，曾是白人社会很普遍的思想。要改正这种根深蒂固的偏见，合理地处理这方面的关系，任何传统的道德教条都没有多大的帮助，我们需要的是新观点和新的知识。新观点新知识得之于不同社群的研究经验，只有追随经验才能破除迷执与固蔽，才能使开放思想真正成为可能。

首先应理解强烈的己群意识是怎样形成的。一个人的成长，不能不依靠家庭以及家庭以外的社会，成长过程中必然培养出对这两种团体特别浓厚的感情，所有的传统无不教人维护己群的利益并抵抗外来的攻击，将之视为每一分子的天职。当自己的家庭和社群与别的家庭和社群发生冲突时，不论有理无理，你必须站在己群的一边，坚决一致对外，被认为理所当然。人类无数世代以来就是靠这种意识维护了他们的生存。但在己群与他群的关系日益密切又复杂的今天，强烈的己群意识已成为使这种关系合理化的严重障碍，因为从这种意识里培养不出客观评价自己观点的能力，也培养不出同情理解他人观点的态度。

封闭的人性观就正好是强烈己群意识的精神支柱。要突破这种以己群为中心的意识，必须学习开放的人性观。开放的人性观像一面巨大的镜子，反映出人类众多群体的复杂多样性。众多的群体，从人种的观点本是同一根源，都具有同样的基因，正如生物学家莫里斯（D. Morris）所说的："若除去各种奇特的服饰，我们都是同样的裸猿。"①当然群体与群体的差别不只是服饰，由于地理、气候及生活环境的不同，于是产生了不同的生活方式、价值系统和思想态度。开放的人性观，在面对复杂多样性的事实之前，要求人类的每一分子都必须学习理解历史的和文化的相对的观念，历史相对观和文化相对观可以帮助我们理解为什么他群的价值观与己群的会有所不同。在这一点上蒙塔古认为最好的方法是指陈其他文化里的人民如何获致他们自己的价值观念②，同时蒙氏建议，西方人应研究西方文化以外的伟大文化，尤其是中国和印度的文化，这样才能有效地发展出一种较均衡的价值系统的观念。而我们维护传统文化的人，却坚持中国的伦理系统优于西方和印度的偏见。中西学者的胸襟为何有如此差异？关键就在于我们的学者缺乏新观点和新知识。

① 莫里斯著、叶晨译《人类动物园——都市人及其环境的探讨》，台北，巨流图书公司，1979年，第141页。
② 潘乃德的《文化模式》一书在这方面有很大贡献。

对他群怀有敌意,这种偏见在程度上也许稍有差异,但普遍存在于世界的每一个角落。对敌意或偏见的表现过程,莫里斯构想了一个很典型的例子[①]:

(1)你看,那个绿头发的男人在打一个小孩。

(2)那个绿头发的男人真可恶。

(3)所有绿头发的人都可恶。

(4)所有绿头发的人都会攻击任何人。

(5)那边来了一个绿头发的人,要在他打你之前,就先打他(那个绿头发的人并没有先挑衅,但被打了,很不甘心,为了自卫也打回去)。

(6)你看吧! 我说得没错,绿头发的人都很可恶。

(7)所以,要打所有绿头发的人。

这是一个很简单的小故事,说明了他群的人如何变成仇恨的对象,莫里斯说:"这样的分析排列起来,我们一定会觉得这种推理过程很可笑。确实很可笑,但它却代表了许多人的思考方法。这正是造成团体偏见的主因。即使你能觉察出这七个推理的谬误,但大家确实都这么推理过。"只要把其中"那个绿头发的男人"换成"江西佬"、"湖北佬"、"下江人"、"上海人",这个故事对我们是多么熟悉! 对自己的同胞尚且如此,何况对其他民族?

为什么会对他群民族怀抱敌意? 归根究底只是由于封闭思想使我们产生了地域偏见和文化偏见,使我们不能采用平等的眼光去看所有的人。蒙塔古说得对:"此种偏见并不是天生的特质,而是团体在实际生活上受制约而产生的结果。一个真正文明社会的功能应该使其成员免除此种偏见,并教育他们,使其对他人感到兴趣,而且想了解他人的价值观念。"这是说我们必须训练开放思想,才能从封闭思想产生的偏见中解救出来。具体点说,要化解地域的偏见,必须扩大己群意识,增加同胞爱;在偏见没有化解之前,要学习用公平的方式处理己群与他群

---

① 莫里斯著,叶晨译《人类动物园——都市人及其环境的探讨》,第129页。

的一切事务,用具体的作为消除彼此的疑虑。要化解文化偏见,必须教育所有的人类群体,让他们知道,每一个重要的文化都有复杂的来源,所有的民族对人类文明都有过贡献,即连今日被世人看做最落伍的非洲,历史上也曾出现过辉煌的文明①,近代西方升起以后才把它摧毁。"文明是众多不同民族共同努力的成果,没有一个民族可独占文明。"②

　　以上的新观点与新知识,不只适用于己群与他群的关系,也同样适用于一对一、己与群的关系。在未来的世界里,如果不学习开放思想,我们就无法建立对他人的健全关系。

---

① 莫里斯著,叶晨译《人类动物园——都市人及其环境的探讨》,第 135 页。
② 见陈少庭译《20 世纪的意义》,第 158 页。

工业文明的伦理新貌[①]

以上三章之所以仍要由传统的伦理出发，并不断予以批判，目的在于揭示它的局限性，并超越原有的思考方式。旧伦理的思考受到家族组织、专制政治、农业经济等的制限，从这个背景，已不能理解现代社会伦理问题的复杂性。超越传统的思考，在新文化运动时代还能代表一种先见，而在今天，我们的思考已远落在社会变迁之后。因此，以下各章将把我们的眼光直接投注到现代社会和现代生活上来，因为我们大家毕竟已生活在现代，现代人生活中所遭遇的问题，是我们的祖先连做梦也想象不到的。现代，不管你从什么角度界定它，它都代表人类历史的一个新的历程。

若以台湾的社会为观察的坐标，它目前已进入工业化的社会，工业文明的一些主要现象，都正相继出现。在这个变化的过程中，传统的余威只能影响变化的速度，不能影响变化的方向。工业文明只为人类开辟了一条直线进程的道路，任何社会除了一个阶段又一个阶段向前发展，没有其他的选择（发展的方式则可有很大差异），已进入发展中的社会，就必须向发达社会的目标努力，偶然的挫折难免，大幅度的倒退则势必导致整个社会的崩解。因此，下文所说的工业文明和伦理新貌，将包括工业先进国的一些经验，这些经验大部分不久都将成为我们生活中的事实，新伦理是要配合着这些事实来思考的。

[①]　编注：本文选自韦政通先生著《伦理思想的突破》，大林出版社，1982年，第四章。

一　工业文明的特征

　　以上的乐观想法，并没有考虑后进国家的特殊处境和困境，第三世界表露的心态不仅令人同情，尤其令人忧虑。不过仅靠民族主义和人道精神，都不足以挽救第三世界的命运，因为工业文明开展的新世纪是一场历史性的大竞赛，每一个落后的国家都必须努力使自己成为一个工业文明之国，否则在这场大竞赛中，将不可避免地被淘汰掉，悲剧性地成为工业大国的一部分。这个现象目前已经开始，今后会有更多的事例发生。由台湾过去三十年的经验，证明整个中国虽长期落后，但很有希望，如能使精神早日脱离传统的范畴，工业化、民主化都将加速进行。我们的希望来自进步的社会，进步的社会提供新伦理思考的线索。

　　使人类历史进入新阶段的工业文明，是经过三百多年，主要由西方人发展完成的。从19世纪中期起，这个文明开始扩展到全球，20世纪成为工业文明主宰全球的世纪，它为人类带来了新的希望，也在世界各地引发了无数的革命和动乱。20世纪将在进步国家与落后国家的对抗中结束，工业文明不能为世界建立和平的秩序，它在基本性格上无异是战神下界，而不是和平的天使。这种性格反射到每一个工业社会成员之身，那就是复杂又无止境的竞争，促使原先维系人际关系的价值系统几乎全部瓦解。

　　每一个非西方国家接触工业文明之初，最先感受到的几乎都是西方科技的威力，这个经验使非西方国家对西方文化的认知产生了偏狭的理解甚至扭曲，我国新文化运动时期的"物质文明"与"精神文明"之争，便是一例。他们忽略了，近代西方科技不是单项的进展，科技以外的道德、宗教、艺术等都曾经过革命性的变化，并成为推动工业文明的精神力量。据内夫（John U. Nef）在《工业文明的精神基础》一书中的分析[1]，18世纪工业革命之前，除了大家熟知的科学革命和宗教革命之外，在16、17世纪曾发生商业革命、价格革命、早期工业革命、生活方式革命以及新思想运动等。没有这一连串创造性的变革，就不会有18世纪的工业革命。18世纪前的两百年间，西方在文艺复兴之后，其文化内容犹如万壑竞流，既丰富又灿烂，在这个背景下，西方人能欣赏各种价值，对西方以外的世界也怀抱有高度的兴趣，就在这个时期，中西文化曾有一段美好的交流时光。工业革命以后，科技开始占领导性的地位，于是科学与宗教、道德、艺术逐渐分离，这个变化使人们只看到技术的优越性，以及由技术变迁所造成的机械化的世界。在机械化的世界观里，不仅人的精神活动和精神创造容易被忽视，就连原先"文明"一词所包含的精神与道德品质结合的意义也渐次丧失。在16、17世纪科学革命的时代，人们全力以赴地在使整个人（the whole man）趋向完美，18世纪工业革命以后所创造的新文明，却是一个高度技术化、组织化且为人所难以控制的世界。究竟是技术、组织为人服务呢？还是人变成技术、组织的奴隶？这已是我们这个时代最大的困惑之一。

　　科学与宗教、艺术的分离，以及科技居于绝对优势的地位，是工业文明的特征之一，与此相伴的另一特征是重视数量。生活在农业社会的传统人，一向对数字的概念并不敏感，在欧洲，要求数量的精确，始于1570年至1660年之间的新思想运动。这个运动促使近代数学的兴起，而近代数学乃近代科学得以长足发展的基础，哲学家怀特海尝谓"离开了数学的进步，17世纪的科学发展实无可能"，西方科学能超前于中国，这是一大关键。数量观念虽起源于16世纪末叶，但到18世纪以后，才逐渐统治了所有学术研究的领域。在我们这个时代，不仅是科学、经济的量化，人类种种行为的研究也已量化，不量化等于不科学，这种趋势

---

[1] 下文引用此书的思想，是根据余英时的介绍。余氏《工业文明之精神基础》一文，见《历史与思想》一书，台北，联经出版事业公司，1976年，第339—380页。

正风行世界各地,成为工业文明最显眼最普遍的一个特征。如果说科技文明,就是一种数量化的文明,机械化世界,就是一个数量化的世界,似乎并不为过。

工业文明的第三个特征是标准化。科技一旦进入大量生产的阶段,就必然有标准化的要求,工业产品、产品的作业程序以及产品的管理,只有在标准化之后,才能达到最高的生产效率,才能大幅缩减生产成本,降低产品价格,使一般大众都能享受工业产品的便利。

愈倾向传统化的社会,其地域性的特色也越浓。愈倾向现代化的社会,其地域性的特色越淡。全世界新兴的大都市,外观上的差别很小,满街是规格相同的汽车,街道两旁排列着规格相同的高楼,交通标志、高速公路也一样。标准化消灭了一切可以规格化事物的差异,也强迫不能完全规格化的人去适应这种标准化的原则。就连学校也越来越像一座大型的工厂,课程、师资、教务都趋向标准化。人在现代社会的不同机构里,仅是一号码数字,工业文明里的设计和运作,只能照顾大众化的要求,不能考虑个别的特性和需要。

工业文明的第四个特征是专门化。现代社会各行各业的专门化趋势,始于18世纪的生产分工和19世纪的知识分化。就前者而言,1720年英国在一份《东印度贸易之利益》的报告中,即指出专门化可以使用"较少时间和劳力"把工作做好。1776年亚当·斯密在《国富论》卷首特别强调,"劳工生产力最大的进展似乎在于分工的影响"①。就后者而言,19世纪以前,教育、政治、经济、心理、社会、人类等学科,都包含在哲学的范围内,科学在近代科学革命之前,也只是哲学的一部分。19世纪以后,因受科学方法和知识革命的影响,这些学科日益分化,一个个如今都已成为独立的知识王国,每一学科的本身甚至有更进一步分化。在专门化的趋势下,哲学在20世纪的前期与中期也出现了所谓专技哲学。

① 埃文·托夫勒著、黄明坚译《第三次浪潮》,台北,经济日报社,1981年,第49页。

中国传统书籍的七略（辑略、六艺略、诸子略、诗赋略、兵书略、数术略、方技略）、四部（经、史、子、集）之分，不是以知识的性质分类的。直到19世纪的末期，知识分类的观念才受到重视，从此传统万事通型的知识分子慢慢消失，知识分子必须先是某一知识领域的专家，才能取得学术上的地位，受到别人的尊重。以往参政的人，要靠他的家世、财富、声望，今后专门化的知识将成为参政者不可或缺的条件。在工业社会里，各行各业，连政府的行政机构，都越来越专门化，因此只有具备专业化训练的人，才容易找到适当的位置。传统的职业有所谓三百六十行之说，1977年美国劳工部发表的一份名册中，不同职业的区分已达两万种，未来一定还会继续增多。

专门化造成了角色的分隔和趣味的多元化，各行各业的社团纷纷兴起，社会竞争与冲突大量增加。在大型工厂里工作，只使用一个人一部分的机能，这使16、17世纪欧洲人所追求的整个人完美的理想完全落空。

数量化、标准化、专门化都是工业文明中主宰人生活的基本规范，个人只能自动去适应它，你的意志和精神活动丝毫不能动摇这些原则。传统社会里环绕着人的关系，都是有生命有感情的，本来没有生命没有感情的大自然，也被赋予了生命和感情。因此，传统的一切规范都不能摆脱情的因素。高度工业化社会的情形，如弗罗姆在《人类新希望》一开头所描绘的，它是"一个彻底机械化的社会，献身于最大量的物资生产及消费，而以计算机（按：它是数量化、标准化、专门化的结晶）作为它的指导者；在这样一个社会进程中，人自身已经被变造成整个机械的一部分，吃得好、玩得好，然而却是消极的、缺乏生命的，并且殊少感情"。这样的社会里，人要适应规范，须运用理智而不是感情，与人的日常工作发生密切关系的，是物不是人。批评工业文明的人，说它是冷酷的、无人性的，说它对人的主观作用未能给予应有的估价，这些指控都是实情，也是造成工业文明危机的一部分原因。

二　生活方式的革命

据内夫《工业文明的精神基础》的研究,西方在 16 至 17 世纪之交,便产生了人的生活方式的革命。生活方式的革命导源于宗教改革,因此革命的指向代表宗教精神的转化:

(1)由中世纪寺院中出世的虔敬生活一变而为入世的,又由于稍后妇女运动的兴起,基督之爱遂能逐渐融入日常生活经验之中;

(2)由于(1)的进展,人们相信圣与凡之间并不阻隔,而是可以合而为一的;

(3)使所谓高度的文化教养,不再限于出世的宗教虔诚,而是中古的最高伦理理想与文艺复兴的世俗艺术之美的结合。

三点合起来正代表了近代化重要指标之一的世俗化倾向。世俗化倾向再配合上科学革命和民主运动,才能把心灵从中古长久的桎梏中解放出来,才使开放心灵和开放社会的建立成为可能。

世俗化、科学化、民主化和工业化在近代文明中本不是分裂的几个不相关的部分,而是统整的一个大系统。虽然如此,前三者与工业化的基本性质毕竟不同,最重要的一点是,前三者乃偏重于精神的活动,推动这种活动的主要力量是自由,而非需要,同时也不以效用为其活动的目标。工业化却为刚由传统桎梏中解放出来的近代人又加上了新的桎梏,这种桎梏如托夫勒所说,表现为一种工业心态,"工业心态轻视不能予以数量化的东西,它经常赞美严格的规律,而惩罚想象力,使人类沦为一个过于简单的原生质单位,希冀为任何问题找出一个机械化的答案"[1]。工业化才是现代社会中精神的和生活的种种危机的主要来源,由于它,才窄化并扭曲了近代人的视野,并产生出种种意识形态的风暴,使 20 世纪的世界整个笼罩在分裂与对抗中。

---

[1]　埃文·托夫勒著、黄明坚译《第三次浪潮》,第 121 页。

世俗化、科学化、民主化等运动,紧随着西方工业文明的威力,于清末民初的三十年间渐次进入古老的中国,于是引起了一连串的革命事件,其中重要的有结束两千余年帝制的政治革命和改革文体的文学革命,后者是民国数十年中较为成功的革命运动。现在让我们看看这一时期国人在生活方式上所起的变化。

这方面的革命尽管至今未竟全功,但在清末民初中国人的确曾经历一场生活的革命运动。中国在这方面变革的轨迹与16、17世纪的西方不同,因为中国文化的基本精神本来就是入世的,历史上虽有过类似西方中古出世倾向的佛教,但就在佛教盛世的唐代,禅宗的兴起就已扭转了这种倾向,宋以后又有儒学的复兴运动。清末民初生活方式的革命,重点是在如何改革传统伦理生活所依据的社会基础,目标是要使传统的伦理本位的社会转变为现代的法制社会,因此传统的价值系统也必须做相应的调整,只有当人们日常生活的价值与目的改变时,才能使生活方式转换到一个新的方向。

在此目标的要求下,当时产生了下列观念上的对立:

(1)科学对儒学或理学。

(2)民主对专制。

(3)个人主义对家族主义。

(4)资本主义经济对农业经济。

儒学、专制、家族主义、农业经济是传统伦理社会的基础,科学、民主、个人主义、资本主义经济则为现代法制社会的基石,而这些(指其现代的形式与内容)在中国传统文化里都是没有的,一旦吸收进来,不仅固有的生活方式会遭到破坏,连社会结构和文化形态都必将有巨大的转变。

在这些对立的观念中,科学变为科学主义,并成为部分反传统者的新宗教,是一个难以避免而又不幸的演变,科学主义者在当时不仅未能把儒家的价值系统的理想层与现实层加以区分,也似乎不能理解一个植根甚深的价值系统,只能慢慢调整,不可能连根拔起。也许就是因为缺乏这种理解,才引发了与传统主义之间的长期对抗,结果技术变了,制度变了,价值系统就是不甘愿变,这方面变迁步调的过分迟缓,使今日已进入工业化的台湾社会,出现了许多新而严重的问题,因而有李国鼎先生"不可能长期保有进步的经济和落后的民众"的呼吁。"落后民众"是指道德落后,也就是价值观念和生活方式仍缺乏相应于工业化的调整。

回想六七十年前,知识分子从观念上的改变导致生活方式的剧变,是相当惊人的,其中最主要的观念是民主系列中的自由、平等和人权。传统伦理社会的关系是权威主义的,这些观念却要求五伦关系平等化,直接打击到三纲中片面义务的价值标准,使代表家庭权威的父和代表政治权威的君彻底动摇。宗教自由的提倡,使代表道德权威的儒教也备受攻击。民初革命党激烈打倒偶像崇拜,毁坏神像,没收庙产,废除祭天、祀孔,为了改变民俗,培养新信仰,将前清显宦崇祠改为忠烈祠,以纪念为革命牺牲的烈士,促使人民心目中的典范人格发生改变,于是社会的价值标准也随之转变。

这些转变在"五四"以后的三十年中,除了妇女解放比较能收到预期的效果之外,其他方面多不顺利,民初废除的祭天、祀孔,很快就被袁世凯恢复,自由、民主一直遭受左右夹击,权威主义的伦理关系除少数知识分子的家庭之外,依然如故。台湾近二十年工业化、都市化的发生,才迫使生活方式改变的速度加快,核心家庭已是都市中普遍的家庭形态;人群关系已由亲族的、地域的、阶级的取向,渐为职业的、兴趣的以及社区的取向所代替;个人的角色和地位也趋向于由个人本身的能力与成就来决定,而不一定再是依据其出身及家世来决定[①]。但我们距离民主的生活方式还有一段路程,法制社会也没有健全建立起来,这是今后必须全力以赴的目标。

---

① 李亦园《人类学与现代社会》,牧童出版社,1973 年,第 125 页。

三　工业社会的问题与危机

　　由于台湾仅是一个小岛,经济成长有赖对外贸易者甚大,对外往来自然十分频繁,因此工业化虽尚起步不久,工业社会的问题与危机已加速出现。社会问题与社会危机不同,问题是有办法解决的,危机则仅靠工业社会本身的条件不一定能解决。如果社会问题由小积大,一直无能力解决,也可能演变成危机。

　　工业化和都市化就像工业文明的双生子,凡是工业发达的国家,都市化的过程必定同时出现。虽有人把都市化定义为"一个整体性的社会变迁"①,但乡村人口大量向都市集中,显然是都市化的一大特色。人口集中带来的一般性问题是,生活在大都市的人遭受了各种环境的压力和精神的紧张,如噪音、空气污染、缺乏运动、狭窄的空间、过分的拥挤和物欲的刺激等。

　　由环境压力和物欲刺激引发的严重问题是形形色色的罪行猖獗,如窃盗犯罪、白领犯罪和暴力犯罪等。窃盗已是台湾家家户户深觉头痛的问题,据统计,窃贼为了"生活以外"的开支而作案的达52%,为生活的仅占2.4%,说明窃盗形态已有很大转变,有人称之为"最热门的行业",甚至也反映了工业文明的特征——专门化②。白领犯罪是指智力性犯罪,诸如大公司财团漏税、冒贷、欺诈投资、集体贪污、炒地皮、设立假公司、恶性倒闭等。有学者指出,白领犯罪的猖狂是我们社会上过分重视"权威"、纵容权威和权势的结果③。暴力犯罪在性质上比前两种罪行更严重,因为它直接危害到了人的生命。这类犯罪有显著增加趋势,以往对付这种情况是用重典,据有关人士分析,现在用重典的效果已逐

① 陈宽政《台湾的都市化与都市问题》,见台湾《中国论坛》156期第47页。
② 参看林正典《窃盗——最热门的行业》,《时报杂志》79期第19—21页。
③ 参看萧新煌《该怎样看近年犯罪的增加?》,《时报杂志》第80期18页。

渐丧失①。犯罪问题任何社会虽都不能根除,以目前的情况,如不能遏止继续增长的趋势,一旦和一些爆炸性的问题相结,就可以演变成社会危机。

工业社会的犯罪集团越来越庞大,似乎也是工业文明中集中化一原则的体现。工业文明是历史上最重视金钱、最贪婪、最商业化、最斤斤计较的文明。工业社会赚钱的机会虽多,但要累积相当财富,毕竟只有少数人办得到,那些没有能力又想暴发的人,只好铤而走险,又觉一个人或少数人势单力孤,于是犯罪集团勃兴。犯罪集团与各大财团所信奉的基本信条完全相同:金钱万能。依照托夫勒的分析,金钱万能的哲学,是由生产和消费分裂所造成,在一个生产和消费分裂的社会中,每个人是依靠市场而非个人的生产技术来获得生活所需,于是人际关系被缩减到冰冷的金钱往来,行为被视为一连串的交易,并且影响到我们的心理和我们对人格的假设②。这种市场型人格和使大多数人被吸入金钱制度的社会如不改变,所有的伦理道德、爱与友谊,势必在多数人的自利行为中被腐化掉。就人伦的意义而言,这是工业社会最深刻的危机。

全世界的工业正面临三种危机:

(1)能源。

(2)生态环境遭到严重破坏。

(3)越来越庞大的公司组织、官僚组织,导致个人的无力感。

限于我们的主题,这里仅能就第三种危机再加引申,当然这并不表示其他两种危机与我们的主题无关。

组织化是工业社会的必然趋势,因为它符合效率原则。在大型而复杂的组织中,只有少数人能发挥智力,并发号施令,多数人都像生产线上的工人一样,仅做着单调乏味的工作。这种工作日复一日年复一

① 参看林正典《暴力犯罪——破坏治安的祸首》,《时报杂志》第80期19—21页。
② 埃文·托夫勒著,黄明坚译《第三次浪潮》台北,经济日报社,1981年,第39—40页。

年,不仅使人感到抑郁、衰弱,甚至威胁了个人的自由和完整。在工业社会里,"压抑个人的,不是任何暴政,而是现代社会的本质",心理学家葛登纳称之为"没有暴君的暴政"。

从这个角度看,工业文明的确不能满足人内心的需要,因为人的生活大都为市场所支配,过度物质的追求使人丧失了精神追求的活力。下面的自叙,听起来很可笑,却相当真实,一个小孩问他的父亲:"爸爸,你整天到底在做些什么?"父亲这样回答:"我呀,一大早人挤人,车挤车,再加上停车就搞了我一个多钟头,我还与陌生的家伙在电话里啰唆了许多时间……又和一些我不太认识或不太喜欢的人在会议室里泡了许久,开了许多会。我草草结束了午饭,根本不知道什么味道,也记不得吃了些什么。我整天就是这样赶!赶!赶!我所工作的办公室甚至桌椅家具都是为了工作设计的,我从来也没有注意天时变化与过往的人们。我用嘴皮说话,但我不唱歌,也不跳舞,也不真正接触人。最后下班了,再度孤零零一个人花一小时去挤人,去排汽车长龙和停车。"①这个平凡的自叙,将人们在工业社会生活中遭受的许多问题如时空压力、人际疏离、单调、孤独、刻板、紧张不安、脱离自然等表露无遗,最严重的是生活没什么内容,更缺少自发性,整个社会的运转就像一部大机器。这种人正是诗人艾略特"空心人"的真实化。

以上所说的问题与危机,已足够使人怀疑工业文明究竟是进步还是退化。对这种怀疑公认的答案是,在物质方面确有进步,精神方面却赶不上物质的进步。我们不应因此就判定现代人的堕落,工业文明的那些原则不是个人能抗拒的,现代人是工业文明的肇创者,也是工业文明的受害者,他们所忍受的痛苦,也就是为这个能发挥巨大力量的文明所付出的代价。

---

① 查理瑞克著、苏起等译《美国的新生》,台北,幼狮文化事业公司,1972年,第155—156页。

四　工业社会的伦理新貌

这里所说的伦理新貌是指人际关系的新形态,如上文提到的人的行为变成一连串的交易,以及人尽管整天不断与人打交道,而在主观的感觉上,却是并未真正接触人之类,这是在农业社会里绝对没有的现象。以上三节虽已不时对此问题有所涉及,但主要还是在说明伦理新貌产生的原因和背景,下文将把焦点集中在新貌的展示上。

在农业社会,农民聚族而居,一向以大家庭为家庭的主要形态,至少也以大家庭为理想。直到 19 世纪末,在西方新思潮的影响下,严复及其他改革家指出旧式家庭制度已不再适合新时代了;陈独秀在创办《新青年》之初,就建议新的家庭制度,并主张妇女解放①。这方面的改革,终于成为"五四"新文化运动的主要节目之一。

1949 年之前,因中国工业落后,新的家庭制度只能在少数都市中实施。最近二十年来,台湾工业化、都市化的发展过程极为显著,1979 年农业人口仅占 32%,大量人口集中到都市,社会形态由农业转变为工商业,家庭形态也不得不转变为核心家庭,六七十年前新思想家们提倡的新家庭,今日终于成为相当普遍的事实。核心家庭与传统家庭有明显的不同,传统家庭数代同堂,人口比较多,父权大、子女缺少自由,且家庭具有多种功能。核心家庭只包括夫妇与子女,倾向于平权,因此子女较自由,功能也大为减少②。其中最显著的变化是由父子主轴变为夫妇主轴,由重老年变为重儿童。现代的夫妇关系重视爱情,因为小家庭里情感满足的来源减少,心理满足、情感的发泄,多半要靠对方,没有子女的家庭尤其如此③。

① 参看周策纵著、杨默夫编译《五四运动史》,台北,龙田出版社,1980 年版,第 394 页。
② 参看龙冠海《现代生活的背景与特征》,见《现代生活与心理卫生》,第 11 页。
③ 参看徐静《现代家庭之心理问题》,《现代生活与心理卫生》,水牛出版社,1971 年,第 28 页。

现代父母与子女的关系重视亲情，由于工业社会竞争激烈，知识层次较高的父母对子女的要求已不是要他们一味顺从，而是要求他们能自主、独立。生活在现代的社会里，公私生活日益分裂，家庭私生活是一套，工作岗位又是另一套。再加上社会多元化，价值观念分歧，每一个家庭成员都受到了来源复杂的影响，以致不协调的思想和互相抵触的观念比比皆是，因此，要使现代家庭相处和谐，仅靠传统的孝、敬已不够，现代家庭最重要的伦理应该是互相尊重，彼此宽容，父母们如肯试用民主的方式去教导子女，必可以增进家庭的和谐气氛，并容易获得子女发自内心的敬爱。这是现代父母们必须学习而又感到相当困难的一课。既然是必须，困难只有努力去克服，否则图方便走回头路，沿用传统权威主义方式，对问题的解决并无帮助。目前我们的社会，两代之间的代沟问题显然越来越严重，但代沟和冲突的产生，主要是来自父母的态度和观念。

核心家庭虽是工业社会主要的家庭形态，但由于子女观念逐渐淡薄，离婚率增加，结婚延迟，以及喜好独自的生活方式等原因，使现代社会兴起了多种不同的家庭形态，如没有子女的家庭，单一父或母的家庭，独自家庭，还有所谓合成家庭——离婚男女都有孩子再组成的家庭。按照传统的观念，这些都是"畸形的家庭"。有一天畸形家庭的数量成为多数时，大家也就会习以为常。如果未来的社会真如托夫勒所说将逐渐脱离核心家庭，进入一个多样化家庭形态的新社会，那么社会学家伯纳的话将代表可能的趋势，他说："未来婚姻中最大的特色，正是让对婚姻关系抱不同需求的人可以做各式各样的选择。"[1]这大概是减少几千年来家庭问题和婚姻悲剧的一个比较合适的途径，否则像现在这样离婚或不结婚的男女仍要受到家庭或社会的许多压力，实在没有道理。

除了自由思想和社会形态转变等因素外，促使传统型家庭瓦解的

---

① 埃文·托夫勒著，黄明坚译《第三次浪潮》，第220页。

另一重要因素是妇女解放和女权运动。在工商业发达的社会,妇女才会有经济独立的机会,经济独立然后地位能独立,有独立地位的妇女才能产生女权运动。

在西方,19 世纪是女权运动时代,但早在 17 世纪,妇女在社会事业上已有表现。中国要到 19 世纪末才出现观念上的提倡,辛亥革命和"五四"运动时才出现少数新女性。此后女子受教育者日众,她们学业和事业,都能像男性一样,从事自我奋斗和社会性的竞争,这样使家庭生活起了变化,也增加了不稳定的因素。

自由恋爱在现代社会不论对男性和女性都是一个新的心路历程,也是一种很特殊的人际关系,处理得好有助于自我的成长和人际关系的适应,处理不好心理上会留下许多后遗症。自由恋爱的风气一开之后,不知制造了多少恋爱的悲剧,主要是因为我们这一代是处于"两种完全不同的文化潮流中,一方面我们高谈自由恋爱,可是另一方面我们却没有一套求爱的行为模式和文化规范"[1]。

恋爱关系中的个人,最重要的条件是要有独立、自主的性格,具有这种性格的人,自我成长的经验比较丰富,因此也比较能主动地去关心所爱的人的生活和成长。相反地,依赖性较强的人,他只知习惯性地向对方索取以满足自己的需要,缺乏给予的能力。自主、独立的性格须自幼培养,中国人的教养中一向并不重视,后来的教育给了他一些新观念,行为却跟不上。恋爱是人生再生的过程之一,也是人生的一个独立阶段,恋爱的结果可以结婚,也可以不结婚,怀着结婚目的才恋爱的人,使自由恋爱不自由,因此,给予而无收获,就有受骗之感,这是,把爱作为交易的工具。花钱可以买到人,却买不到爱情,只有心理健康、精神富饶的人才能沐浴爱河,与精神贫乏的人相恋,无异与索债人相遇,当然是不欢而散。

以上还只是就个人私生活而言,事实上生活在现代社会,私生活所

① 徐静《现代家庭之心理问题》,《现代生活与心理卫生》,第 32 页。

占去的时间，仅属一小部分，一天当中大部分能活动的时间都在工厂、公司、机关、学校里，在这些场所工作，最重要的条件不是你的道德修养，而是你的专业知识、专业训练，尤其是专业精神。现代的专业精神里可以包括传统的"敬"，从传统的"敬"却不能导出现代的专业精神。专业精神中包含着道德的要素，但它要求完成的不是心性修养，而是客观的工作成果。在不同的机构里，制定有不尽相同的行为规范，学校有聘约，工厂有厂规，其他各行各业也有他们自己的行规，这些规约就是你必须遵守的职业伦理，一旦违反，你就可能失业。

除了遵守职业伦理之外，你在这些机构所接触到的人，都是来自很不同的生活背景的陌生人，而所能接触的也只限于与工作有关的。同事几年，对他的家庭一无所知是常事。甚至你连同事的姓名都不知道也无所谓。在家族社会里，人与人之间经常可以发展成一种全人格的关系，因为他们的生活休戚相关，祸福与共，这种社会关系本身便是目的，个人可以从这种关系中得到相当的满足。现代社会里的人际关系，多半是零碎的、片面的、利害相冲突的，自然无法从这种关系里得到精神的满足。从这里我们可以知道，现代人经常诟病的疏离问题，实在不是个人的问题，而是由工作性质和社会形态所使然。处理这类的关系，很难有共同的规范可寻，最重要的是在个人的态度，一个人如果有开放的思想，并具有弹性的心灵结构，那么他就能就每一个陌生人本身所具有的特性去欣赏他，而不是根据自己主观的成见去估量对方。传统人的定向反应对陌生人总存有偏见，现代人必须努力消除这种偏见，改正必须弄清家世、背景、身份之后才决定是否与对方接近的习惯。最好的办法就是训练开放的、有弹性的心灵结构，这才是现代伦理的心理基础。有了这个基础，在任何陌生的关系中，就不难发展出因应之道。

人生不同阶段的伦理问题[①]

这一章的目的,是为了配合一个多变而开放的社会,希望建立一种动态的伦理观。作为规范意义的伦理,它先个人而存在,同时伦理是社会化的工具,它并不全为个人的需要而设计。在这个意义上伦理对个人有强制和束缚性,但从另一方面看,人生有不同的发展阶段,不同阶段里有不同的目标和需要,因此伦理对不同阶段的人生有不同的重点和意义。

下面是动态伦理观的几点基本认识:

(一)人生的发展有不同的阶段,每一个阶段都是再生的过程,再生的意义是指在不同阶段里应发展出不同的人格特性,并达成他的目标,满足他的需要。人生圆满的程度与再生的程度成正比。

(二)在变迁较少的社会,人生目标以满足社会期望和文化理想为主。如果社会变迁的速度加快,那么个人的目标和需要与社会期望、文化理想之间就可能产生冲突。个人面对冲突时,应诉诸个人的创造性与自由抉择。伦理是人发展的工具,人不是表现伦理的工具。

(三)伦理实践不只是个人内省的工夫,也不只是个人道德的进境,它的完善程度是依照个人社会性的行为来衡量的。

(四)伦理道德是人生重要的目标,但不是唯一的目标。德育之外

---

① 编注:本文选自韦政通先生著《伦理思想的突破》,大林出版社,1982 年,第五章,原标题为"人生阶段与伦理"。

还有智育、体育、群育，只有当这些众多的目标都能获得良好发展时，德育的发展才能达到理想状态。理想的伦理生活不是片面的、局部的，它需要带动全人格的改善。

一 人生不同阶段的伦理特性

人生阶段由于不同的需要，可以做不同的划分，在这里我们把它分为儿童、青年、中年、老年四个阶段，只是为了讨论的方便，不可能适合每一个个别的例子，因为即使同属一个年龄层，生理的年龄和心理的年龄也往往差别很大。

就伦理的关系来看，不同阶段的伦理特性是：儿童的伦理关系以父母为主，青年以同辈的朋友为主，中年以夫妇和工作上的同僚为主，老人阶段的伦理关系比较不定，有以夫妇为主者，有以子女为主者，如子女远离又丧偶，则以有共同兴趣的同辈为主。这些关系是人生不同阶段再生的重要条件，没有这些条件并不是人生就不能达成再生的任务，但一定会遭到更多的阻碍，阻碍如不能克服，则会产生人生的危机。

伦理的意义随着阶段的发展而扩大，儿童的活动以家庭伦理为主，青年除了家庭伦理又加上了社会伦理，中年人除了家庭和社会伦理之外再加上职业伦理，职业伦理是以工作的机构为对象的。人的一生，年纪越大，关系越复杂，问题也越多，中年是这些关系和问题重叠交织的最高点，往往顾此失彼，很难面面俱到。中年是人生是否成功的关键期，也隐伏着最多的危机。一到老年，又回到以家庭伦理为主的生活。

以人生的目标而言，儿童期是人生唯一没有特定目标的年代，可以自由生活自由学习，享受人生的权利，没有强制性的义务。父母的最大责任是哺育儿童成长，如能使孩子有一个健康的身体，并做开放性的启发，不使其有太多的偏见与恶习，就是对他一生最大的恩惠。青年期使人生进入一个崭新的阶段，与儿童期明显不同的一点是，儿童的生活单纯，没有多少社会压力，而青年期则须面对复杂的社会期望，有一大堆的人生目标等待他完成,其中重要的有独立自主人格的养成、完成学业、确立人生观与价值观、有的还要成立小家庭。这些目标没有一个是容易的,如果其中有某一目标未能达成,则会对其他的目标增加更多的困难。在这一需要达成众多目标的时期,人际关系开始变得复杂,对家庭、对同学、对朋友、对同事、对异性,其中有的关系的处理是要从头学习的。由于独立性格的成长,与双亲之间的关系已不复如儿时那样简单,有时难免发生冲突。结交异性更是一大难题,青年在任何一个关系的环节上如遭挫折,都可能影响学业。青年面对着一个敞开的世界,有复杂的烦恼,有沉重的负荷,最能帮助他度过危险期的还是父母。

中年人的主要目标在于成家立业,也不像青年人那样有太多的选择。由于家庭的责任和工作的压力,年轻时的幻想和冲力已消退,人往往变得安于现状,人际关系也很现实。任何一个社会里,多数的中年人大抵如此,他们逐渐趋向于保守,形成社会一股稳定的力量。只有少数的中年人,他们不仅能保持年轻时代的热情,追求理想,而且能寻求有效的途径把理想逐步实现。他们尽量使自己的工作事业与社会责任、国家前途关联起来,他们是社会进步的原动力、国家民族希望所寄。这种人多半个性突出,有显明的是非感,有坚定的原则,因此家庭生活未必圆满,人际关系未必妥善。他们最大的任务不是保存传统,而是创造新传统,于是给社会带来不稳定的因素。越是传统型较强的社会,富于创造性的人所承受的压力就越大,被理解的机会就越少,有的不免郁郁以终。只有民主开放的社会才能使他们有较大的成功机会。

人到老年阶段,重新面临许多选择,家庭、事业已不是人生主要目标,最大的问题是如何处理剩余的时光。如果主客观的条件允许,又选择得法,很可能再创一个新的人生形态。另一方面老人面临生理退化的困境,生理影响心理,因此多疑而无所适从,不免有等待人生结束的悲凉。青年和中年期的发展是否良好,会直接影响老年期的生活,如仍能保持适当的体能和心智能力,老年正值智慧成熟,再加上有余暇去完成平生未竟之志,这应该是人生一大幸福。老年人没有年轻人那样多的烦恼,也没有中年人那样多的压力,如能去其得失之心,正可以从容不迫地顺着个人的志趣,度过美满而又充实的余生。在年老以前愈能发挥潜能的人,愈懂得如何安排老年生活。年轻人的生活是以自己为主的,中年人的生活使自己满足与社会贡献同等重要,老年人的生活应以奉献为其最高的伦理准则,奉献是老年人真正快乐的源泉。

若以爱为中心,人生不同阶段的伦理特性是:儿童期以被爱为主,青年与中年期能爱与被爱同样重要,老年期则以能爱为主。爱是人精神生命得以发展的一条最重要的线索,也是健康人格的必要条件。爱能的充分开发,是人生的终极目标,爱的匮乏是人生最大的悲哀。

二　儿童与伦理

前文第四章曾指出,18 世纪以后的工业文明,是源于 16、17 世纪一连串的革命,其中最重要是新思想运动。了解了这个背景,就知道"儿童期"的概念始于 16 世纪并非偶然。这个概念经过三百多年的发展,终于有了"儿童尊严"、"儿童权利"的观念,在一些比较现代化的社会里,成人对孩子的态度,已发生了革命性的转变。这个发现,也是近代文化的重大成就之一,今日讲现代化,对儿童重视的程度,应该也是一个重要的指标。

在"儿童期"概念出现以前,儿童教育都是以成年人为型范,把孩子看成小大人。在儿童期概念发展以后,才逐渐把儿童看做人生的一个独立阶段,也把他们看做独立的个体。有了这种观念上的转变,我们才能注意到儿童除了维持生存的需要之外,还有复杂的心理需求,以及儿童能学什么、该学什么、应如何去教、权威在儿童心中的历程等问题,都可以有新的理解。儿童期的发现,为人类了解自己开拓了一个新的天地,其中所涵盖问题的复杂性和重要性,有的远胜于人生的其他阶段,因为人有些心理倾向和生活习性是自小养成的,一旦习惯成了第二天性,就很难改变。

儿童心理上需要什么？心理学书上告诉我们，儿童需要爱、成就感、归属感、安全感、自尊心、自信心等等，这些需要都是儿童人格发展的元素，但世上并没有儿童能全部得到这些满足，因为世上没有一个家庭能提供这样多的条件。大抵说来，做父母的在这些需要上满足的越多，他们对孩子所可能满足的也比较多，缺乏成就感、自尊心的父母，不容易培养孩子的成就感和自尊心。给予爱和安全感是多么困难的事，从心理需要这方面看，父母对孩子都有亏欠。这种观念的建立，有助于增加父母的责任感，也不致对孩子有过分的苛求。

儿童能学什么，不是一个简单的问题，因为每一个人的天赋潜能不同，潜能初露的倾向也不同，这些都不是能预测的。根据相关的知识和经验，儿童学习的能力，远超出一般的想象，他们能学习各种艺术，甚至能学习抽象的思考。关于这一点，现代哲学家怀特海说得很妙，他说人类文化中最难学的两件事是说话和走路，没有比人类的自然语言更复杂的符号系统，也没有比用两脚走路更困难的物理，而儿童在五岁半之前，这两样都学会了。因此，他主张，儿童没有不能学或学不会的，问题是大人会不会教①。这话的真实性如何，也许还值得怀疑，但有启发性，如何有效地教导儿童，方法上宜求不断改进。如方法运用得当，学习的阶段把握适宜，又能在必要的时候给予刺激，儿童学习的速度和能达到的程度，往往令人意想不到。

在道德训练方面，儿童在正式受教育之前，已形成他律的阶段，他律是学习接受约束的能力。孩子没有一点约束，不容易和其他儿童相处，约束过当，又可能拘限了孩子们应有的活泼，当与不当因人而异，这是教育儿童的难处。对儿童究竟是道德训练重要，还是激励兴趣重要？基本上二者都重要，但就一生的发展来看，在儿童阶段后者要比前者重要，因为这是人一生中兴趣最为蓬勃发展的阶段，如不趁机养成，以后很难再有弥补的机会。而道德的学习则是一生的事，传统的教养方式

———————————

① 以上怀特海的活，转引自杨茂秀《妈妈你要先救谁?》，见《益世杂志》第 7 期。

却把这重要性看颠倒了,因此教出来的孩子总不免拘谨,丧失了孩子气。现代的父母应该知道,儿童阶段尝试的要求很强烈,什么事情他们都感到很新鲜,在大人眼中许多看来无聊的事,他们却一样玩得很新奇,人类如果没有这种天赋的能力,根本不可能创造出高级的文化。这些由尝试、好奇所引发的行为,依成人的标准,总以为他们是在胡闹,但犯错是儿童独有的权利,不经由错误又如何能学习到什么是正确的?明智的父母宁可让孩子们在错误中学习,也不随便依据成规去干预他们的行为。干预太多,反而使孩子的道德反应迟钝。也许有人怀疑,孩子怎么能让他从错误中学习呢,他有知错的能力吗? 根据研究,四岁多的孩子,就能判断、承认自己的错误。教育学上有句名言,由错误中进步,比由困惑中进步快速百倍。认错是文明快速进步的起点①。

重视儿童的教育是对的,对几岁定终生的说法千万不可看得太刻板,这种说法如果只是一种强调是可以的,如果因为儿童阶段的教育或学习失败,就命定地以为他一生都完蛋,这想法是错误的,传记资料中可作为这种想法的反证的不少。人是具有创造意志的动物,任何事例都可能有例外。由动态的观点看人生,人生的每一阶段,都可以是成功期,在伦理道德方面尤其如此。青年以后的各阶段,人生的成败要由个人自己负责,唯独在儿童期,他成败的责任大部分应该由父母和环境来负,因为儿童的意志力还没有足够的成长。

负责儿童教育的人,尤其是为人父母者,与其关心或争论几岁定终生的问题,还不如多学习如何与孩子相处。要与孩子保持亲密的关系,除了多鼓励和赠送礼物等方式之外,更重要的是能与孩子一齐从事心智的活动。天下的儿童没有不好奇不好问的,问题在于,能满足好奇、能回答问题的父母有多少? 有能力的父母当中具备这种耐心的又有多少? 启发心智是儿童阶段最重要的工作之一,启发良知则不见得有多少效果,因为儿童还缺乏道德反省的能力,这种能力是与犯错的能力一

---

① 这个研究亦见杨茂秀《妈妈你要先救谁?》,见《益世杂志》第 7 期。

齐成长的。心智活动中的知性训练，儿童不但能学习，也应该学习，知性能力是人一生中道德活动最重要的基础。启发儿童心智，不是要我们去做儿童知识上的权威，事实上纵然是有能力的父母，也不可能回答孩子所有的问题，在这里父母们必须诚实，与其用不正确的答案去搪塞，不如继续让它悬疑着。一个孩子的脑子里如果装着太多错误的知识，以后心智活动会遇到障碍。

日本在战前的儿童教育是一个悲惨的例子，他们把教育作为战争的手段，使孩子们脑子里充满了狂热好战的思想，后来几乎使这个国家毁灭掉。战后日本政府痛定思痛，对儿童教育进行了深切的反省，承认战前教育既窄又偏，既不顾人类的要求，也不是基于人性的要求。1946年，战争刚结束不久，文部省提出"新教育指针"，要求全体父母和教师，"不该教小孩子从小就立志做伟大的人物，应在每天的学校生活和家庭生活的学习或游戏的过程当中，培育其文化性的萌芽"，应使小孩子抱着"以学问、以道德、以艺术来贡献人类"的理想①。1951年又为了树立对儿童的正确观念，特据宪法精神，制定"儿童宪章"：(1)儿童的人格应受尊重；(2)儿童应以社会之一员受尊重；(3)儿童应在良好的环境里受养育②。第三条下有十二点对所谓环境及养育的方式、重点做了详细说明。这是日本教育革命性的改变，这个改变为近三十年日本的现代化提供了必要的精神基础。

养育儿童是一件困难而又责任重大的工作，养育方式的不当和草率是社会问题的根源。怎样的方式才算理想，詹姆森（Marshatt C. Jameson）儿童权利的观念比上述儿童宪章还要适用，可作为我们今后这方面的指导原则。他认为孩子们应享有下列的权利：

(1)被了解的权利。

(2)发问的权利与了解的权利。

---

① 帕新著、刘焜辉等译《日本的现代化与教育》，第 252—253 页。
② 帕新著、刘焜辉等译《日本的现代化与教育》，第 190 页。

(3)与别人不同的权利。

(4)学习成功的权利。

(5)做儿童的权利。

(6)保有个人秘密的权利①。

在中国的现况下,要求父母和教师做到这六点,似乎不切实际,但承认孩子们有"做儿童的权利"这一点必须优先做到,因为儿童不是父母和社会的工具,而是值得尊重的发展中的个人。

三 青年与伦理

从人格发展的观点来看,父母是儿童人格形成的原料,他们的一举一动都是孩子模仿的对象,所以在儿童期的伦理问题重点在父母。人生进入青年期,其重点则移到青年自己,也就是说青年要开始对他的行为负责。社会学者列出了五项青年阶段应发展的重要工作:

(1)独立与进取之培养;

(2)职业之选择与准备;

(3)自己性别角色之接受与满意;

(4)同辈团体之参加;

(5)婚姻与家庭生活之准备②。

这些工作乃人格发展所必须,也是二度社会化的过程。在这个过程中,要学习社会态度、认识社会规范、扮演社会角色。每一件发展的工作,或多或少都会为青年带来困扰。先谈谈独立的问题。

通常人到青年后期,经济上已渐可独立,但在这个阶段主要的困难还是性格上的独立,也就是个性的发挥。中国人这方面的发展一向较迟,文化传统对个性发展又形成了不利的因素。观念上现代父母已知

---

① Marshatt C. Jameson: *A Bill of Rights for Kids*.

② 朱岑楼《婚姻研究》,台湾,雾峰出版社,1970 年,第 66—75 页。

道独立的重要，但由于传统的习性，行为却跟不上，不是保护太过，就是事事干涉。在父母立场说，两者都是出于爱心，在青年人的感受来看，可能就认为你剥夺了他个性成长的机会。个性成长表示一个人的自我肯定，对自己判断的信任，这时候他心理最需要的是鼓励和尊重，最讨厌的是干预和责罚，个性强烈的遇到干预和责罚会反抗，于是和父母之间就形成不愉快的关系。两代之间发生冲突，在青年阶段是常有的事，短暂的冲突应视为正常现象，也是父母渴望子女性格独立应付的代价。开放的父母知道这种心理葛藤期不久会过去，只要短暂地容忍，并予以明智的辅导，就能恢复亲密的关系。封闭的父母，则可能使冲突的裂痕加深，导致双方一生的遗憾。

由个性发展而导致的冲突与所谓青年反抗期不同，前者的发生是由于心理的因素，后者的发生则主要是由文化造成的。女人类学家米德在对 Samoa 文化的研究中发现，该地人民根本没有少年期的冲动，也没有成熟期的烦恼，更没有少年犯罪现象，因为在他们的文化中从不鼓励竞争性的行为，也不要求胜过别人[①]。由此可见，现代社会青年期反抗的普遍，与工业文明的酷烈竞争有关，青年人从父母和社会那里承受着太大的压力，这些压力在青年看来有许多是不必要、不合理的。

青年期常常反抗的另外一个重要原因，是因为他心智逐渐成熟，已具备了自己的判断力，人格典范的向往也一天天提升了标准，因此父母教师的权威不但不能使他满足，甚至不能对之做客观的评估。这时候如果父母和教师不能接受这个事实，还想用非理性的权威方式压制他，就会激起他的反抗。成年人总觉得青年人不应该对现实不满，试想假如青年人就满意于现状，缺乏理想的或正义的冲力，这个国家还有什么希望？中国现代史上几页辉煌的史绩：辛亥、五四、北伐，哪一件不是由不满现实的青年创造出来的？

青年是一个尴尬期，主要是因为他的社会成熟赶不上生理成熟，生

① 李亦园《文化与行为》，台湾，商务印书馆"人人文库"，1966 年，第 5 页。

理的型架上他已是一个成人,举止方面却一时还摆脱不掉儿童期形成的习惯;而社会方面又把他当做一个成人的角色,他自己也正努力要做一个成人。这两方面成长的差距,造成双层我之间的矛盾。另一方面,社会要求、家庭期待和个人需要又难以协调,这都是青年焦虑、紧张之源。如再加上升学主义的高压,会使青年的社会成熟延后,心理的困扰也更长,父母、师长、青年工作者对这一点应特别同情,凡事多抱宽容的态度。青年人对自己某些行为会自觉不对,但在某种情况下他实在无法做得更好。知与行脱节,人生的任何阶段都会有,尤以青年阶段最严重,青年已没有犯过的权利,他必须学习对自己的行为负责,但他的自制力仍不像成年人那样成熟。对青年人的伦理要求宜宽不宜严,束缚太多,对他的身心有害无益。

青年阶段其他几项应发展的工作:职业之准备与选择,大部分决定于学业之成败。自己性别角色之接受与满意,与个性的发展密切相关,参加同辈团体与婚姻准备,是友情与爱情的问题,依心理学家的研究,青少年在友情与爱情的发展中,要经过四个阶段:(1)同性群友期;(2)同性密友期;(3)异性群友期;(4)异性密友期[①]。这恰好是我们由中学到大学这一段人际关系的演变,在此以前,在父母的长期保护之下,只知接受,养成了依赖的习惯,到十二三岁以后,有群聚的冲动,群聚多半是同性,且以兴趣为主,借以摆脱家庭的单调生活。更重要的是,这时开始学习给予与理解,假如少年人对家人很吝啬,对朋友却慷慨,可能是在证明他有给予的能力,通过给予可以加深彼此间的沟通与理解,没有这些能力,友情不容易发展。从物质的给予到精神的关怀,是这个阶段必须发展的能力,它与独立性格是一齐成长的。如果青年人感到没有好朋友,恋爱又频频受挫,缺乏给予和理解的能力可能是决定性的因素。独立的性格,加给予的能力,加理解的技巧,是青年人最具吸引力的条件。

---

① 张春兴《青年的烦恼与出路》,台湾,东华书局,1979 年,第 8—10 页。

四　中年与伦理

中年期是人生最长的一个阶段,三十岁以后渐入中年,直到六十岁或六十五岁退休,要比儿童、青年期多一倍有余。理论上,这时人的生理心理都已成熟,如主客观条件配合良好,可以发挥个人潜能,走向成功之路。

中年人的生活远比青年复杂,生活面也比较广阔,但有两个主要的重点,一为家庭生活,一为职业生活,这两种生活虽互有影响,比较起来,职业生活的稳定与成功,才足以保障家庭的幸福。儿童、青年的生活主要是为自己,中年人除了为自己之外,更要为别人,因此在这时期最重要的伦理要求是尽责,成就的大小,就要看尽责的多少。

中年人在家庭生活中应发展的工作,下面六个原则,颇具参考价值:

(1)不贻害子女,不拖累社会。

(2)维持家庭安宁,增进家庭幸福。

(3)做好人、好公民,为子女之好榜样。

(4)勿以父权为至高无上。

(5)勿对子女过存奢望。

(6)勿存养儿防老之观念①。

以上六个原则,是陈大齐先生提出来的,就传统的家庭伦理而言,观念上是一大进步,传统的观念倾向于要求子女如何如何,而这里陈氏则强调父母的责任和奉献。世之为父母者,不知有多少人,因恶习恶行,或不负责任滥生孩子,对子女、对社会真是贻害匪浅。自古以来,任何社会对犯过恶者莫不有相当的惩罚,独对这种既无道德心又无责任感的父母,却没有任何罚则,这是多么荒谬的现象! 就维持家庭安宁增

---

① 陈大齐《如何做父亲》,台湾《中央月刊》第1卷第1期。

进家庭幸福而言,现代的家庭远比传统的家庭为难,假如性、爱、婚三元分离的观念普遍奉行,这一点要求将会落空。以身作则,身教重于言教,不论古今,这是伦理教育的第一守则。当父母对子女有道德性要求却总不见效时,首先应该反省的就是父母自己。严以责己,宽以待人,做父母的也不应有例外。目前在我们的家庭里,平权的观念虽不普遍,但父权至上的时代业已过去。不要对子女过存奢望,也是现代父母教养子女的重要守则。有的父母为弥补自己没有达成的目标,常强迫子女去完成,这种想法严格说是不道德的,因为父母没有把子女当一个独立的个人去对待。不存奢望并不是不对子女抱有希望,父母对子女的希望是鼓励他们能发展自己的个性、走自己的路。只有当子女们独立了离家了,仍能保持对他们的关怀,才是纯正而无私的爱。最后一条勿存养儿防老的观念,这在农业社会是做不到的,在今日工商社会,父母们多半已有此心理准备。

职业生活固定了中年人的社会角色,也是走向成功必经之路。除了遵守职业伦理,尽忠职守之外,如果借职业不断展现人生愿景,可以扩大生活的意义。心理学家认为,职业的成功,须具备三个相关的重要因素:(1)客观的工作环境;(2)主观的自我实现;(3)职业的未来展望①。好的工作环境使人工作愉快且有安全感;自我实现可以发展抱负,获得成就感;未来展望使现实有与理想结合的希望。事实上这样的工作很不容易找到,工业社会分工精细,个人从事的往往只是整个工作过程中的一个小环节,因此很容易产生怠倦心理,若长期如此,会使心理健康受到损害。

中年期经历由壮而衰的过程。青年期一连串的准备,是准备跃上社会竞争的舞台,一显身手,中年后期另有一连串的准备,是准备退出社会竞争的舞台。从此职业生活的重要性将减退,而家庭生活又因子女分离而遭遇婚姻关系的压缩,这是人生的新问题。个人心理与婚姻

---

① 张春兴、杨国枢《心理学》,台湾,三民书局,1969 年,第 117—118 页。

关系都要有新的调适,否则会因消极心理加上刻板单调的家庭生活,使夫妇关系濒临新的危机,男女双方都可能寻求婚外性生活以找回失落的自己。在以个人为中心的现代社会里,尤其会增加这种危机。

青年人应知进取,中年人应求成功,进入老年,现实生活不妨学习知足常乐。这时期在夫妇关系中如能培养共同的兴趣,发现新的满足,创造新的亲密关系,正可以无忧无虑无牵挂,过一段人生最幸福的时光。

五　老年与伦理

老年阶段最大的不幸是贫与病,假如经济有基础,健康又良好,又有正确的观念,应该可以有个愉快的晚年。正确的观念包括接受自己,寻求适合自己体能与心智的工作,减少竞争心、得失心等。在这些方面,原来就从事心智工作和创造性工作的人比较有福气,因为其生理虽然老化,心智的活动并不因此而受损,他们最成熟的作品往往产生在晚年。年轻人吸引人要靠点外表,中年人是靠成功,老年人则靠智慧,智慧老人使年轻人乐于接近,并获得社会最大的尊重。

善处老境的最佳方法是仍有工作可做,仍有理想等待完成,能从事思考性或精神性工作当然最好,这样不但可以减慢生理老化的过程,还可以使心灵活络一如年轻人。青年、中年人的工作不免有特定的目标,老年人可以为工作而工作,反而能享受工作本身的乐趣。即使不能从事精神性的工作,一个老人在日常生活中的事务也应尽量避免由人代劳,曾有心理学者建议:"**与老年人生活在一起的人,应遵守 项原则——决不做任何老年人自己可以做得来的事。**"[1]这是尊重老年人的能力,同时也可以提高他们对自己的尊重。以为老年人体衰了,凡事多

---

[1]　黄荣村《如何帮助老年人安享余年?》,见黄荣村编《文明的代价》,大洋出版社,1979 年,第211 页。

多代劳,好让他们享点"清福",在现在看来,这是不正确的观念。在老年人的家庭生活中,一定要使他感觉到仍是家中不可缺少的一分子,才能使他活得心安。整日闲来无事是对老人最残酷的打击,过多的闲暇会使他们无聊寂寞,时时想到死亡,觉得生命是多余的,闲暇对一个老年人比对一个年轻人还要危险。

对大多数的老年人而言,人生已没有什么具体的目标,但他们的需要并不因年老而减少,他们需要表现自己,需要社会和团体的归属感,需要基本团体中的亲密关系,也更需要友情。上了年纪的人,配偶可能去世,子女可能远离,所以家庭的完整终难保持,而友情在有生之年,随时都可以发展。年轻人的友情缺乏深度,中年人的友情不易纯粹,老年人正可发展既有深度又不夹杂势利成分的真正友谊。

在众多的需要中,老人的性需求一向被忽视且被误解。老来入花丛,可能是一种悲哀,绝不是一种罪恶。自私的子女常反对丧偶的老人续弦,是不对的。老年再婚当然不值得鼓励,问题在个人有没有这种需要,如有需要,没有人可以妨碍他这份权利。老年成婚的目的应只限于结伴,不应再有孩子,因为那样将是不负责的行为。

在伦理上,老人为善为恶的能力都相对地减少,和儿童一样,应给予其较大的自由。老年人有丰富的自省力,你越对他宽容、尊重,他越能自重,这是老人与儿童不同的地方。即是在现代社会,中国的老人仍多渴望能与成年的儿子同居,如环境许可,做儿子的多半不会拒绝。一个有孩子的家庭,三代同堂不但可使老年人生活增加情趣,孙子女也可以得到较多的满足。困难是婆媳的老问题依然存在,只是以前受委屈的是媳妇,现在受委屈的是婆婆,不管哪一方受委屈,都会影响家庭的和谐。由于这种老问题不易克服,经济上能独立的老人,往往宁愿忍耐孤寂与儿子分居。做儿媳的如能采取主动,有较多的忍让,体恤父母与子女的需要,可减少社会上的老人问题和儿童问题。

祖孙相处,即使在传统的家庭,也一向问题很少,主要是因为祖父母对孙子女只知给予,而不会要求任何报偿,关爱多责备少,很少有孩子不喜欢爷爷奶奶的。可能产生的问题是易养成孩子的骄纵。针对这个问题,社会学家杜媛(Divall)提出了三点建议:(1)帮助而不干涉;(2)慈爱而不溺爱;(3)给予便利而不形成妨害①。意见是对的,事实上要做到可真不简单,但知道怎样做才比较好,对为人祖父母者仍是必要的。

———————

① 朱岑楼《婚姻研究》,台湾,雾峰出版社,1970 年,第 105 页。

民主法治社会里伦理问题的探讨^①

——儒家伦理现代化之路

（一）本文的重点是：在儒家伦理传统下如何解决民主法治社会里的伦理问题？所以要采取这个角度来讨论，主要是因我们的伦理教育，其要求既高且多，结果在实际生活上，连起码的守法与公共道德的习惯都培养不起来，成为社会发展的严重问题。

（二）为了解决上述的问题，首先将儒家伦理区分为五伦、三纲、三纲法制化及社会化等四个层次，然后指出何种意义的儒家伦理与伦理现代化冲突，与现代化不冲突的部分在现代社会又具有什么意义。

（三）为了纠正五四新文化运动以来激烈反传统的心态，本文在处理儒家伦理的现代化问题上，面临一项新的挑战：既要发现儒家伦理传统中值得我们接受、尊重的意义和价值，同时又不妨害我们为了伦理现代化必须达成改变它的目标，此如何可能？解答这个问题，成为本文论证最吃紧的部分。

（四）根据上述的态度，以及论证逻辑性的发展，本文提出自由人伦理的构想，以解决民主法治社会里的伦理问题。并讨论要建立自由人伦理，必须在自由、民主的原则下从事个人改造与社会改造，这样才能使我们的精神价值有根本的突破。

---

① 编注：本文曾收入韦著《历史转捩点上的反思》，台北，东大图书公司，1989 年。

一 问题的症结

讨论儒家伦理的现代化问题,首先必须把儒家伦理的内涵,以及在历史实现过程中所形成的几个层次,加以厘清,否则这方面的讨论,不但容易造成观念上的混淆,也很难找到问题的症结所在。

参考 G. E. Moore 的《伦理学原理》,其中所讨论到的伦理学有:自然论的、快乐论的、形上学的,以及与行为有关的伦理学,撇开其内容与性质不谈,仅就名称而言,先秦儒家从孔子的仁、孟子的心性、《中庸》的诚,曾发展出一套形上学的伦理学,但与后来历史上实现的儒家伦理直接相关的,不是这方面的伦理,而是与行为有关的伦理学:五伦。

五伦即:"父子有亲、君臣有义、夫妇有别、长幼有序、朋友有信。"①其中不仅列出社会的五种基本关系,也包含了使这些关系合理化的规范,这是儒家伦理的理论层次,在先秦仅属于一家的学说。汉初董仲舒提出三纲的伦理属于第二层,三纲为适应专制体制的现实政治而形成,并为专制皇权提供伦理的基础。三纲承继了五伦的三种基本关系(君臣、父子、夫妇),但转换了合理化的根据,使双方对等的义务,变为片面服从的义务②,也就是使相对伦理转变为绝对伦理。五伦分列五种关系,而以家庭伦理为主。三纲以君臣一伦为优先,使上下服从的政治伦理,延伸到家庭伦理之中。儒家伦理的政治化,丧失了五伦合理化的精神。但也因政治化,才使它有机会成为汉朝官定的伦理③,从此所谓儒家伦理在现实历史中才具有权威性与束缚性。三纲法制化是第三层,因法律具强制性,所以经过这一步骤,才能保障三纲的效力。三纲经由

---

① 《孟子·滕文公上》。
② 参考徐道邻《纲常考》中对"五伦"与"三纲"的解释,见《行为科学中的新概念》,台北,进学书局,1969年,第143页。
③ 首先于汉宣帝甘露三年(公元前51),宣帝召集各地儒者会于长安石渠阁,讨论经义异同,使董仲舒的经学思想取得官方的地位。130年后,汉章帝建初四年(公元79),召集白虎观会议,由班固写成《白虎通义》,中有三纲六纪之论,从此仲舒的三纲成为官定的伦理。

法制化,遂成为传统中国价值系统的核心部分,最后一步则是将核心部分的价值再经由社会化,而成为社会的风俗习惯,儒家伦理发展到这一步,才算完成了它的历史任务。从三纲观念的出现,到保障礼教规律不遗余力的《唐律疏义》的颁布,经历了八百多年,最后一步更要晚至宋代才渐次实现。

宋以后这一核心价值不仅型塑了国人的基本性格,也决定了伦理的思考模式。只有少数儒者仍在理想上阐扬五伦,在现实上仍不能不认同三纲[①]。至于一般士人,对二者基本精神的差异,已混同莫辨[②]。

毫无疑问,三纲的核心价值体系,对传统中国的文化秩序与社会稳定,曾产生极大的功效,假如一百多年来,没有自由、民主、法治、人权等外来思想的冲击,假如自晚清以来我们不曾以建立一个现代法治社会以更新传统伦理社会为努力的目标,我们的社会势必仍在原有的伦理基础上继续运作,也就不会有儒家伦理的现代化问题。

传统伦理社会运作的基本依据是:专制皇权、三纲礼教、家族制度、农村经济,四者互有关联而又相互支持,形成传统社会(宋以下)的强固基础[③]。在近代中国历史的发展中,民国肇创,从体制上革除了专制皇权;变法以后新法律的不断制定与修正,使家族主义在法律上已经瓦解[④];近三十年来的台湾,已由农村经济转变为资本主义经济;如果这些变化可视为现代化的主要标志,就台湾地区而言,可以说经济的变革最具成效;五四新文化运动时期遭到最多攻击的三纲礼教,表面上似早已消逝,尤其因现代新法制的建立,也使它失去了继续运作的依据,但实际上强调服从的精神,至今仍支配着我们各级学校的伦理教育。在近代文化变迁的过程中,以精神价值这一层的变革最困难,这本是正常的

---

① 如朱熹《白鹿洞书院揭示》,即将五伦说列于篇首。另于日常对谈中,则说:"臣之事君犹子之事父,东西南北,惟命之从,此古今不易之理也"(见张伯行编《濂洛关闽书》卷一七);又说:"看来臣子无说君父不是底道理"(《朱子语类》卷一三)。

② 如宋末人(姓名不详)编撰的《三字经》:"三纲者,君臣义,父子亲,夫妇顺。"

③ 参考龚忠武《学而集——从君主到民主的中国社会》,台北,环宇出版社,1971年,第22页。

④ 瞿同祖《中国法律与中国社会》,台北,崇文书店,1974年,第259页。

现象,并非中国所独有,假如观念正确,把握到问题的症结,教育制度与内容又能全面配合,经过一二世代,价值系统即可望有根本的突破,只有这方面有了显著的成效,整体的现代化才有可能。如果既需要自由、平等、人权等新的价值观,又必须建立一个法治、民主的社会,另一方面却依旧坚持或变相地保持三纲的躯壳(三纲的本质、真义,见下文),这就造成今日台湾价值观念上的混淆,结果不仅使伦理教育与社会的发展脱节,也延误了伦理现代化的时机。

所谓儒家伦理的现代化,是个很复杂的问题,这一工作可以从不同层次去进行,也可以由不同角度去讨论。本文的重点是:在儒家伦理传统下如何解决民主法制社会里的伦理问题? 在这个问题上,我们认为真正与伦理现代化有冲突的是传统伦理中的三纲(三纲涵义中也有不冲突的部分,详见下文),不是五伦。虽然现代民主法治社会的伦理问题,并不能凭藉五伦来解决,但五伦中的合理成分,以及儒家一向重视的人的尊严等道德理想,将可因伦理的现代化而获得新的意义。

二　在传统伦理架构中寻求伦理现代化的论证

海耶克(F. V. Hayek)说:"成功的自由社会在一甚大的范围内,乃接受传统、尊重传统并导传统于发展之途的社会。"①近年来林毓生先生主张一个丰富而有生机的传统,对维护自由与促导进步的重要性②,更是苦口婆心,再三致意,这是对五四新文化运动以来,激烈反传统的思想,做了深入的检讨与批判以后,才获得的觉悟。现在的问题是:此如何可能,在具体的工作中要怎样进行? 前义提出的伦理现代化与三纲之间的冲突,就是眼前的一个例子,就五四的心态而言,三纲伦理既与现代化冲突,就只有出之以摒弃之一途,也就是说新旧价值观念可以像

① 海耶克著、周德伟译《自由的宪章》,台湾银行经济研究室,1973 年,第 88 页。
② 林毓生《思想与人物》,联经出版事业公司,1983 年,自序第 7 页。

内脏移植手术似地作一全盘彻底的交替,这种方式不要说对价值系统的转变这样复杂的课题难以进行,即使在个人心理上也是绝对行不通的,因为生活在现代社会,现代化与传统价值观念,同为个人健全的心理不可或缺的因素[①]。

前面说过,三纲这一核心价值,曾型塑了国人的基本性格,它既不能用外科手术的方法予以摒弃,那么我们就必须在思想上面对一项挑战:既能发现三纲传统中值得我们接受、尊重的意义和价值,又不妨害我们为了伦理的现代化必须达成改变它的目标。

这个工作必须回到三纲本身,对它的本质、真义,重新加以反省、理解。从新文化运动以来,大家看到的三纲的一切缺点与流弊,主要是依据自由、平等、人权等新的观点,从这些观点自然很容易就看出三纲如何束缚个性、桎梏人心、妨碍进步,如何不合理又不合时代的需要。但从历史的层次来看,为了建立现代社会的伦理,上述的观点虽是相干的,对中国古人发展出三纲的伦理,并一直坚持此一核心的价值依据,则不相干。三纲的真义或本质[②],是在人伦的关系中,一方要求另一方尽绝对而片面的义务,在伦理学上,它是建立在"道德本身就是目的,不是手段"以及"道德即是道德自身的报酬"等预设之上,理想主义的康德曾如此主张,耶稣在全幅放弃和自我牺牲的具体行动中,也为爱本身便是目的这一伦理思想提供了最感人的实例。此外,孔子的知其不可为而为,孟子的虽千万人吾往矣,也都是出于真情之不容己的崇高的道德精神,在近代史上,为真理,为自由,甚至为革命而献身者,真是不胜枚举,所以这种道德精神之为崇高并不因古今而有所不同。问题是在这样的道德不能(也不应)要求于人人,因要达到这个境界,实人间至难之事。但在传统中国,三纲是经由法制化而成为在实际上支配所有人的

---

① 参考林宪《现代化生活与精神疾病》,见叶英堃、曾炆煋主编《现代生活与心理卫生》,台北,水牛出版社,1971 年,第 203 页。

② 下文对三纲的真义、本质的解释,是参考贺麟《五伦观念的新检讨》,见氏著《文化与人生》,台湾,地平线出版社,1973 年重印本,第 21—22 页。

礼教,于是承受礼教者,既多半非出于自由意志,而三纲的真精神,亦为礼教的桎梏,权威的强制所掩蔽。问题还不止于此,在中国传统里,要求尽片面义务的对象,不是神、不是真理,也不是自由、革命的理想,而是君、父、夫,这些人很可能是具有多方面人性弱点的人,这样礼教的权威就成为他们掩饰肆无忌惮之行的有利借口,而被要求的一方自然就成礼教的牺牲品了。

　　根据以上的分析,可知真正与伦理现代化冲突的,不是三纲的本质、真义,而是桎梏人心、束缚个性的三纲礼教。在家族主义的传统里,礼教因受法制的保障,使它具有绝对的权威,因此对人的行为有普遍的束缚力。现代法治社会的法律是个人主义的,它保障的不再是传统的礼教,而是个人的权利。所谓"个人的权利"当然是指每个人的权利,每个人都有他自己的权利,但不能侵害别人的权利,因此人人必须遵守法规与公共道德,这是现代法治社会所要求的"最低限度的伦理道德"①。这种道德平淡无奇,且是互利式的,正因它对人不做过分要求,所以它的流弊与缺点也最少。至于崇高的美德,高超的道德实践,必然仍受到尊重与赞赏。此毕竟是个人奋斗之事,不能要求于人人。能要求于人人的,只能是最低度的,这个道理本很简单,可是在我们这个社会,那些设计伦理教育的人,竟然不懂,他们总是直觉地以为一谈个人权利就不免太自私,因此主张"先有义务,始有权利"②,他们不知道,现代社会要养成国民(国民不同于传统的臣民,臣民是只被要求尽义务,没有人主动争权利的)尊重法律的习惯,最重要的一点,就是使他们能普遍感受到,法律不只是惩治犯罪,更积极的目的是保障个人的权利,如此才能激起国民守法的主动意愿。西方人的守法习惯,就是在这种强烈的意愿下逐渐养成的。如果守法是我的义务,那么我所以自愿去做,是因只有这样去做,才足以保障我的权利,在这里,义务与权利是无所谓先后

---

① "最低限度的伦理道德"一辞,见傅伟勋《批判的继承与创造的发展》,台北《中国论坛》第221期(1984年12月10日),第46页。
② 台湾"教育部"训育委员会1984年编印:《训导法规选辑》,第17页。

的。我们的伦理教育,其要求既高又多,结果在实际生活上,连起码的守法与公共道德的习惯都培养不起来,之所以如此,原因可能很复杂,但因误解权利观念使个人权利遭忽视,甚至连带着曲解法治(如只要求别人守法,自己——包括个人与政府——却不守法),应是最重要的一个因素。

梁启超在大半个世纪前就说过:"国家譬犹树也,权利思想譬犹根也,其根既拨,虽复干植崔嵬,华叶蓊郁,而必归于槁亡。"基于这个了解,因此他勉励国人:"为政治家者,以勿摧压权利思想为第一义;为教育家者,以养成权利思想为第一义;为私人者,无论士焉、农焉、工焉、商焉、男焉、女焉,各自坚持权利思想为第一义。"①梁先生对权利与国家关系的了解,显然是以西方法制史为背景的,西方从雅典的梭伦(Solon)立法起,就是帮助平民抵抗统治者压迫剥削的一种努力;最早的罗马法十二铜表(公元前 450),是平民向贵族经数十年的艰苦斗争才获得的成果;嗣后最为人称颂的,有公元 1215 年的英国大宪章、1688 年的人权法案、1776 年的美国宪法和 1789 年的法国人权宣言,这种种法案的建立,无一不是以权利意识为中心,也无一不是政治民主化、人格尊严化的重要里程碑②。为什么梁启超于 1902 年时就认识到权利思想对建立一个民主法治国家的重要性,而今反而令人有观念迷失之感? 其中一个重要的原因,自然是因在我们礼教法制化的传统里,缺乏权利意识与守法精神。更重要的原因是,我们似乎一直未能弄清,要在现代法制民主的社会里,建立现代化的伦理,必须从传统的伦理价值方面有根本的突破,这不是复兴三纲、五伦就能达到的。

三纲法制化形成的礼教传统,因其强调盲目顺从、束缚个性、锢蔽心智,与我们今日正努力追求的自由、民主、开放社会的目标背道而驰,要改变它,仍是今后伦理现代化工作中一大难题,因这方面的工作相当

---

① 梁启超《新民说》,见《饮冰室文集》卷一,台北,中华书局 1963 年重印本,该篇第 21 页。

② 以上参考徐道邻《从法制史上看东方及西方法律观念之形成》,《行为科学中的新概念》,台北,进学书局,1969 年,第 147—150 页。

于国民性的改造。当然，由于受社会文化变迁的影响，这方面并不是没有改变，只因教育政策，尤其是伦理教育未能全面配合，故速度迟缓，效果未彰。

　　三纲本质的一面在现代化的伦理中，属于高层次的道德，表现这种道德的实例，永远是人类能实践高超道德的见证，是社会大众学习、仰慕、向往的对象。由于这"道德的少数"的存在，个人道德的提升才有希望。但这种道德与配合民主法治所需要的伦理不同，它须在理想主义的人文教育与宗教实践中才能培养出来，而这一点也正为我们今日的教育所忽视。

　　三纲之外，再看五伦。五伦有其合理的成分前文已提过，但五伦并不能满足现代社会的需要，1981 年时李国鼎先生就正是因为洞察到这一点，才提出著名的"第六伦"之说①。第六伦就是个人与社会大众的关系，它的行为准则属于一般主义（Universalism），即大家都适用同样的准则，也就是所谓公德。第六伦的观念，在突破传统伦理思考上很有帮助，因透过这个观念，不但把五伦划入私德的范围，且明示要建立适合现代社会的伦理，必须超越传统。不过要为现代社会建立新伦理，恐怕不是在五伦之外加一伦就能解决的，因第六伦并不能概括五伦之外所有人间关系，是不是在己与群（社会大众）之外的其他关系中还要建立第七、第八伦呢？天主教的李震神父就认为第六伦忽略了人与天（神）的关系，因此主张第六伦之外还须建立第七伦②（其实人与神的关系，乃上文所说"属于高层次的道德"，与现代社会急需建立的伦理，其性质根本不同：人神之间是典型的尽其片面义务的道德，现代伦理则是以权利意识为中心的）。最近王洪钧教授，因三家电视台的恶性竞争，因此主

---

① 李国鼎的"第六伦"说，首见于 1981 年 3 月 15 日于台湾"中国社会学社"讲词；《1980 年代社会学者面临的挑战》，讲词要点见次日《联合报》。同年 3 月 28 日他于《联合报》再发表《经济发展与伦理建设——第六伦的倡立与"国家现代化"》一文，对第六伦有进一步的发挥。
② 见李震《论精神污染与道德建设》，刊于 1981 年 5 月号《益世杂志》。

张建立资讯伦理的"第八伦"①。准此以推,是否在其他的关系中(如己群与他群,人与大自然的环境),又要各建一伦呢? 现代社会的伦理问题,显然不能顺着这样的方向去获得解决。

现代社会伦理问题的重点,不在为各种不同的关系建立不同的规范。设想新规范并不难,问题出在遵守规范的人身上,如果个体在精神上或性格上没有相应的改变,建立再多的新规范亦属徒然。何况在现代社会复杂的人际关系中,只要彼此同意,规范可自由订立。李国鼎先生所说的公德,一般又叫做公德心,所以公德并不是公众的规范,公众的规范是法律,公德针对传统的私德而言,它代表一种新的态度、新的价值观和新的处理人际关系的方式,而这些只有在自由的价值中、民主的方式中,以及自由、民主的心态中才能培养出来。人如果有自由的信念,又有民主的素养,生活在现代社会,无论在什么关系中,他都会比较有能力做合适的处理。

三 自由人伦理的构想

要教养出具备上述条件的国民,势必要建立一套自由人的伦理才有可能。在这里,我们不用现代伦理或新伦理的名称,而用自由人的伦理,是因它既可以涵盖儒家在仁的基础上发展出来的一套修身养性的内圣之道,又可以不为其所限。修身养性乃属于个人伦理的范畴②,相对于最低限度的道德而言,它是最高限度的道德(因其目标在成圣成贤)。本文所关心的儒家伦理现代化课题,不在这一层次,而是指社会伦理的范畴。儒家伦理的问题在此而不在彼。自由人的伦理在社会范畴,至今仍是一创建性的工作,它需要在国人的心灵中,于修身养性之

① 王洪钧《从三台恶性竞争所引伸的第八伦问题》,见台湾政治大学《新闻学人》第 9 卷 2 期(1986 年 5 月)。

② 关于从仁的基础上发展出来的一套个人伦理,可参考杨慧杰《朱熹伦理学》,台北,牧童出版社,1978 年,第五章。

外,发展出守法精神与权利意识。这两个范畴在道德上虽属不同的层次,但也有共同点,即二者都重视个人尊严,也都要求做自己的主人。更重要的是,传统儒家对于每个人均具有道德上与精神上自我改进之内在能力的信念,也正是今日重建社会伦理的一大动力。

为解决伦理现代化课题而建立的自由人伦理中,"自由"一词是偏重于权利意识的①。在中国,权利意识一向被压缩在义务观念之下,以家庭为主的人伦关系而言,这是正常而健康的②。但在社会、政治的范畴,"诸权利就是诸自由","自由实代表了一个国民所享受的一切普通权利"③。自由或权利意识与守法精神的培养密不可分,罗马政治家、哲学家西塞罗(Marcus Tullius Cicero)早就说过:"我受缚于法律,为的是要获得自由。"假如政府要求人民守法,而法律却不能保障人民的自由(即权利),是不会有效的。只有当国民普遍感受到自己的种种权利已获得确切的保障,守法的习惯才能顺利养成。

自由人伦理是为了相应民主法制社会的伦理要求,如果社会不能朝民主法制的方向发展,自由人伦理也无从建立,二者相辅相成的关系,一如三纲礼教与专制政制的关系。此外,一个社会如只知在政治上争自由,而不能同时把自由的价值实践到全民的生活,去改变他们的态度,改善各种的人际关系,自由不容易在这个社会生根,也很难成为一个真正民主开放的社会。自由人伦理的建立,就是要朝这个目标去努力。

自由,最直接使人想到的,就是不受约束的行动,凡事可以依照自己的意志去做决定。事实上只要是两个人的生活,行动就不可能完全不受约束,自由人的生活并不是毫无限制的放纵,像魏、晋时代少数知识分子的放荡不羁,并不能为中国建立一个自由主义的传统,因为他们

---

① 关于自由与权利的关系,可参考张佛泉《自由与人权》,香港亚洲出版社,1955 年,第二章第二节《自由之确凿意义——诸权利即诸自由》。
② 参考余英时《从价值系统看中国文化的现代意义》,台北,时报文化公司,1984 年,第 81 页。
③ 张佛泉《自由与人权》,香港亚洲出版社,1955 年,第二章第二节。

心目中只有自己没有别人,他们的生活只表示对既严峻又虚伪的礼教的反动,反动只能解缚于一时,不能为群体的生活争取到合理的自由。在群体生活中,必须自行约束才能合群,自行约束的能力又必须在快乐和没有恐惧感的心理状态下才容易成长,在这里自由与自制分不开。自由人的伦理观,认为培养人的自制力,才是约束的最佳方式,才不会因约束而妨害个性和潜能的发挥。在任何社会,他制力自不可能完全除掉,但应缩减到最低限度的必要程度。

法国人权宣言:"自由是在不伤害别人时做任何事的权利。""不伤害别人"就是最低限度的必要程度。如果是儿童,还要加一条"只要不危及他本身的安全",因儿童还不能保护他自己。不要伤害别人,是因别人和我一样不愿意被别人伤害。把所有的人都看作和自己一样,是自由人伦理的第一信念。人都有自尊心,不食嗟来之食,也是自尊心的一种表现,但人类一向普遍缺乏尊人的能力,阶级思想、身份观念,以及不从同一立足点出发的价值观,妨碍了这种能力的成长,向往自由的社会,必须坚信"人生而平等",把这些障碍除掉,并培养民主的素养,尊人的能力才可能普遍提高,一个具备尊人能力的人,才有真正的自尊。自尊与尊人密不可分,是自由人伦理得以建立的基本要素。

四 自由人伦理如何建立

所以建立自由人伦理,如何培养国人的民主素养,成为一个重要的关键。首先,民主的素养始育于民主的家庭,所谓民主的家庭,就是以独立、自主为伦理准则、伦理教养的家庭,这种教养非但不与强调义务优先的传统家庭教养相悖,反而能增强其尽义务的能力。

民主对家庭的影响,依据托克维尔(Alexis de Tocqueville)当年在美国的观察,他发现在美国的家庭里父子间的距离已缩短(目前在台湾,这种现象也日渐增多),做父亲的已自觉到自己的权威有限。某种程度的权威依然存在,但权威不是来自传统,不是来自习俗,也不是依赖任何性质的制度,在民主的家庭里,父亲所能运用的权力,只有感情和阅历做后盾。可以断言,只有这样的家庭,才是最有利于培养下一代独立、自主的性格。独立、自主的性格,不但不会促使两代之间关系的疏离,恰恰相反,托克维尔认为"风气与法律越民主,父子的关系也更亲热"。如果仍有疏离现象,那不是因为独立、自主的性格,而是由于其他的原因。民主的家庭,使父亲那种严格的、因袭的、合法的权威没有了,围绕着壁炉的是一种平等的气氛,这种气氛对培养孩子的健康心理和性格是必要的[①]。

在这样的家庭里,与强调片面服从的三纲礼教自然不同,但却是五伦中"父子有亲"这一伦理的实践。"父子有亲"可以说明早期儒家本就体认到在这种关系里存在着自然的感情纽带,这种感情在没有约束的情形下会自然流露,孝的本义也是如此。后来经由三纲法制化才使孝道制度化,制度化的孝道,其目的之一,盖是希望藉它来强化这种感情,结果效果上适得其反,此正如托克维尔所说:"要试图使它们(指人类自然的感情)更加强烈,反而会使它们失去原有的力量,因为它们只有在不受干扰时最强烈。"[②]由此可知,在充满平等气氛的民主家庭里,要比礼教森严的传统家庭更能把这种自然的感情释放出来。

不过,民主的家庭,对培养民主素养与国民性的转化(由顺从性格转化为独立、自主的性格),仅是提供人生最早一个阶段孕育的环境,要把自由价值充分实现于生活,要使自由人伦理成为今日我们伦理生活中的主导力量,还必须更进一步做一体两面的努力:一面是个人的改造,一面是社会的改造。自由、民主是两面改造的共同指导原理,它虽有表现于个人和表现于社会的不同,但精神是一体的。

在自由、民主的原则下,个人改造必先肯定自由是一个生活的原理,相信人类需要自由生长和自发的演进,反对一切专断权力的使用。

---

① 参考托克维尔著,李宜培、汤新楣合译《美国的民主》,香港,今日世界社,1968年,第180—183页。

② 托克维尔著,李宜培、汤新楣合译《美国的民主》,第185页。

个人改造的目的,除了自主、独立之外,还要使自己成为一个能尽社会责任的人,这至少要具备两条件:一是道德的热情,一是知识的真诚。热情的反面是冷漠,假如道德的冷漠已成为相当普遍的现象,那么这个社会的伦理道德正在瓦解之中。挽救这方面的危机,端赖能否唤起道德的热情,宗教的功能往往在此,富有宗教意味的礼教也有同样的功效。道德的热情使人勇于舍己为人,对社会所负的责任,远超过法律所规定的范围。道德冷漠,伦理沦丧,守法的精神是无从培养的。海耶克说:"人人自动遵守一定行为规律为自由顺利进行之基本条件。"[①]所以一个自由人,不但不能放纵,且必须承受自由的严厉本质。自由与自律实不可分。

道德的热情,如化为宗教性的狂热,并不必然导致道德的结果。道德热情如缺乏理智的引导,往往导向错误的方向,形成一股破坏社会秩序的力量。所谓理智的引导,是主观上能独立思想,客观上能服膺正确知识的能力。知识的真诚有助于这种能力的培养,知识与道德在自由人身上,是一种互相激发又相辅成的力量,缺一不可。

有人把自由比作空气和阳光,这个譬喻如果是为了说明自由乃人类生存必不少的条件,那是正确的,如果以为自由真能像空气阳光那样任意享用,那就错了。争自由的历史清楚的告诉我们,没有廉价的自由,因为人一向缺乏宽容的习性,尤其是那些握有权势的人,近代许多争取自由的民族,失败的例子远比成功的例子为多。一个社会要发展成自由社会,就伦理的观点来说,必须从个人改造做起。要改造个人,最佳的途径是经由自由民主的教育,只有自由民主的教育,才能充分实践自由人的伦理。这种教育强调自律与自我教育,培养自治自主的能力以及合群爱人的态度,主张根除恐惧和憎恨的因素。向往自由的社会,如不能把教育朝这个方向去发展,无异缘木求鱼。

个人改造是社会改造的起点,社会改造是个人改造的目标。由于

---

① 参考托克维尔著,李宜培、汤新楣合译《美国的民主》,第 180—183 页。

自由必须在人际关系中表现，而社会是由复杂的人际关系交织而成，因此改造个人和改造社会，工作的性质虽不同，工作却是同时进行。必须先有一群觉醒的个人，才有建立一个自由社会的希望。建立自由社会的阻力，除了为人熟知的专断的权力之外，还有墨守成规的心理，专断的权力阻碍人民自发自动的成长，墨守成规的心理排斥新思想、新观念。自由社会的先决条件，必须把权力约制在合法的范围之内，所以一个自由的社会必是一个法治的社会。墨守成规是因凝固在僵化的传统上，假如我们承认"一个丰富而有生机的传统，对维护自由与促导进步的重要性"确有道理，那么朝向自由发展的社会，是最有助于保有这样的传统的，因自由社会既是多元又是最有生机的社会。

生活在自由社会，只要不违法、不作恶，人享有个人生活中的一切自由。不违法是尊重法律的权威，法律的权威须建立在法律的公正上，对不公正的法律和枉法的判决，人民有纠正和批评的权利。不作恶，主要是指不侵害他人的权益。生活的自由使人与人之间有显著的差异，社会的多元化使社会的矛盾、冲突必然增加，这是自由与活力的代价，也使守法与容忍异己显得特别重要。

从个人改造到社会改造，是建立自由人伦理必经之路，这样才能使我们的精神价值有根本的突破，儒家伦理现代化的目标，也只有在这个过程中才能达成。

人与自然的关系[①]

——和谐宇宙观的现代反思

　　人与自然的关系,这是一个关系到人人存在的大问题,不论是自觉的和不自觉的,人人都生存于大自然中。一个民族如何处理他与大自然之间的关系,或是对大自然抱怎样的态度,不仅影响到这个民族对人生价值和意义的选择,有时候也影响到他存在的命运。

　　传统中国的宇宙观的基本原理是和谐,人与自然,人与社会,人和他自己等种种关系中,所能实现价值的多少,主要就在看它们符合这个原理的程度来衡量。一方面,和谐原理相当程度地支配着文化各方面的发展,另一方面,文化的各个部分复使这个原理渗入人生的各面,使一个抽象的原理,成为文化之树的根,就在它的基础上,使全部文化结合成统一的整体。因此,在这样的宇宙观里,一切相反的事物,都被看作终必相成;一切表面上相灭的现象,都被了解为相生;不同的思想和不同的人生途径,都被认为是追求同一理想的不同过程。把握了这道理之后,我们才能了解,为什么司马迁和班固在总评先秦诸子百家时,都同样引了《易传》"天下一致而百虑,同归而殊途"的话,一个用它做发引,一个用它做总结[②]。很明显,《易传》的话,就是他们综论诸子的最高设准,而《易传》正是把和谐宇宙观用近似学术形式初次提出来的主要经典,在这个设准

---

① 编注:本文选自韦政通先生著《中国思想传统的现代反思》,台北,桂冠图书公司,1990 年,第十一章。

② 司马迁语,见《史记·太史公自序》;班固语,见《汉书·艺文志诸子略》。

下,使得被庄子视为"不该不偏,一曲之士","一察焉以自好"的百家争鸣的分歧思想①,依然像交响乐一样,能统合为一个和谐的整体。庄子虽为道术分裂的现象深致悲叹,但他所向往的仍不外是"古人之全"、"天地之美"的和谐境界。一直到清代,章学诚论诸子之书,凡能持之有故、言之成理的,皆"必有得于道体之一端"②,道体就是和谐原理的本身。

传统的宇宙观,理论上有两支不同的建构,一是儒家天人合德的方式,一是道家因任自然的方式,表达的方式虽不同,但强调人与大自然相调和这一点完全一致。这个影响深远的宇宙观,在近代西方文明的侵袭下,理智主义和科学主义的新思潮流行以后,除了少数传统主义的学者之外③,在知识界已逐渐被忽视,现实社会和文化的生活之中,这方面的影响纵然尚未绝迹,但它的价值在教育过程中,已不被重视。最近十余年间,由于人与自然环境之间的调适问题,受到普遍的关注,于是学界有人重新提到中国古老的宇宙观的价值和意义④。本书所以把这

① 《庄子·天下》。

② 章学诚《文史通义·诗教上》。

③ 例如梁漱溟先生于《东西文化及其哲学》中就说:"中国人的那般人与自然浑融的样子,和那从容享乐的物质生活态度,的确是对的,是可贵的,比较西洋人要算一个真胜利"(第153页);又说"所谓孔子太周到妥帖的,不是别的,就是他那调和的精神,从这精神出来的东西,是最能长久不倒的"(第155页)。

④ 例如人类学者李亦园教授说:"今日西方的文明,很像是一种最适者的文化,他们的那种企图完全控制自然的态度,以及表现出过量地取自于自然的行动,显然是走上特化的道路,这种特化的文化在目前这一段时间内也许可以说是最能适应的文化,但是当环境一改变,很可能就成为不适者。我们在本篇第二节中谈到我国传统的宇宙观,很可以看作是一种适中的'适者'的例子。中国传统的宇宙观是把人与自然看作是一个系统中的部分,人与自然的适中调和才是维持这个系统合理运行的最佳方式,人可以取之自然之资源以维持其存在,但是却要维持一种适量而不过分依赖的关系,因此当环境有所改变时也不会受到太大的威胁,所以我们认为这种宇宙观或生活方式也许在目前并不是最能适应的文化传统,但是从长远的观点而看,这种适中而不过量的调适,应该才走真正能长久的适应。"(《人类学与现代社会》,牧童出版社,1975年,第52—53页)。又如文崇一教授说:"儒家文化的结构究竟是怎样的呢?简单的说,儒家强调文化发展的过程是:天地、万物、人类,三者相互影响,相互调适,这也是《易传》的基本精神。中国人对外在环境的观念是:在一个环境里要过得好好的,环境恶劣时,降格以求,环境好些时,要求随之提升。在变迁时的基本格调是:互相关联、影响,进而互相依赖。这三种关系,在西方文化传来之前,基本精神一直没有多大改变。那么中国文化发展的线索是什么呢?根据个人的了解,认为是寻求宇宙和人类继续的均衡发展,每一种发展都是不很剧烈,也不很缓慢,最后达到天人合一、社会和谐的目标。这也是儒家文化一直所强调的理想。"("社会文化发展的形态与方向"座谈会发言,《中国论坛》第49期)。

个问题提出来加以探讨,主要就是在响应这方面的讨论,希望能引起更多的关怀。我探讨的重点如下:

(1)和谐宇宙观的形成:

(2)和谐宇宙观表达的方式之一:天人合德。

(3)和谐宇宙观表达的方式之二:因任自然。

(4)和谐宇宙观的现代意义的估量。

一 和谐宇宙观的形成

一个宇宙观,通常要回答宇宙的起源、意义、目的这些问题,在这些问题的答复中,也许不难寻找它所以形成的若干线索。

宇宙起源的问题,原始儒家几乎没有涉及,孔、孟心目中的天,不是认知的对象,而是发之于道德心灵的终极关怀的对象。哲学上首先接触这个问题的是老子,但他的宇宙论也不是认知意义的,他是直觉而独断地认为宇宙起源于道。道是什么呢?他说:"有物混成,先天地生。寂兮寥兮,独立而不改,周行而不殆,可以为天下母。吾不知其名,字之曰道:强为之名曰大。"道具有这几个特性:(1)没有天地以前它就有了;(2)它既无声又无形;(3)它是独立的又万古长存;(4)它不是静态的实体,它能不息地周流运行;(5)它没有边际而无所不包:(6)它是万物之母。具有这些特性的道,唯一能和它相比拟的,是基督教的上帝观念,它本身不夹杂任何矛盾冲突的因素,它就是和谐原理的本身。

道又如何创生万物呢?主要的关键在道有阴阳二气,所谓一阴一阳之谓道,二气相交,于是万物生焉。老子和《易传》的万物创生说,原始的灵感,皆得之于人类男女二性相配这一事实,所以《乾凿度》在说明太初、太始、太素这些宇宙起源的概念之后,接着就说:"阳唱阴和,男行女随"①,正是明白道出二者之间的关联性。男女相配相交,最主要的条

————————————

① 见《白虎通义·天地》引。

件就是"和",人类生命之得以绵绵不绝,是由于男女二性之和,王符《潜夫论》所谓"和气生人"①是也。把这个观念推广到宇宙论,万物之生,即由于阴阳二气的调和,庄子所谓"至阴肃肃,至阳赫赫,肃肃出乎天,赫赫发乎地,两者交通成和,而物生焉"②是也。

从宇宙的意义这个问题上,同样可以看出道家与儒家所追求的宇宙观,都是以和谐为主。庄子说:"以天为宗",又说:"独与天地精神相往来。""天"与"天地"都是"自然"的意思,也就是说,天地在庄子看来,是充分表现着大自由、大自在的精神;一切人为的东西,都有悖于这种精神,所以人要自由自在快乐地活着,就必须黜人而尊天,效法天地自然的精神,人经由修养的工夫,能"入于天"的话,那就是"天人"或"至人",天人或至人对人间世没有责任感,所以他不具备道德的意涵,他所追求的只是艺术性的人生与宇宙相融和的自然境界③。

儒家对天地的了解,在境界上与道家有相通之处,但对天地所赋予的意义完全不同。儒学的本源在发现仁体,仁体不仅是人类的特性,也是宇宙万物的本性。就人生一面说,是"人者,仁也",就宇宙一面说,是"天地之大德曰生",正因为人与宇宙有共同的本性,所以孟子才能说由尽心知性能知天,由个人道德工夫的不断扩充,就能达到与天地相参的境界。儒家也教人效法天地,但不只是效法天地之自然,主要是效法其生生不已之德。

不论是道家或儒家,他们的宇宙观都是透过生命的内省而形成。生命内省的要求在自然,于是有道家的自然宇宙观;生命内省要求在成德,于是有儒家道德宇宙观。自然的也好,道德的也好,皆发之于生命,而生命是源于和,成于和,而又终于和的④。

---

① 王符《潜夫论·本训》。
② 《庄子·田子方》。
③ 参看徐复观《中国艺术精神》,台湾,学生书局,1973年,第103页。
④ 这个意思,可参阅下面两则言论:(一)《荀子·天论》:"阴阳大化,风雨博施,万物各得其和以生,各得其养以成";(二)阮籍《乐论》:"夫乐者,天地之体,万物之性也。合其体,得其性,则和;离其体,失其性,则乖。昔者圣人之作乐也,将以顺天地之性,体万物之生也。"

　　最后一个线索是宇宙的目的。所谓宇宙的目的,是在表明对世界及人生整体性的展望。老子说:"万物负阴而抱阳,冲气以为和",是说宇宙万物经由阴阳二气的相激相荡,最后将达于一个和谐的整体。此外他的小国寡民,则是虚构一个"鸡犬之声相闻,民至老死不相往来"的和乐小世界。庄子的展望比较开阔,他希望一个与人和、与天和的世界:与人和者,谓之人乐;与天和者,谓之天乐。与人和的条件是均调天下;与天和的条件是天下正、万物服①。

　　道家所说的人和,儒家则称之为"太和",张载《正蒙注》的解释是:"太和,和之至也;道者,天地人物之通理,即所谓太极也。阴阳异撰,而其氤氲于太虚之中,合同而不相悖害,浑沦无间,和之至也。未有形器之先,本无不和,既有形器之后,其和不失,故曰太和。"形器之后,包括宇宙与人生二界,张氏明白地认为二界发展的目的是太和世界。太和的观念,源自《周易·彖传》,《彖传》的作者所向往的是一个"各正性命,保合太和"的世界,它的具体效果则在"万国咸宁"。明代的思想家吕坤,又以为太和乃圣人之道,其主要内涵为"万物皆育"②。其实儒、道两家虽赋予天地以不同的意义,但就终极的向往言,两家所表达的境界是很少区别的。

二　天人合德:和谐宇宙观表达方式之一

　　天人合德的思想,是原始儒家在长期的人文思想的运动中所得的重要成果之一。这种思想的远源,可以追索到卜辞中上帝与人的关系。卜辞里的上帝或帝代表至上神,上帝帝廷里有日、月、风、雨等自然神为官,整个大自然的现象都在它的职能范围之内,在先民的感觉中,上帝就是大自然的象征。卜辞曾记载上帝不享祭,殷王向祂祈求时,由先祖

---

① 《庄子·天道》。
② 吕坤《呻吟语·修身》。

代表享祭，由于这一事实，现代的史家遂有"殷人的帝很可能是先祖的统称"①的推测。这个推测也许不确，但先祖既可代表上帝享祭，可知神与人之间具备着相当亲近的关系。这种关系，到了周代，就很明显地表现出来，如《诗经·文王》篇："文王陟降，在帝左右"；又《孝经·圣治》章："严父莫大于配天，则周公其人也。昔者，周公郊祀后稷以配天，宗祀文王于明堂以配上帝。"在这个时代，神与人之间虽有亲近的关系，但到天人合德还有很长的距离，其间最重要的一步发展，在人道德意识的自觉，促进这一步发展的一个外在机缘，是周人灭殷这一历史事实。殷人崇信天命，却不能挽救"皇天改大邦殷之命"的命运，这使成为新统治者的周人，有一个警惕反省的机会。周人会想到，天降命于人间的王，不是一成不变的，人间的王如暴虐无道，祂就会重降新命，"改厥元子"，此所以周人有"天命靡常"一观念的出现。天命既不是永久不变，那么要保持国命唯一的方法，断然在人间的王是否能立德，能立德者，则天命佑之，不能立德者，则天命殛之，所谓"惟命不于常，道善则得之，不善则失之"②者是。道德的修养，不是一成即永成的，它是精神不断提升的过程，所以统治者是否能得天命的长期眷顾，就要看他立德是否能持久而定，在这个背景下，于是产生"维天之命，于穆不已，于乎不显，文王之德之纯"③的观念。在《诗经》，"不已"是就"天命"而言，而以文王之德相配。后来《中庸》的作者，把重点移向人修德的问题上来，而说"文王之德之纯，纯亦不已"，遂成为儒家道德哲学最紧要的一个部分。

　　天命靡常的观念，促进了人道德意识的觉醒，道德意志的发展，为天人合德思想的建立，提供了最重要的一个条件。另外一个重要的条件，是要把天本身也要道德化。原始的天神或上帝，因它能降福人间，所以本来就具有德的涵义。但天神能降福，同时也能降祸，所以祂不能代表纯善。等到天神演变为"天命靡常"中的天命，祂的降命完全要看

---

① 罗香林《民间的几种信仰》，见《民俗学论丛》，"文星丛刊"第191号。
② 《中庸》。
③ 《诗经·维天之命》。

人间的王是否能修德而定,这同时也就使天命转化为"富仁爱体恤之德"的天命①,在《左传》所说的"天之爱民甚矣"中的天,就是属于这个意义的,它代表纯善而无恶。这两个条件具备以后,才使天人合德思想的建立成为可能。在哲学上把二者结合在一起,并奠定这一思想发展基础的,孔子是一个关键性的人物,因为他所发现的仁体,是同时关联着性与天道两面而成立。一方面可继天德立人极,另一方面仁性的扩充,也足以济天德之穷。二者不但能交感,而且是相辅相成的。在这个基础上做进一步发展的,是《孟子》、《中庸》、《易传》。

《孟子》说:

> 君子所过者化,所存者神,上下与天地同流。
> 尽其心者,知其性也;知其性,则知天矣。(《尽心上》)

《中庸》说:

> 唯天下至诚,为能尽其性;能尽其性,则能尽人之性;能尽人之性,则能尽物之性;能尽物之性,则可以赞天地之化育;可以赞天地之化育,则可以与天地参矣。

《易传》说:

> 大人者,与天地合其德,与日月合其明,四时合其序,鬼神合其吉凶。(《系辞传》)

这就是他们的天人合德论。《孟子》尽心之说和《中庸》尽性之说,则是在指点达到这个境界所需工夫的入路。儒家是透过天人合德的

---

① 参看唐君毅《中国文化之精神价值》,正中书局,1953年,第26页。

思想,表达了和谐的宇宙观,这种和谐,就是德性生命的创造。嗣后,在儒家的传统里,天人合德的思想,不断得到补充,有就天人一本而言者,有就天人感应而言者,有就天人同心同理而言者,亦有进一步思考其如何可能一问题者①,他们的基本理路,皆已粗备于上列的三书之中。

三　因任自然:和谐宇宙观表达方式之二

老子说要道法自然,庄子亦以自然为宗,他们所说的"自然",究竟是什么意义?

通常说,自然是一种本然的状态,它可以是泛指一切存有物的本性。就物而言,本然状态是指物的本性,就人而言,是指人的本性。物的本性所表现的现象,称之为自然现象,这也就是人类的感官所接触的大自然界;照儒家的传统,人的本性,具有两层涵义,一是指"色食性也"的"性",它属于本能的欲望,一是指我固有之本然天成的"善性",它是人类道德感的本源、伦理的天性,二者均属于自然。但是老、庄所说的自然,和以上的三种意义都不同。

老、庄的自然,是指人类生命的纯真和质朴的状态,他们把它视之为生命的本然,最能表现这种状态的是婴儿、赤子,婴儿、赤子代表人类的原始或最接近原始的状态。但事实上人类绝大部分,都生活在不同的文化圈内,正因为人类创造了文化,才能凭藉它达到自己和世界的目的,也才能发展人的理性与爱的能力,所以文化人成长的过程,也就是脱离原始的过程。老、庄的想法不然,他们认为人生活在文化中,是人最大的悲哀,人在文化的影响和支配下,不但不是生命的成长和自我实现,而是生命的堕落和自我的分裂,这种堕落和分裂,使人类丧失了原

---

① 有关文献可参考韦政通编《中国哲学辞典》,大林出版社,1977 年,第 112—116 页"天人合一"条。

始的纯真和质朴。所以道家的修养工夫,不像儒家是为了创造自己,他一切的奋斗只是为了要保持原始的自然生命,所以《庄子》里称这种修养为"复其初",又称之为"修浑沌氏之术",它具体的效验,则表现为"昏昏默默,无视无听",无知、无欲、素朴的人生境界。这样的人生,与一切的文化造型都是对立的。道家思想的奇妙处,他不仅与一切文化造型对立,他同时也与本能的欲望、伦理的天性这两种"自然"相对立,认为这两种天性,正是人生丧失生命本真的根源。因此,人必须因任自然,遵循着原始生命的自然律而生活,就像天地万物遵循着物性的自然律运转一样,所谓"天地以自然运,圣人以自然用"①是也。

当人类尚停在"自然人"的阶段时,他们没有文化,或只有极简单的文化,那时代,人以大自然为母,根本就是大自然的一部分,因为还没有理智和理性,所以适应的问题不存在,二者完全是一和谐的整体。自文化创生以后,人类逐渐进入"历史人"的阶段,从此原始的和谐被打破,人无法再重演他过去的生活,必须面对无止境的险阻和困境,得发展理智克服它,在克服的过程中,于是有挫折和不安。这种情况如严重,人往往采取两种不同的适应方式,以求调整,一是"进化的适应",积极地发挥创造精神,改变环境,使人成为大自然及自己的主人;一是"退化的适应",企图返回到他所来的地方——大自然的怀抱和文化存在以前的状态,以便驱除内心的恐惧与不安,与自然重新取得和谐②。近代西方文明所采取的是前一方式,中国的道家所采取的是后一方式。这种原始的和谐,就是道家和谐宇宙观的原型。千万年来的原始宗教,一直尽其可能地在维护着这种原型,道家则经历了它的幻灭和重建,后来无数的艺术家和文学家则不断重演着这一心理历程。每当文化的造作,过分与自然疏远时,这种返归的需求,就会表现的更加强烈。

---

① 何晏《无名论》引夏侯玄的话。
② 参看韦政通《现代化与中国的适应》,牧童出版社,1976年,第121—125页。

四　从"征服自然"到"自然反攻"

以上两节，我已把建立中国和谐宇宙观的两个思想的原型，简略地加以说明。要了解这样的宇宙观，对现代人有什么意义，不能单从对它的了解得到，必须先考察现代人在这方面究竟所遭遇到的是怎样的一种问题，然后才能对这个古老的宇宙观，在目前的难题上，可能具有的意义，做适量的估计。

今日我们面临的问题，是人与自然之间的严重失调，以及自然的均衡被人为的因素所破坏。导向这个问题产生的源头，可以追溯到16、17世纪，代表人类伟大创造力的"科学精神"的诞生，它是推进近代史发展的最大的动力。创造这一新精神的科学家和哲学家是哥白尼、伽利略、培根、笛卡尔，他们和他们的继起者，凭藉着两大利器向大自然进军，一个是新数学知识，一个是由经验观察所做的实验方法。这一新精神的首要条件，就是把一切人为的干扰驱逐出科学的领域，使人的世界与自然的世界分开。在近代以前，人类多半是依据人的世界去推测自然的情况，科学精神使这个程序完全颠倒过来，认为要了解人类事务所构成的秩序，我们实须先考察宇宙的秩序[①]。

把人的世界和自然世界分开，在自然科学的研究上是有其必要，这也就是科学本身的限制，因为科学研究并不必要考虑到科学在人类整体生活中的价值和意义的问题，等到科学家们一旦关心到这样问题的时候，往往已是科学成果在人类社会产生不良的影响，才促使他们的反省。所以今天自然环境和人类适应方面出现的问题，也许就种因于这个无法避免的分离上。二三百年来，科学家以及一般人士，为科学本身的成就以及它的广大效益，而陶醉在它一连串的胜利中，于是不论是对大自然或是对他自己的同胞都激起空前的贪婪和权力欲。最早把这种

---

① 卡西勒著、杜若洲译《人的哲学》，台北，审美出版社，1976年，第20页。

自大和骄傲感表现出来的，就是对近代科学颇有贡献的培根，他宣称要以科学建立一个"人的王国"，代替"上帝的王国"，他甚至认为科学的目的，不是为制造有关自然的新学说和物质的原则，而是奠定人类权力和伟大的更坚实的基础①。

权力欲是一种根深柢固的欲望，在长久的历史中，当英雄和统治者把这种欲望表现得过分膨胀时，它的害处是极容易被察觉到的。可是权力欲在科学的掩护下，发挥得更加淋漓尽致时，不但不容易察觉它的害处，反而受到欢呼和歌颂，一直要等到它造成的恶劣影响，已威胁到人类自身的生存时，才憬悟到问题的严重性。

印度诗人泰戈尔，称上述的西方近代文明为"堡垒的文明"，这种文明带有间隔性、征服性、区别性，对于自己所树立的障壁以外的一切，令人都起同仇敌忾之心。"这事的原因，本为他们将自然和人类之间，立了堡垒，处处用征服的眼光去看，不知调和才是创造，所以竟成了物质的奴隶，有限的奴隶，一切东西的假相的奴隶，认外面的狂动为真正的活动去了。"②泰戈尔把人类创造的生活分为两种：一是和我们的周围不断地战斗，以达成其创造的生活；二是和我们的周围不断地调和，以达成创造的生活。欧洲人的创造生活属于前一种，印度人的思想属于后一种。泰戈尔对西方、印度文明的论断，和我国梁漱溟先生，以西方文化精神为"向前要求"，中国文化精神为"调和持中"③的中西比较说，是多么的相似！他们都是站在东方人的立场，和欧洲大战以后的历史背景下，所做的观察和反省。像泰戈尔那样谴责西方文明的语气，在半个多世纪前，还很难使人信服，但今天听起来，倒是觉得真切而动人的，因为对近代人企图征服大自然，结果为全人类带来灾祸这件事实的觉醒，并引起广泛的关切，不过是最近一二十年间的事。

1962年，瑞契尔·卡逊女士完成了她的杰作《寂静的春天》，她站在

---

① 谢渥德·泰勒《科学与科学思想简史》，台湾，协志工业出版公司，1964年，第94页。
② 冯若晖编译《泰戈尔及森林哲学》，大林出版社1977年版。
③ 梁漱溟《东西文化及其哲学》，台湾，虹桥书店，1960年，第50—55页。

维护大自然的立场，对现代人类加于生物的残暴罪行，提出控诉。她指出：目前在农场、花园、森林及家庭内，几乎普遍地使用喷射、撒洒及空中喷射的方式，以不经选择的化学品去对付一些杂草和昆虫，结果这些化学品扑灭了所有的昆虫，害虫死了，益虫也死了，鸟不鸣，鱼不跃，树叶被盖上一层致命的薄膜，土壤深藏着毒素，它们不该称为"杀虫剂"，而该称之为"杀生物剂"。原先使用杀虫剂是为消灭害虫，由于杀虫剂在数量、种类和破坏力方面都不断增加，使环境的抵抗力日益减弱，传染疾病的和破坏农作物的害虫，不但未见消灭或减少，反而更为严重地爆发。更严重的是，如果我们不立即修正喷药计划，在不久的将来，我们将得不到干净的水喝，动植物体内由于含有毒素，甚至会破坏人类赖以形成的基因。这事实说明化学防治本身是有缺陷的，因为它们的设计和运用，都没有考虑复杂的生物系统和自然的均衡问题。因此她建议：真正有效地防治昆虫，是运用自然，不是运用人力。我们必须竭力维护大自然的均衡，才能使大自然对我们有利，这个世界的生物，完全是互相依赖并依赖环境而生存的。针对生态系统被破坏这项事实，卡逊的忠告是：我们必须改变我们的宇宙观[①]。

五　和谐宇宙观的现代意义的估量

我们必须改变的宇宙观是怎样的宇宙观呢？一位生态学学者说，那是认为"人类是宇宙一切事物的中心，大自然则是我们的敌人，我们注定了要与自然作战，要征服大自然——相信人与其他生物完全不同，并且是敌对的"[②]。由生态学知识所培养的新宇宙观，它要求，当我们改变自然时，同时也必须改变我们的行为来适应自然。人类以外的其他

[①] 瑞契尔·卡逊著，温继荣、李文蓉译《寂静的春天》，台湾，大中国图书公司，1970 年，第 4、148、151 页。

[②] Lois and Louis Darling 著、丘佩华译《生态学浅说》，台湾，今日世界出版社，1970 年，第 2页。

生物,与我们自己的生活或生存,有极为密切的依存关系,忽略了任何一面,都会造成很大的灾祸。在这个意义上,新宇宙观的要求,和中国传统和谐宇宙观中所强调的人与自然的适中调和的态度,是相当接近的。

中国哲人们很早就直觉到二者之间的依存关系,分别由艺术的升华和道德精神的提升作用中,将二者浑化为一,大为减弱了人与自然的对抗意识,影响所及,使中国人一直是走"改变我们的行为来适应自然"的路子。但在这个路子上所取得的和谐,与从生态学观点所追求的和谐,其内涵毕竟不同,后者是从生态系统的了解上发展出来的,经由生态学的知识,使我们可以看到生物内在的错综的运转,以及生物与生物间的奇妙相互关系。"自从地球有生命以来,生物便在不断的进化着。进化并不单纯是某一类生物本身单独的个别行动,而是关系整个生态系统的有机体。一种生物的福利有赖于整个生态系统的稳定,若一种生物的进化,有害于生态系统的整体,那么长时期来说,势必亦有害于该生物本身。……所以生态系统的进化趋势,是要增进生物成员间的协调及共存,来获得较大的稳定性。"①由此看来,调和或和谐,根本就是宇宙大生命本身的规律,依靠着它,才能维系生物内部的运转和生态系统的平衡发展。这种规律,既内在于物性的自然律,也内在于人性的自然律,它是二者之间能协调的最后根据,任何一方面形成一枝独秀的发展,而忽视了另一方面,都会使这一规律遭到损坏。

近代科学对自然的损害,因已危害到人类的生存,所以容易觉察出来。中国传统只是单面地改变自己去适应自然,并不积极地要去改变自然,所以他所获得的和谐只呈现在个体心灵或主观的境界中,他对自然忍让,存有敬意和深情,这也是主观的,站在整个宇宙的立场,这无异是对自然本身严重的忽视,和谐只是重演着宇宙大生命本身的规律不完整的一部分。所以他并没有做到成功地适应,他在大自然之前表现

---

① Lois and Louis Darling 著、丘佩华译《生态学浅说》,第 41—42 页。

了不断地后退，真正的问题被个体性的精神追求所掩盖，问题并没有解决。等到遭遇到另一个文明挟着科技的威力，排山倒海似的压下来的时候，立刻就陷于瘫痪，显得无力适应。

如果以上所说不误，现代人所面临的宇宙观问题，是一个新的问题，它需要有一套新的知识和一种思考生命的新方法。不论是解决自然问题或是人类社会的问题，都必须改正以往的偏向，把它们纳入一个系统去考虑。自然与人文、科学与伦理，它们之间的鸿沟，是人为因素所造成的限制，如何填补这道鸿沟，消除彼此间的隔阂，使它们在宇宙大生命的定律中真正统一起来，任何一方都不再遭受压迫，是今后解决人类自然之间问题的一个新方向。

如何建立现代中国人的道德规范[①]

——联合报"中国论坛"合办"如何发展高超精致的文化"座谈会发言

　　"如何建立现代中国人的道德规范",谈这样大的题目只能限于个人的知识和观察,难以周全。我在下面谈的可能只是一个讨论的架构。

　　清朝末年我们就主张"中体西用",只是在科技的实用上,在民主的制度上,承认要吸收人家的长处,而对自己那个"体"似很有信心,总认为体是不能变的,因此很不容易来彻底检讨这个问题,一谈到道德的规范,总认为这是我们中国的老传统,还会有什么问题? 其实这里面问题多得很,恐怕不是复兴固有道德就能解决得了的,何况究竟如何才能复兴,也是一个大问题。今天这个题目对我来说是一个考验,既然要谈"如何",就得提出一些办法来,这样逼一逼也许可以谈出一点眉目,我想把它分为三部分来探讨。

一　今日建立道德规范应有的基本认识

　　(1)我们建立的道德规范,是希望所有的国民都能够在秩序中仍能享有健康快乐的生活,不是为了培养少数道德的超人。过去,我们过分

---

① 编注:本文选自《中国论坛》第 98 期(1979 年 10 月 25 日),曾收入韦政通先生著《传统的更新》,台北,水牛出版社,1989 年。

强调圣贤之道,对于多数人能够实现的层次反较忽视。事实上这种超人也不是道德规范就能造出来的,圣人是在历史过程中出现的。从这样一个基本认识上出发,传统道德不免在某些方面明显有过分压制人的欲望和情绪的倾向,这与人的生物逻辑相悖。现代的道德规范应该重视自然人性的需求,在自然人性的基础上建立起来的规范,才能让多数人接受。

(2)我们应该学习容忍规范的差别性,不要在生活细节上再要求一个统一的规范(法律规定者例外)。现代人尊重个性,发自不同个性的生活细节,有很大的差别,这些不必管它,把生活上细节规定得太多,事实上做不到,像以前的《国民生活须知》①就定得太琐细,过分的周到,像“年轻人在尊长面前不可以交足”之类,我们要定的规范,不必在这些地方做文章。又如在竞技场看球赛,规定“鼓掌要中节”,当我们看球情绪高涨时,很可能有疯狂热烈的情绪表现,情绪的发泄对人的健康有益,如果照“生活须知”看球,那不都是理学家在看球了吗？一套规范规定到这样地步,很难叫人遵行。以往我们的生活是要求庄严、不苟,过分的要求就流于拘泥刻板,现在我们希望人能过一种生动活泼有朝气的生活,有时候随便一点又何妨。

(3)道德规范在观念上原则上可能是不变的,可是它的内容和实行的方法,却不断在变。我们可以发现有些新的价值观念,新的规范要求,几乎都可以在传统的道德观念中找到根据,因为它是一个观念、一个原则,因此它的涵盖性很广。但是什么是孝,什么是礼,古今的内涵,显然可以有很大差别。

(4)道德规范最大的作用在责求自己,其次才是责求别人。在这个意义上,古人说的“身教重于言教”可谓历久而弥新。如果说今日道德沦落,一个基本原因就是身教太少,你一天到晚要求别人如何如何！你

---

① 编注:国民党当局 1968 年在台湾发起“中华文化复兴运动”,曾颁订《国民生活须知》、《国民礼仪范例》作为台湾人民生活的准则。

自己是不是先做到了呢?

"身教重于言教",虽是老生常谈,但确实是推行道德规范最有效的一个方法,像社会上许多角色,如做人父母的、为人师表的,这一点尤其重要。否则,不管提倡什么道德规范也难望有实效。道德规范的遵行,最重要的就是要有榜样,一个老师上公民课,他自己的行为如果是言不顾行,行不顾言,会产生什么效果呢? 这一代的年轻人常觉得,在家庭在学校被要求怎么做人做事,可是到了社会上,简直是相反的一套,当这样的现象普遍存在时,道德规范就无法落实。我们无法要求每一个人都了不起,但负有教育重责的角色,这方面的要求总要比一般人多一点、严一点。

(5)道德规范要使它有助于个人潜能的发挥和自我的实现,最低限度不能使它有所妨害。传统时代道德规范的要求,显然使人潜能的发挥和自我的实现,受到严重的妨害,在今天,这是必须改进的。

(6)道德规范的学习不限于读圣贤书、上公民课,它与所有的生活面都不能分开。如果要想提高道德规范学习的有效性,须要把握整个人生的学习过程,如果认为道德教育,仅可学自伦理的教学,那是错误的。

二 现代中国人应有何种道德规范

谈现代中国人应有何种道德规范,似可由以下几点来考虑:(1)现实已经有的,只是还不够普遍,而须要加强者。(2)传统已经有的,现在慢慢被忽视了,或由于社会变迁太快,本来是好的,相当普遍存在的,现在却少见了,我们有必要予以修正后重新提出来。(3)相应着目前整个人类大方向,跟国家民族的远景相配合,道德的要求不能跟国家民族的远景以及文化发展的趋向脱节。基于以上的考虑,我们认为现代中国人应有的道德规范是:

(1)尊重个性:这个观念在传统中也是有的,孔子说:"君子和而不同",这个不同显然有尊重个性的涵意在其中。现在我国整个教育过程中,虽已注意,可是在实际生活里面,尤其在儿童学习过程中,是否真的能尊重个性呢？恐怕观念与实际颇有距离。在现代道德规范里,父母对儿女、教师对学生的态度,尊重个性应特别受到重视,因为建设一个现代的国家,最需要的是人才,真正的人才,或有杰出成就的人,个性是一个基本条件。如果一个人的个性不能充分发展出来,他的成就和发展可能会受到很大限制。

(2)宽容异见:这是在我们现代社会生活中须要特别学习的,也是在过去任何一个时代,大概都很少能够做到。看房龙的一部人类争取思想权的故事,几乎就是人类争取宽容的历史,这一方面在我国传统观念中也有,但是有好的观念,不一定能在制度化的层次,在现实的社会生活中真正表现出来。例如:"道并行而不相悖",这是一个很好的理想,能够实行自能宽容别人,可是事实上,我们有一些很强烈的相反的观念,常把和自己不同意见的人排斥为"异端",人本主义的思想家像孟子,他可以将墨子这样一个伟大的人目为异端,甚至连儒家内的荀子,在历史上,也被看成异端,显然缺少对不同意见的宽容。现在我们应该了解的是,"异端"跟"阴谋"不同,有些人常把异端跟阴谋混为一谈,异端只是表示不同意见,尤其是对重大的问题表示不同的意见,这是极为重要的,不同意见是督促社会进步的力量。所以,异端可,阴谋则不可,任何社会自不应容许阴谋横行,它在暗中捣乱,破坏秩序;而异端是正大光明地发表他的意见,这种方式我们应该学习去接受它。

上面所谈"尊重个性"与"宽容异见",两者显然可以跟现代民主政治的要求相呼应。我们要实施民主,如果在道德规范中强调这两点,必大有裨益。

(3)尊重心智活动与心智的创造:这一点可以与发展科学相呼应,只有重视心智的活动与心智的创造,才能推动一个社会重大的进步,因为那是发展科学的基本动力,一个大科学家的出现绝非偶然,那是心智上高度的成就。这一种成就的出现,便可以推动整个社会基本性的进步,因此,我们对于从事心智活动的人应该有适当的尊重。如果一个社会,只想对经过一些简单的训练,就大赚其钱而大出风头,大家都风靡到那个方向去,而对于长期辛劳于心智活动的人及其获得的成果反漠不关心,这样的社会很难有健全的发展,更难以期望有高度精致的文化出现。台湾目前的社会显然就有这样的倾向,我虽无意指责那些歌星文化是属于腐蚀性的,但显然对于青少年和儿童有不良的影响,你何必辛辛苦苦地去做什么研究呢? 一个歌星在台上哼几条歌,拿的钱比你一个月薪水还要多,这样的风气一旦变成大众时尚,会影响年轻人的价值取向。在消费性的多元社会,我们无法阻止这股风气的蔓延,至少对于从事心智活动与心智创造的人要知道珍惜,多多的尊重。

(4)只能要求子女有限度的顺从:"孝道"一向为我们社会所重视,今天,我想换一个方式来谈,在我们将来所希望的道德规范里面,我建议我们做父母的,只要求自己的儿女做有限度的顺从。所谓"有限度"的顺从,是说除非子女有显著的反理性动机与行为,可以严格地去要求他们改正之外,我们做父母的不能基于主观的利害观点去要求子女。在过去,中国传统规范里,总是父母教子女应该如何如何,但很少看到教父母应该如何如何。当两代之间发生什么问题的时候,如能够把重点摆在父母的这一边,问题可能就容易解决多了。如果只是单向地要求子女,问题不仅不能解决,恐怕会愈弄愈糟。我们应该加强父母的责任心,过去只有单向地父母要求子女,特别强调父母对子女的恩惠,因此,顺从的要求便被加强,这将会影响到子女人格的独立发展。过分顺从的结果可能造成孩子没有独立性,没有判断力,优柔寡断。我们看这个问题得改变一个方式,就是在改善两代间的关系上,多加点责任到父母身上,或者至少两代之间应做共同的努力,"相处"是大家都必须要学习的事,并不只限于子女。

"孝"这个问题,好多年来我一直在想,子女对父母孝顺应该是不成问题的。今天,仍要把它郑重地提出来,既要"教孝",又要表扬"孝行",特别强调这一点,恐怕有亲情以外的目的。在一般正常情况下,子女怎么会不爱父母呢？如果儿女对父母都不爱,试问,"这个问题究竟出在哪里?"要是我们对此问题的本身不去研究,不去了解,只是用强制的方法,要求顺从,结果可能适得其反,反迫使子女对父母、对家庭生疏离感,甚至极力反抗,这里面子女有问题,父母本身一定也有问题,我们就应该从两方面去了解,才容易进入问题的核心。如果老是像过去那样单行道式地要求,只从强制方面着想,问题是不会解决的。

(5)爱惜时间:连小学生都知道"一寸光阴一寸金",应该爱惜时间,就是压根儿做不到,而人类最可悲者,莫过于把最该珍惜的东西,往往毫不吝惜地把它浪费掉。人类最该珍惜的东西就是时间,人生苦短,金钱花去了还可以再赚回来,时间浪费了一点儿,却再也没有补救的法子。然而在我们的社会里,常看到好多人终日无所事事,当然,这牵涉到许多客观因素,不全是个人问题,但是一个社会中有太多人游手好闲、不务正业,便会产生许多问题。一个人一直在工作当中,自不会发生多大问题;一个人在极力追求成就的过程中,也不会发生多大问题;最怕是闲暇太多,觉得无聊,便会发生问题,许多破坏社会秩序的行为,就是在这种情况下酝酿出来的。所以,我们应让大家深自感觉到,浪费时间就是浪费生命,把浪费时间当作一种罪行来看,这种心理可以增强人的自制力。

(6)学习由衷地发自内心地去欣赏别人的优点,而不要去任意的对别人做道德判断:我们中国人常有一种习性,不仅在口头聊天,或写文章,常免不了对人乱下道德判断。对别人作过早或过多的道德判断,妨碍了我们对别人做一种同情的了解,事实上这种判断对不对,可能大有问题,任意对人下道德判断,使人觉得处处在吹冷风,彼此弄得隔阂、尖酸刻薄。

我们应该多学习如何去欣赏别人的优点,学习多多地去关怀别人、同情别人、了解别人,这样的态度,是值得我们去提倡的。今日社会的人际关系,不像农业社会中常见的老是那几张熟面孔,现在我们就不能避免,经常的要跟陌生人接触,也就必须学习如何去跟陌生人打交道。

如果你已学习到欣赏别人,关怀与同情别人的态度,内化到一个相当的程度,与陌生人接触的时候便不会发生什么困难,通常彼此相互点点头,笑一笑,人与人的关系就由此开始。要知道现代人的处境与过去显然有所不同,这些态度就应该去学习。

(7)立身处世要有基本原则:我认为要成为一个有格调,有个性的人,总得肯定某些基本的做人原则,知道它是我们道德的最后一道防线,不轻易去冲破它。一旦最后防线被冲破了,那就像决了口的堤防,洪水泛滥,那你的行为就烂了,什么做人的道理也谈不上。

(8)要有礼,也要坦率:我们常听说:"礼多人不怪",其实"礼"在我们这个社会,显然有许多虚伪性,最明确的例子,日常朋友送礼,往往丢在一边没有人去理它,客人送走,打开来一看骂一顿:"这是什么玩意儿,怎么送这种东西?"这方面,我们不妨学习一点西方人的礼数,按西方人的习惯,朋友送礼,当面打开来赞美一番,表示自己很高兴很喜欢,送礼的人与接受的人都很开心,这不是一个很好的习惯吗?

(9)诚实:诚实是一种美德,无论古今中外,千古不变地在被要求着。在我们的社会里,以前所要求的诚实,主要是在道德的意义上,现在更要扩充它的内涵,特别是知识上的诚实要被强调,过去我们在这方面是相当的忽略,就像学生著作中的思想,往往与老师的思想分不清,他也可以把别人的东西抄过来算是自己的,如叫一个学生去做读书报告,他扯不清别人的与他自己的意见。有些人写的学术著作,一个注解都没有,书中哪些是他自己的见解,哪些是别人的,总无法分得清。

我看到一个故事使我很感动,美国某大学博士口试,这个学生是学物理的,程度很好,教授们都很欣赏他,觉得他的程度已超过了他应得学位的能力,因此,大家就先开会秘密决定,我们今天不考他论文范围以内的问题,我们知道他的程度已经够了,今天我们要问的问题,一定是要他不会回答的,我们不考他的知识,而要考他对知识的诚实。当这个学生接受口试的时候,被问得浑身是汗,根本一个问题也回答不出来。我觉得这种考试可以说是一种突破性的方式:"不考你的知识,而要考你的诚实。"像这个学生连答了几十个"不知道",最后,教授们很满意,全票通过了他的学位。在此,教授们就是要测验这个学生是否对知识诚实,是否"不知道的,就是不知道"。这一点,在我们中国人知识训练上还是相当不够重视的,"我知道什么?我不知道什么?"我们的孔子老早就讲过:"知之为知之,不知为不知,是知也。"很多观念我们原是有的,但是要切实做到,并不容易。

我们有许多做老师的,当学生问他问题,他就成了一个万能博士,他不知道的也要乱扯一下,试问过去我们有几个做老师的,肯在学生面前说:"这个问题我不知道,还得回去研究一下再来告诉你。"这种态度,现在慢慢有人这样做了,但是过去显然很少人会这样做。

(10)热心服务社会:这个观念,目前在台湾的部分年轻人身上已经实践了,他们多主动的去投身于各种社会服务,但是,还没有受到社会上适当的鼓励。年轻人为社会服务的自觉已经提高,他们牺牲了星期天、寒暑假,跑到孤儿院、老人院、……跑到不同场合去服务而没有报酬,这是一个值得鼓励的好举动,既可免得闲来无聊,又可以养成关心别人、关心社会的习惯。鼓励热心服务社会,在传统社会里显然是比较容易被忽略的,现在我们应该趁势把它加强,顺水推舟,成效必然可期。我们不应该把年轻人的爱心,限制或强调在某些特定对象上。

有关现代中国人应有的道德规范,我们列举了十条。当然,你也可以多列几项,不过,纵然列出再多的规范,要是做不到也没有用,只要能实行,规范并不在多,如果你真正做到"诚实",很多美德也都具备了。

三　如何建立道德规范

现在我要谈"如何建立道德规范",这实在是一个困难的问题,过去,我也常谈道德问题,但只是限于观念的层面上讨论,很少考虑到"如何去建立道德规范"。今天我们谈这个问题,便必须要提出一套方法来,下面是个人的一些想法。

首先我们应该针对这个问题进行大规模的研究。由于目前我们已有较好的现代知识基础，已有较好的研究工具，像这些，以前是都没有的。我们要把现有的知识和研究工具充分地加以利用。那该怎样去做呢？我想可以把它分成两个部分进行，然后再把这两个部分挂钩。

如果说现代道德规范不能够离开传统，我们就应该详细地把它找出来，然后进一步去了解这些传统的规范，在现实生活里究竟产生了多大的效果？我们可以找出具体的例子来与这些规范相印证，也许有的规范实行的例子比较多，有的规范可能只是一个理念、一个理想，而实际上并没有落到大众的生活中去。更重要的工作是，应对传统实践规范的内容，根据现代的价值标准和需要，重新予以评估。因为在传统社会普遍遵行的规范，未必一定合理，更未必适合于现代的社会。如果我们对传统的道德规范只诉诸教条，不让它透过现代知识和现代生活经验的考验，就很难有效地把它恢复起来。

另一部分的研究，更要靠学社会或行为科学的人去做，简单的说，就是要去了解现况。今天，大家都感觉到社会变化很大，道德崩溃，试问："究竟有哪些道德规范在崩溃呢？崩溃已到了什么程度？"我们没有作切实的了解。要想对现况做切实了解，只有做大量的问卷，包括各种领域、各种层面、各种角色的问卷。我们也许可以设计一套问题或假设，找出哪些规范在丧失当中，哪些规范仍被保留。同时要了解"变化"和"崩溃"的意义并不一样。

所以我们应该了解，近百年来传统的规范究竟经过了多大的变化，我们必须有具体的了解。还有是些什么因素在推动这些变化？工业化、都市化、世俗化以及普遍参与的种种现象，必然对传统的道德规范产生很大的影响。一个革命的时代，在革命运动的过程当中，传统的道德规范显然会遭到一些破坏，一个革命志士或革命烈士，他首先要突破传统规范的一些限制，才能去扮演这样一个角色，国而忘家。把国家的价值推到家庭之上去，才能够做革命烈士，才能做革命志士。忘家，父母不顾，妻子儿女也不顾，这种行为显然与传统基本道德规范相冲突，在革命的洪流中,塑造了许多新的典范角色,这些典范角色本身就是某种程度的破坏了旧的传统规范,也建立了新的规范。

我们也应该了解在要求民主、自由的过程中,当然对一些传统的道德规范也有很大影响,民主自由要求尊重个性、尊重别人的意见,平权的观念被强调,而显然跟传统尊卑的观念有某种程度的冲突。我们要经由研究,把传统彻底了解,同时对现代社会的变化情况也要有切实的了解。然后,我们才能够知道哪一些道德是传统的,而现在仍然保留着,哪些现在已经丧失掉了,又有哪些是传统中没有或不被重视的新规范,这样整个的情况才能清楚地估计出来,然后才能进一步做客观的评估。这样的研究过程,是一个很大的工作,是一个长远的计划,但是这个工作是值得去做的。

这样的工作由我们中国人来做,正表示我们重视道德的传统。道德的问题,显然在世界上不同的社会里都相当严重。如果由我们中国人在这一方面研究出一些模式,对别的社会也同样有参考的价值。也许我们要在科学发展上很快地超过别人,可能性不大,但是要在道德规范的研究上努力超过别人,可能性就相当大。我们如果在这方面肯下本钱去做,就可能对世界道德重整有所贡献。做了以后,真正发现哪些规范是值得保留、值得加强的,哪些规范已经流失,流失的规范如不适合现代社会需要,那么就让它流失,这样也可以避免很多不必要的困扰。

根据研究的结果,我们可以将应该建立的道德规范,逐渐地透过各种方式,纳入儿童读物、伦理课本与社会教育之中,让孩子们从小就吸收这些东西。至于不该吸收的,也就不必困扰他,免生不良影响。建立适合现代中国人需要的道德规范,是一个复杂而艰巨的工程,它最后的效果必然会导致整个国民性的改变,要建设一个现代化的中国,如何促进这方面的改变,才是最基本的工作。